얄코의
TOO MUCH
친절한

깃&깃허브

고현민 지음

진짜 개발자답게 제대로 활용할 수 있도록 제대로 파는

얄코의 TOO MUCH 친절한 깃&깃허브

초판 1쇄 발행 2023년 8월 1일

지은이 고현민

펴낸이 전정아

편집 강민철 **디자인** nuːn **일러스트** 이진숙

펴낸곳 리코멘드

등록일자 2022년 10월 13일 제 2022-000120호

주소 경기도 파주시 회동길 480 B동 531호

전화 0505-055-1013 **팩스** 0505-130-1013

이메일 master@rdbook.co.kr

홈페이지 www.rdbook.co.kr

- 책값은 뒤표지에 있습니다.
- 이 책은 저작권법에 따라 보호를 받는 저작물이므로 무단 전재와 복제를 금지합니다.

  이 책의 내용 전부 또는 일부를 이용하려면 반드시 저작권자와 리코멘드의 동의를 받아야 합니다.
- 잘못 인쇄되거나 제본된 책은 서점에서 바꿔드립니다.

진짜 개발자답게 **제대로 활용할 수 있도록 제대로 파는**

얄코의
100
MUCH
친절한
깃&깃허브

이렇게까지
설명한다고?

고현민 지음

Re:commend

작가가 누구인지 간단하게 소개해 주세요 | 두 아이를 키우는 아빠이자, 유튜브 채널 '얄팍한 코딩사전'을 방송하는 유튜버입니다. 풀스택 개발자로 일하며 쌓아온 지식과 경험을 바탕으로, 어려운 프로그래밍 개념들을 초보자들이 이해하기 쉽게 설명해 주는 콘텐츠들을 만들고 있습니다. 이 책과 강의에 등장하는 '얄코'는 어떤 캐릭터인가요 | '얄코'는 저의 부캐이자 분신과도 같은 존재입니다. '내가 알고 있는 지식과 개념을 어떤 방법으로든 명쾌히 이해시켜 주리라'는 의지가 2D의 점눈이 캐릭터로 형상화되어 만들어졌죠. 유튜브 영상과 강의에서 사람들에게 열심히 코딩 지식을 알려주었고 드디어 이 책에서도 함께하게 되었습니다. 그렇다면 얄코와 함께하는 '미토'는 어떤 캐릭터인가요 | '얄코'가 저의 아바타라면 '미토'는 독자분들의 호기심이 의인화되어 탄생한 토끼입니다. 얄코가 말하는 중간중간 끼어들어 수강자분들이 궁금해 할 부분이나 의아한 점들을 캐묻는 친구죠. 때로는 실없고 엉뚱하기도 하지만, 미토의 핵심을 찌르는 질문들이 강의를 한결 풍성하게 만들어 줍니다. 이 책 곳곳에 등장하는 〈미토의 참:견〉이라는 코너도 그런 미토 캐릭터의 특징을 잘 살린 구성이라고 봅니다. 미토가 동영상 강의 밖으로 나와 책에서도 독자들의 호기심이나 궁금증, 때론 잔소리를 늘어 놓으니 살짝 코웃음도 나옵니다. 책은 'TOO MUCH 친절한', 동영상 강의는 '제대로 파는'입니다. 둘의 같은 점과 다른 점은 무엇일까요 | 동영상 강의는 제목 그대로 깃과 깃허브란 주제를 '적당히'가 아닌 '제대로' 파고드는 것을 목표로 만들었습니다. 강의에서 배운 것이 실무에서 '절대 부족함이 없도록' 꼼꼼한 조사와 준비 끝에 만들어졌고, 그 내용들은 이 책에서도 공유되고 있습니다. 이 책에는 추가로, 그동안 수강자분들로부터 받은 질문과 피드백을 바탕으로 강의에서 물음표로 남았던 부분들까지 세세히 알려주는 'TOO MUCH 친절함'까지 더해졌습니다. 'TOO MUCH'가 부정적 의미로 많이 사용되지만, 이 책에서는 많은 콘텐츠가 가벼워지는 현실에 '공부' 만큼은 '제대로 알려주고', '제대로 배우자'라는 의미로 '친절함'을 극대화하기 위한 긍정적 수식어로 생

각됩니다. **이 책은 어떤 독자가 보면 좋을까요** │ 개발자에게 깃과 깃허브는 기본이자 필수 역량입니다. 깃의 모든 핵심 기능과 그 작동 방식을 명쾌히 이해하고 이를 코드 관리와 협업에 활용하는 데 능숙한 사람이 아니라면 이 책을 꼭 읽어 볼 필요가 있습니다. '제대로 파는' 강의를 수강한 분들의 경우 영상에서 배운 내용을 인쇄물로 손쉽게 살펴보고 보충 설명들을 확인하는 데 있어 책이 큰 도움이 될 것입니다. **깃과 깃허브를 꼭 얄코 책과 동영상으로 공부해야 하는 이유는 무엇일까요** │ '이 책과 동영상 강의로 공부하고 나면 더 이상 다른 걸 기웃거리게 하지 말자'가 얄코가 장편 콘텐츠를 만들 때마다 다지는 의지입니다. 깃과 깃허브를 제대로 알고 활용하기 위한 모든 이론 및 실무 지식을 이해하기 쉽게 녹여내기 위해 고민에 고민을 거듭하여 예제와 실습 과정을 설계했고, 이 오랜 준비는 최다 수강자 수와 만족도로 검증되었습니다. 이 과정을 마치고 나면 깃 사용에 대한 전에 없던 자신감을 갖게 될 것을 약속드립니다. **이 책의 베타리더를 모집하고 피드백을 받으면서 충성도 높은 수강생이 엄청 많아서 깜짝 놀랐습니다. 감사의 말씀 한마디 전해 주세요** │ 길고 디테일한 책을 세심히 살펴주시고 생각지 못한 많은 부분을 짚어 주셔서 정말 놀랐고 큰 감동을 받았습니다. 많은 작업들로 고단했던 와중, 다시금 최고의 깃 콘텐츠를 향한 열의를 불태우는 계기가 되었고 더더욱 유익하고 알찬 책으로 완성시켜야겠다는 다짐을 하게 되었습니다. 베타리더로 참여해 주신 모든 분께 큰 감사와 애정을 전합니다. **동영상 강의를 제작하고 책을 집필하시는 동안 가족의 고충이 이만저만 아니었을 것 같은데요. 역시 감사의 말씀 한마디 전해 주세요** │ 밤샘 작업에 지친 모습일 때도, 일 생각 때문에 가족과 함께하는 시간에 집중 못할 때도 많아 남편이자 아빠임에 늘 미안함을 느낍니다. 이런 아빠에게도 늘 해맑은 웃음으로 다가와 안기는 아이들, 불확실한 상황들에서 늘 저의 도전을 믿어 주고 지지해 주는 아내에게 고마운 마음을 전합니다.

형상 관리 툴이라고 불리는 깃은 이제 대부분의 회사에서 사용하는 툴이 되었습니다. 깃을 처음 사용하면 의외로 많은 명령을 사용하지는 않습니다. git clone, checkout(이제는 switch로 바뀐), add, commit 정도의 명령만으로 쉽게 사용하고 있죠. 그런데 여러 가지 복잡한 문제가 발생하기 시작하면 그동안 사용하고 있던 몇 개의 명령만으로는 문제 해결이 안 됩니다. git add를 했는데 되돌리고 싶다거나 몇 개의 커밋을 합쳐서 하나로 유지하고 싶다거나 한창 작업하고 있는데 누군가 다른 버전의 뭔가를 수정해 달라고 요청한다거나 하는 문제 말이죠. 이런 내용들을 검색으로 찾아볼 수도 있지만 어떤 키워드로 찾아야 할지 몰라 어려울 수 있습니다.

『얄코의 TOO MUCH 친절한 깃&깃허브』는 필요한 내용들이 충실하게 잘 담겨 있을 뿐만 아니라 설명을 굉장히 쉽고 친절하게 그리고 정확하게 전달하고 있습니다. 이 책을 읽을 때까지만 해도 얄코 님이 어떤 분인지를 몰랐는데, 책을 보면서 궁금증이 생겨 유튜브를 확인해 보니 〈얄팍한 코딩사전〉이라는 채널에서 여러 가지 복잡한 지식을 쉽게 풀어서 설명하는 탁월한 능력을 가진 분이셨습니다. 유튜브 동영상 강의도 꼭 같이 보면 좋을 것 같습니다.

깃 사용법은 숙련된 개발자라 하더라도 모든 내용을 알지 못하고 찾아보는 경우가 많은데, 매우 상세하지만 쉽게 읽히는 이 책을 따라하다 보면 프로젝트를 진행하면서 만나는 대부분의 문제를 해결할 수 있습니다. 저도 읽어 보니 많은 도움이 되네요. **강대명** / CTO(레몬트리)

- - - - - - - - - - - - - - - - - - - -

깃을 사용하는 목적 중 가장 중요한 것은 협업입니다. 실무에서 가장 빈번하게 발생하는 문제 혹은 까다로운 것이 커밋하고 병합할 때 충돌이 나면 그걸 해결하는 일인데요, 이 책은 기초적인 사용법뿐만 아니라 문제 상황을 자세하게 설명하고 있어 쉽게 실무에 응용할 수 있습니다.

특히 〈CHAPTER 03 차원 넘나들기〉와 〈CHAPTER 06 더욱 세심하게 커밋하기〉는 분철해 책상 위에 두면 좋겠다는 생각이 들 정도로 내용이 잘 구성되어 있습니다. 자주 활용하게 되는 필요한 내용을 압축적으로 담고 있어 문제가 발생했을 때 빠르게 찾아볼 수 있는 치트 시트 역할을 하기에 충분해 보입니다. **김진중** / AI 엔지니어, 『골빈해커의 3분 딥러닝』 저자

제 첫 VCS 경험은 마이크로소프트의 비주얼 소스세이프였습니다. 이 제품을 좋아했지만, 파일에 대한 동시 접근 제한 정책으로 인해 불편함을 느꼈습니다. 그 후로 오랫동안 SVN을 사용해 왔는데, 배우기도 쉽고 업무의 거의 모든 요구사항을 충족했습니다. 깃은 제가 비교적 최근에 사용하기 시작한 VCS입니다. 지금은 분산 VCS의 이점을 이해하게 되었지만, 처음에는 생소한 개념들이 많아 적응하기가 어려웠습니다.

『얄코의 TOO MUCH 친절한 깃&깃허브』는 깃과 깃허브의 개념부터 CLI와 GUI를 통해 다양한 운영체제에서 사용하는 방법까지 친절하게 안내합니다. 이 책은 코딩 입문자뿐만 아니라 저같이 구형 VCS에 익숙한 개발자들에게도 도움이 되어 줍니다. 박상현 / 『이것이 C#이다』 저자

- -

"책에 있는 걸 모두 외워야 하나요?" 독자들이 종종 저에게 묻습니다. 당연히 외울 필요가 없습니다. 자주 쓰는 명령은 저절로 외워지고 다른 것들은 필요할 때 책에서 찾아보면 되니까요. 프로그래밍은 목적이 아니고 도구일 뿐입니다. 그런 의미에서 깃은 너무나 중요합니다. 처음 사회생활을 시작할 때 은행 계좌(account)를 개설하는 것처럼 프로그래밍을 시작하려면 깃허브 계정(account)부터 만들어야 하니까요. 커밋 이력으로 촘촘히 수놓은 깃허브 계정을 이력서에 넣는 것이 미덕이 된 지 오래입니다. 다행히 이 책은 깃의 명령 줄 인터페이스와 GUI 애플리케이션뿐만 아니라 깃허브에 대해서도 너무 친절하게 설명해 줍니다. 이전에 커밋한 메시지를 수정해야 하는데 갑자기 리베이스 옵션이 생각나지 않는다고 오래전 보았던 유튜브 영상이나 블로그를 찾아보실 건가요? 아이고, 다른 사람의 눈길이 따갑습니다. 그래서 누구나 깃 책이 한 권쯤 필요합니다. 전 이 책으로 결정했습니다! 박해선 / 『혼자 공부하는 머신러닝+딥러닝』 저자

- -

깃은 실무 개발자에게 필수적인 도구입니다. 개발자의 하루는 코드를 변경하고 커밋 메시지를 작성하여 커밋을 올리고 리뷰를 받아 리포지토리에 머지하는 일의 연속입니다. 이 책은 깃에 관한 기본 개념을 명령 줄 기반의 CLI와 GUI 기반의 소스트리를 모두 활용하여 설명합니다. 회사에 갓 입사한 신입 사원과 깃이 익숙하지 않는 현업 개발자 모두에게 이 책을 추천합니다. 끝까지 읽어 보시고 깃을 마스터하세요. 유동환 / 개발자(LG전자)

베타리더들의 Bravo! Bravo!! Bravo!!!

아래 내용은 베타리더들이 내용을 읽다가 기막히게 좋다고 "Bravo"를 외쳐 주신 부분입니다.

예제를 깊게 들어가다 보면 '지금 뭐하고 있었지?' 하고 길을 잃을 때가 있는데 PART - CHAPTER - LESSON 구성의 도입부에 배워야 할 내용을 명확하게 기술해 주어서 좋았습니다!

따로 찾아볼 필요가 없을 정도로 용어, 개념에 대한 설명이 잘 되어 있습니다.

깃을 시간과 차원의 예시로 설명한 부분은 비유가 너무 적절하다고 생각했습니다. 아직 깃을 사용해 보지 않은 개발자 혹은 취업 준비생들에게 깃의 필요성을 이해시키기에 좋은 부분 같습니다.

개발을 하면서 개발 명세서를 정확히 써야 하지만 쉽지 않습니다. 실제 깃을 쓰지 않고 작업할 때 벌어지는 까다롭고 힘든 작업을 예시로 들어 주셔서 마치 현장을 들킨 느낌입니다. 찰떡 같은 비유와 예시에 뜨끔하면서도 이해가 잘 되었습니다.

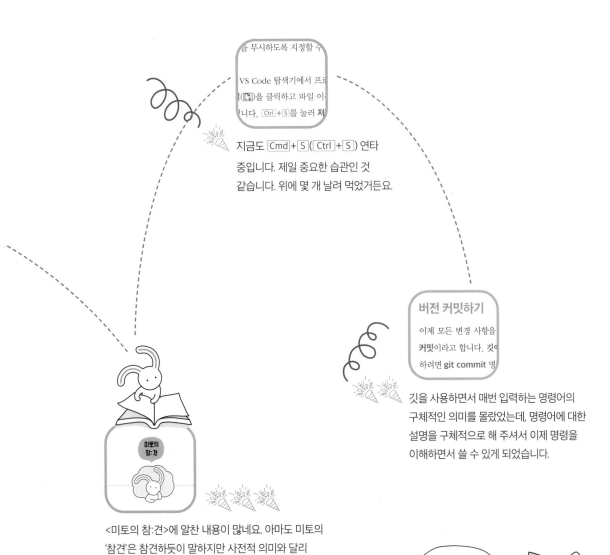

를 무시하도록 지정할 수

VS Code 탐색기에서 프로
(🗋)을 클릭하고 파일 이
니다. Ctrl + S 를 눌러 저

지금도 Cmd + S (Ctrl + S) 연타 중입니다. 제일 중요한 습관인 것 같습니다. 위에 몇 개 날려 먹었거든요.

미토의
참:견

<미토의 참:견>에 알찬 내용이 많네요. 아마도 미토의 '참견'은 참견하듯이 말하지만 사전적 의미와 달리 무조건 따라만 하지 않도록 중간중간 참된 지식이나 조언을 주는 역할인 것 같네요.

버전 커밋하기

이제 모든 변경 사항을 **커밋**이라고 합니다. 깃○ 하려면 **git commit** 명

깃을 사용하면서 매번 입력하는 명령어의 구체적인 의미를 몰랐었는데, 명령어에 대한 설명을 구체적으로 해 주셔서 이제 명령을 이해하면서 쓸 수 있게 되었습니다.

Bravo

베타리더들의 Bravo! Bravo!! Bravo!!!

깃 명령어는 자주 쓰는 것 외에는 그때그때 검색해서
쓰고 있었는데, 이렇게 한 CHAPTER가 끝날 때마다
직접 써 볼 수 있게 하니 기억에 잘 남을 것 같습니다.
뒤로 갈수록 명령어가 많아져도 여기서 쉽게 확인할
수 있어서 좋습니다.

-m 옵션 여러 개로 커밋 메시지를
여러 줄 작성할 수 있다고
알려주는 곳이 없던데, 이 책에서
하나 알아갑니다!

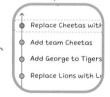

리셋과 리버트는 비슷한 기능이라고만 알고 있었는데,
이번 기회에 그 차이점을 명확하게 알게 되었습니다.
또한 리버트가 왜 존재하는지도 설명해 주셔서 비교하는
데 도움이 되었습니다.

이 책은 읽으면서도 꼭 필요한 내용이 많아
"맞아, 맞아", "그렇지"를 연발하며 읽었습니다.
다른 곳에서는 얻을 수 없는 의미있는 관점을
많이 얻어갑니다.

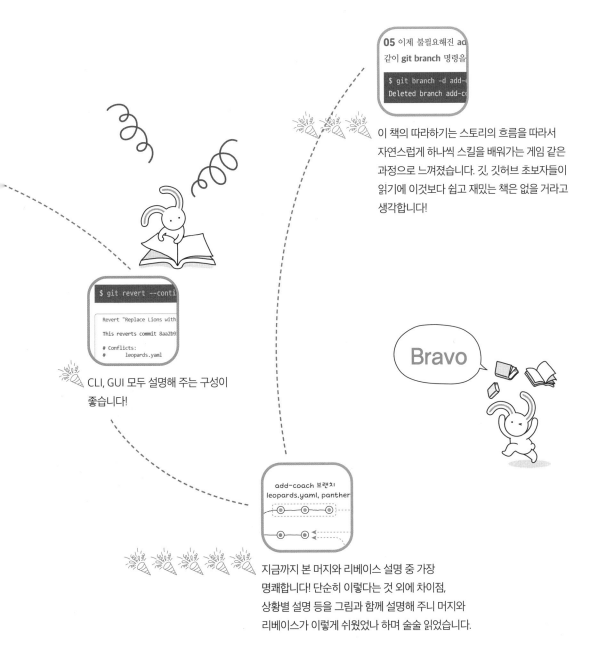

05 이제 불필요해진 ad
같이 **git branch** 명령을

```
$ git branch -d add-c
Deleted branch add-c
```

이 책의 따라하기는 스토리의 흐름을 따라서
자연스럽게 하나씩 스킬을 배워가는 게임 같은
과정으로 느껴졌습니다. 깃, 깃허브 초보자들이
읽기에 이것보다 쉽고 재밌는 책은 없을 거라고
생각합니다!

```
$ git revert --conti

Revert "Replace Lions with
This reverts commit 8aa2b9

# Conflicts:
#       leopards.yaml
```

CLI, GUI 모두 설명해 주는 구성이
좋습니다!

Bravo

add-coach 브랜치
leopards.yaml, panther

지금까지 본 머지와 리베이스 설명 중 가장
명쾌합니다! 단순히 이렇다는 것 외에 차이점,
상황별 설명 등을 그림과 함께 설명해 주니 머지와
리베이스가 이렇게 쉬웠었나 하며 술술 읽었습니다.

동기를 유발하고 반복적인 실습 후 복습시키는 과정이 잘 짜여진 수업 같았습니다.

이 책만으로도 깃과 깃허브 활용법을 배우고 정리하기에 충분할 정도로 친절했습니다.

첫째, 비전공자도 이해하고 따라할 수 있을 정도로 친절한 설명과 이미지들, 둘째, 가독성이 좋은 라이트 테마 코드들, 셋째, 명령어를 복습하고 후에 찾아보기 좋은 '외워서 써먹는 깃 명령어' 이 세 가지가 삼박자를 이뤄서 깃에 입문하는 데 정말 최적화되어 있다고 느껴졌습니다. 특히 각 CHAPTER마다 있는 '외워서 써먹는 깃 명령어'의 경우 깃을 알아갈수록 늘어나는 명령어로 인해 혼란스러워 했던 저에게 너무 유용한 페이지였습니다. 그때그때 기억해야 하는 부담을 덜고 훨씬 빨리 읽을 수 있었던 것 같습니다. 책의 흐름 또한 만족스러웠는데요. 깃의 필요성으로 시작해서 학습자의 동기를 유발하고 실제 상황에 대한 반복적인 실습으로 자연스럽게 명령어를 학습하게 하고 CHAPTER 마무리에서 명령어를 복습시키는 과정이 잘 짜여진 수업 같았습니다. 덕분에 책을 읽고 혼자 따라하는 데도 마치 선생님과 함께 공부하는 느낌이 들었습니다. 학습자에 대한 고민과 배려가 돋보이는 책이었습니다. 이경윤

투머치라서 너무 고마운 책입니다!

컴공 이중전공생으로 팀 프로젝트를 할 때마다 등장하는 깃과 깃허브가 어려웠고, 어설프게 구글링하면서 사용하다 보니 제대로 되지 않거나 파일을 날리는 경우도 허다했습니다. 얄코 님의 유튜브와 인프런 강의로 공부를 시작하는 단계에서 베타 리딩에 참여하게 되었습니다. 책과 함께 차근차근 예제를 따라가니까 그동안 몰랐던 기능이 많았다는 생각과 함께 더 이상 깃과 깃허브가 어렵게 여겨지지 않았습니다. 책의 취지에 맞게 정말 이렇게까지 친절하게 설명해 줄 수 있나 싶을 정도로 섬세한 설명과 직접 사용해 볼 수 있는 단계별 예제까지 너무 알차게 느껴졌습니다. 그리고 '외워서 써먹는 깃 명령어'가 다음으로 넘어가기 전에 배웠던 명령어를 상기시켜 줘서 정리하기에 너무 좋았습니다. 이제 막 기초를 알게 된 상태이지만 자신감을 갖고 협업을 수월하게 할 수 있을 만큼 깃과 깃허브에 능숙해지고 싶다는 다짐을 할 수 있게 해 준 책입니다. 깃과 깃허브가 어렵다고 생각했다면 이 책입니다. 여연주

'개발보다 깃이 더 싫어!' 할 정도로 깃이 어려웠는데, '오? 재밌는데?'로 바뀌었습니다.

이제 막 개발 공부를 시작한 사람입니다. 이 책은 깃과 깃허브를 처음 접하는 사람이거나 머릿속에 정보가 뒤죽박죽인 사람에게 아주 유용합니다. 프로젝트를 할 때 '개발보다 깃이 더 싫어!' 할 정도로 깃이 어려웠는데, 이 책에 있는 코드들을 따라하니 처음으로 '오? 재밌는데?'라는 생각이 들었습니다. 그 전에는 단순히 git add, commit, push만 알았는데 이 책을 베타리딩 한 후에는 rebase와 merge의 차이점이 뭔지, reset과 revert는 어떤 경우에 써야 하는지 등 파편화되어 있던 정보들이 하나로 정리되는 기분이었습니다. 책의 일부분만 읽었는데도 이 정도인데, 나머지 내용은 어떨지 더욱 기대되고 궁금해지는 책이었습니다. 유은겸

- - - - - - - - - - - - - - - - - - - -

강의가 주는 동적인 재미와 책이 주는 정적인 설명이 시너지가 되었습니다.

컴퓨터공학과 4학년이 되고 나니 수업의 대부분이 협업 프로젝트였고 효율적인 협업을 위해서 깃, 깃허브를 사용하기 시작했습니다. 깃으로 무엇을 할 수 있고 어디까지 할 수 있는지 모른 채 IDE에서 깃허브와 연동하기 위해 pull, commit, push만 사용하던 도중에 얄코의 동영상 강의를 듣게 되었습니다. 시각적인 자료와 재치있고 친절한 설명 덕분에 실제 프로젝트를 하면서 깃 브랜치에서 작업해 최종적으로 main으로 합치는 것과 호환성으로 인해 특정 커밋 지점으로 돌아가야할 때 리셋 기능 등을 사용하는 방법까지 알게 되었습니다. 하지만 미처 익히지 못했거나 기억하지 못한 기능이 있어 복습이 필요하던 찰나에 책이 나온다 하여 베타 리딩을 신청하였고 책과 함께 강의를 병행하여 복습하였는데 강의가 주는 동적인 재미와 책이 주는 정적인 설명이 시너지가 되어 더 쉽고 빠르게 이해할 수 있었습니다. 박지민

- - - - - - - - - - - - - - - - - - - -

더 이상 clone으로 문제를 해결하고 있지 않습니다.

평소 깃을 사용하면서 전체적인 플로우를 명확히 이해하고 있지 못해서 오류가 나거나 충돌이 났을 때 잘 해결하지 못하고 새로 clone을 받는 일이 많았습니다. 이 책을 보면서 깃의 전체적인 흐름을 이해할 수 있었고 CLI뿐만아니라 GUI로도 다시 한 번 파악할 수 있어서 이해하는 데 많은 도움이 되었습니다. 홍민정

이 책을 제대로 보는 방법

예제 다운로드하는 방법

책을 따라하다 보면 어느 순간 책과 다른 결과가 나오거나 오류가 발생하는 경험을 한두 번 겪게 됩니다. 깃은 히스토리를 저장하는 툴이기 때문에 어디서부터 잘못 됐는지 몰라 처음부터 다시 해야 하는 경우가 흔하죠. 아직은 버전을 앞뒤로 이동하는 것이 익숙하지 않을 테니 이 책에서 제공하는 LESSON별 프로젝트 예제를 불러와 실행해 보세요. 실습에 필요한 예제 다운로드 정보는 리코멘드 홈페이지에 있습니다.

⬇️ 리코멘드 홈페이지: www.rdbook.co.kr → 도서소개 → 도서 제목 클릭 → 예제 다운로드

명령어와 예제 코드를 쉽게 입력하는 방법

책에 있는 명령어와 소스 코드를 마우스 클릭 한번으로 복사/붙여넣기 할 수 있습니다. 빠르게 결과를 확인하면서 학습하길 원한다면 편리하게 이용해 보세요.

⬇️ 얄코 홈페이지: www.yalco.kr/lectures/git-github

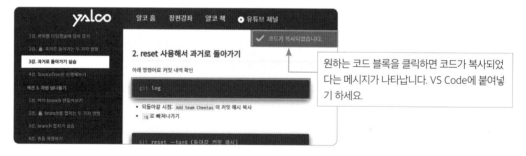

> 원하는 코드 블록을 클릭하면 코드가 복사되었다는 메시지가 나타납니다. VS Code에 붙여넣기 하세요.

⬇️ 리코멘드 홈페이지: www.rdbook.co.kr → 도서소개 → 도서 제목 클릭 → 독자 지원 자료

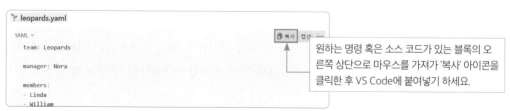

> 원하는 명령 혹은 소스 코드가 있는 블록의 오른쪽 상단으로 마우스를 가져가 '복사' 아이콘을 클릭한 후 VS Code에 붙여넣기 하세요.

동영상 강의와 함께 공부하는 방법

이 책은 유튜브와 인프런에서 인기 있는 동영상 강의를 책으로 엮은 것입니다. 많은 사람이 듣고 추천하는 동영상 강의와 함께 공부한다면 학습 효과는 배가 될 것입니다. 무료 강의 QR 코드는 16쪽에서 확인할 수 있습니다.

▶ www.youtube.com/@yalco-coding

• PART 01 내용에 대한 동영상 강의를 무료로 보실 수 있습니다.

www.inflearn.com/users/@yalco

• PART 01 내용에 대한 동영상 강의를 무료로 보실 수 있습니다.
• PART 02 내용에 대한 동영상 강의는 저자 홈페이지(www.yalco.kr/promo/alps) 방문 시 할인 쿠폰 정보를 제공해 드립니다.

이 책을 제대로 보는 방법

동영상 강의 무료 파트 QR코드 목차

책과 영상 강의의 LESSON 번호는 다르니 아래 QR코드로 접속해 학습하세요.

CHAPTER 01 깃 시작하기

<외워서 써먹는 깃 명령어>

그동안 자주 쓰는 명령 외에는 그때그때 검색해서 쓰고 계셨다고요? 이제 한 CHAPTER가 끝나면 앞에서 배웠던 깃 명령어를 한번 써 보세요. 명령어가 많아져도 바로 정리가 되고, 검색하지 않아도 바로바로 찾아서 사용할 수 있습니다. 유용한 치트 시트로 활용하세요.

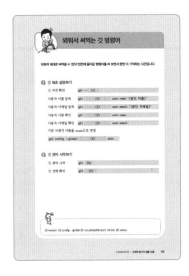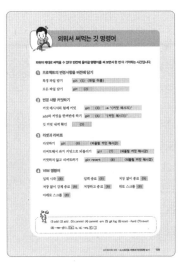

질문하는 방법

첫째, 책에서 다시 한번 찾아봐 주세요. 질문 주시는 내용 중 절반 이상은 책에서 답을 찾을 수 있습니다. 발생 가능한 많은 상황을 책에서 다루고 있으니 해당 내용 앞뒤로 꼼꼼히 읽어 주세요.

둘째, 오류 메시지는 구글에서 먼저 검색해 주세요. 오류 메시지는 구글에 복붙해서 검색해 보면 대부분 짧은 시간 내에 해결 방법을 찾을 수 있습니다.

셋째, 앞의 방법을 동원해도 도움이 필요하다면 질문 메일을 주세요. 내용 중 이해가 안 되거나 실습상 문제가 있는 부분, 설명이 잘못되었거나 미흡한 부분

📧 yalco@yalco.kr

[질문] 얄코의 투머치 깃&깃허브 OO쪽

이 있을 수 있습니다. 이때는 메일로 질문해 주세요. 질문 중 필요한 내용은 다음 인쇄 시 책에 추가하겠습니다.

목차

CHAPTER 01 깃 시작하기

CHAPTER 02 시간 여행하기

CHAPTER 03 차원 넘나들기

목차

CHAPTER 04 깃허브 사용하기

PART 02 실전을 위한 깃 연습하기

CHAPTER 05 깃을 더 깊게 이해하기

목차

CHAPTER 08 분석하고 디버깅하기

CHAPTER 09 깃허브 제대로 활용하기

PART 01

깃과 깃허브의 기초

깃은 프로그램의 버전을 다루는 버전 관리 시스템입니다. 하나의 프로젝트를 여럿이 협업할 때 프로그램에서 누가 언제 무엇을 변경했는지 이력을 남겨야 효율적으로 일을 진행할 수 있습니다. 깃허브는 깃 작업을 원격에서 할 수 있는 저장소입니다. 이번 PART에서는 깃의 명령어를 CLI와 소스트리로 연습해 보고 깃허브의 기초적인 구성도 살펴보겠습니다.

이렇게까지
설명한다고?

CHAPTER
01

깃 시작하기

깃을 배워야 하는 이유

학습 목표

프로그래밍을 한다, 개발자가 된다고 하면 주변에서는 뭘 프로그래밍하는지도 물어보지 않고 깃이라는 걸 배우라고 합니다. 도대체 깃이 뭐길래 이리도 강조하는 걸까요? LESSON 01에서는 깃으로 무엇을 할 수 있는지, 깃이 프로그래머에게 왜 꼭 필요한지를 시간과 차원 여행으로 예시를 들어 설명해 보겠습니다.

깃Git을 다루는 역량은 앱이든 웹사이트든 게임이든 개발자가 되려면 오늘날 사실상 필수 소양이라고 할 수 있습니다. 사무직에 종사하는 사람이 워드 프로세서를 필수로 다룰 줄 알아야 하는 것처럼요.

그렇다면 깃이 뭘까요? 깃은 VCS라는 프로그램의 한 종류로 Version Control System의 줄임말입니다. 즉 **프로그램 버전 관리를 위한 툴**이라는 의미입니다. **버전**version은 프로그램의 일부 내용이 바뀌거나 새로운 기능이 추가되는 등 어떤 유의미한 변화가 결과물로 나오는 것을 말하는데, 깃은 이 버전을 관리합니다. 그러면 또 '버전을 관리한다'는 게 뭔지 궁금할 텐데, **프로젝트의 시간과 차원을 관리하는 것**입니다. 개발자들이 프로그래밍을 하면서 필요에 따라 시간 여행을 하고 여러 차원을 넘나들 수 있게 해 준다는 것입니다.

깃으로 하는 시간 여행

먼저 시간 여행에 대해 이야기해 볼게요. 프로그래밍 과정을 거쳐 소프트웨어를 만드는 일은 대부분 첫 결과물에서 끝나지 않아요. 첫 결과물을 검토하면서 오류를 수정하고 새 기능을 넣고 성능을 개선하면서 계속해서 새 버전들이 나옵니다. 그런데 작업을 진행하다 보면 이전에 했던 작업을 취소해야 할 일들이 생겨요.

예를 들어 버전 5에서 추가한 기능에 결함이 있어서 버전 4로 되돌려 다시 작업해야 하는 경우가 있습니다.

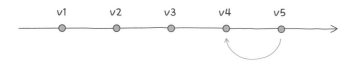

깃이 없었을 때는 사용자가 버전마다 일일이 프로그램을 압축해서 백업 파일로 가지고 있다가 문제가 생기면 압축을 푼 후 프로젝트에서 문제가 발생한 지점을 찾아 바꾸곤 했습니다.

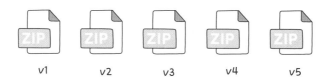

이런 방식으로 버전을 관리한다면 업데이트할 때마다 모든 버전을 사용자가 일일이 저장해야 하므로 매우 번거롭습니다. 프로젝트가 진행될수록 각 파일이 차지하는 용량도 어마어마하게 커지겠죠. 또 버전 3, 4, 5는 문제가 없는데, 버전 2에서 뒤늦게 문제가 있는 것을 발견하는 경우도 있습니다.

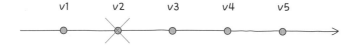

한 마디로 망한 거죠. 그리고 팀원들한테 가서 말하겠죠. "워라밸 같은 건 없다." 이때부터는 정작 해야 할 일은 못하고 버전 2에서 어떤 파일에 무슨 코드를 작업했는지 밤새 하나 하나 뒤지면서 파일을 복구하는 데만 엄청난 시간을 쏟아야 합니다. 그런데 깃을 사용하면 이와 같은 상황은 발생하지 않습니다. 심지어 정말 간단하게 해결됩니다. 지금은 감이 잘 잡히지 않을 텐데, 곧 실습을 통해 확인할 수 있습니다.

깃으로 하는 차원 여행

깃으로 다른 차원도 넘나들 수 있습니다. 회사에서 앱을 만드는데 내가 어떤 아이디어가 떠올라서 앱에 새 기능을 추가해 보고 싶은 상황을 가정해 보죠.

회사 프로젝트에 합의되지 않은 코드를 내 멋대로 추가할 수는 없으니 프로젝트 폴더를 모두 복사한 후 사본에서 작업해 볼 수는 있겠습니다. 필요하다면 사본을 더 복제해서 다른 실험도 해 볼 수 있겠죠. 그런데 용량이 큰 프로젝트 폴더를 복사하는 것도 쉽지 않은 일입니다. 또 어쩌다 내 아이디어가 채택되어 각각의 사본 폴더에 있는 해당 작업 내용을 실제 프로젝트의 메인 폴더로 옮겨와야 할 때는 어느 파일들의 어떤 부분들이 수정되었는지를 일일이 확인하며 가져와야 합니다.

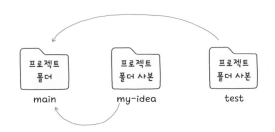

실무에서는 이런 일들이 비일비재한데, 다행히 이런 문제 역시 깃으로 쉽게 해결됩니다. 프로젝트 폴더를 복사할 필요도, 압축해서 백업할 필요도 없이 말이죠. 깃은 마치 **시간 여행을 하는 것처럼 프로젝트의 버전들을 언제든 되돌릴 수 있고, 여러 차원을 넘나드는 것처럼 프로젝트 내용들을 여러 모드로 자유롭게 전환하고 변경 사항을 쉽게 이동할 수 있습니다.**

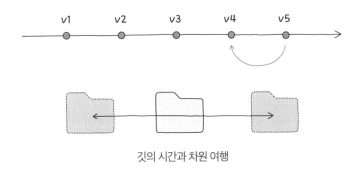

깃의 시간과 차원 여행

프로그래밍을 처음 하는 사람들은 위 설명만으로 깃을 왜 알아야 하는지 딱 와 닿지 않을 수도 있지만, 실제로 프로그래밍을 해 보거나 현업에서 일을 해 보면 버전 관리가 정말 필요한 기능임을 쉽게 알 수 있습니다. 특히 웬만큼 규모 있는 소프트웨어들은 프로그래머 한 사람이 만드는 게 아니기 때문에 **깃에서 제공하는 기능들은 개발 협업에도 매우 유용합니다.**

02 윈도우 사용자를 위한 설치와 설정

학습 목표

이제 깃과 소스트리 등 필요한 프로그램을 컴퓨터에 설치하고 설정을 해 보겠습니다. LESSON 02는 윈도우 사용자를 위한 내용입니다. 맥 사용자를 위한 설치 방법은 LESSON 03에서 설명하고 있으니 이번 LESSON은 개념 위주로 간단히 훑어본 후 LESSON 03으로 넘어가 진행해 주세요.

깃을 사용하는 방법은 CLI와 GUI 두 가지가 있습니다. **CLI**Command Line Interface(명령 줄 인터페이스)는 말 그대로 **명령 줄에 텍스트로 된 명령어를 입력해서 사용**하는 것이고, **GUI**Graphical User Interface(그래픽 사용자 인터페이스)는 일반인들이 쓰기 편하도록 **버튼이나 툴바, 아이콘 같은 그래픽 요소를 활용한 인터페이스가 있는 프로그램을 설치해 사용**하는 방법을 말합니다.

둘 중에서 어떤 방식으로 깃을 사용하는 게 좋을까요? 설명만 봐도 GUI 방법이 편리해 보이죠? 그러나 실무에서 깃을 사용할 때는 CLI와 GUI를 함께 활용합니다. 깃에서 무언가를 실행하기 위해 명령을 사용할 때는 CLI를 사용하고, 프로젝트 상태를 깃에서 자세히 살펴보아야 할 때는 GUI를 사용합니다. **대표적인 GUI 방식 프로그램으로 소스트리**가 있습니다.

그래서 이 책에서도 소스트리로 깃을 활용하는 방법, CLI로 활용하는 방법 두 가지를 병행해서 진행합니다. 소스트리와 같은 GUI 도구는 당장 쓰기는 편하겠지만 깃의 모든 기능을 섬세하게 다룰 수 있도록 만들어지지 않아 한계가 있습니다. 그리고 CLI에서 직접 명령어를 입력해 보면 깃에 어떤 기능이 있고 어떻게 작동하는지를 더욱 정확히 이해할 수 있어 이후 깃을 제대로 사용하는 데 도움이 됩니다. 앞으로 실습을 해 나가면서 소스트리를 활용했을 때 더 효율적인 작업 방식도 설명할 테니 깃을 마스터한 뒤에는 CLI와 GUI를 넘나들면서 편리하게 사용하길 바랍니다.

미로의 참:견

공부할 때는 가능한 한 CLI로 깃을 실습해 보세요. 깃을 제대로 알고 나면 소스트리 같은 GUI 도구 사용법을 배우는 건 '식은 죽 먹기'죠.

윈도우용 깃 설치하기

윈도우용 깃을 설치하겠습니다.

01 설치 파일을 다운로드하기 위해 깃 웹사이트에 접속합니다. 윈도우용 깃 설치 파일을 다운로드하기 위해 **Download for Windows**를 클릭합니다. `URL` https://git-scm.com

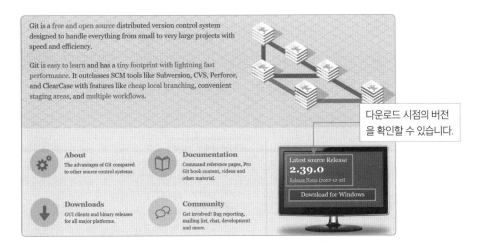

다운로드 시점의 버전을 확인할 수 있습니다.

02 윈도우용 설치 파일이 있는 페이지로 이동합니다. **Click here to download**를 클릭하면 설치 파일이 다운로드됩니다. 잠시 후 브라우저 창 아래쪽에 현재 버전이 표시된 실행 파일이 나타나면 이 부분을 클릭합니다.

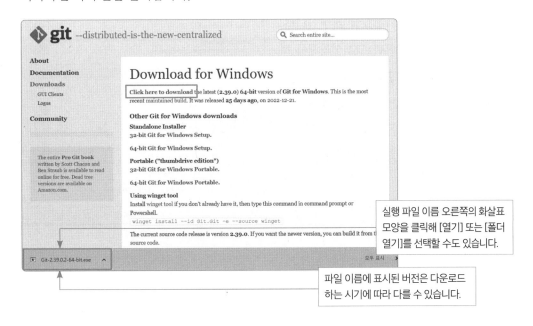

실행 파일 이름 오른쪽의 화살표 모양을 클릭해 [열기] 또는 [폴더 열기]를 선택할 수도 있습니다.

파일 이름에 표시된 버전은 다운로드 하는 시기에 따라 다를 수 있습니다.

03 설치 시작 창이 나타납니다. **Next** 버튼을 클릭해 계속합니다.

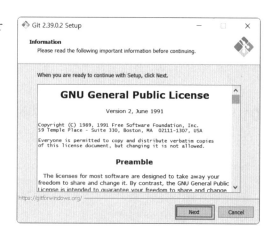

04 깃이 설치될 폴더를 지정합니다. 다른 폴더로 변경하고 싶으면 **Browse** 버튼을 클릭해도 되지만 여기서는 기본 폴더에 설치합니다. **Next** 버튼을 클릭합니다.

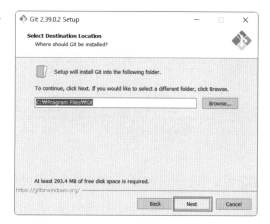

05 설치 과정에서 가장 중요한 화면입니다. 여기서 **깃 배시**Git Bash**를 반드시 설치해야 하는데** 오른쪽 화면을 보면 **Git Bash Here**가 기본적으로 선택되어 있습니다. 깃 배시는 설치 이후 자세히 설명하기로 하고 여기서는 **Next** 버튼을 클릭해 계속 진행합니다.

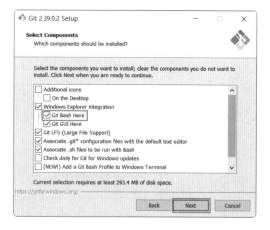

06 깃을 설치할 때 시작 메뉴에 표시할 폴더 이름을 지정합니다. **Git**이라는 기본값을 그대로 사용하기로 하고 **Next** 버튼을 클릭합니다.

07 이후에도 많은 선택 창이 나타나는데 그대로 **Next** 버튼을 쭉 클릭해 기본 설정으로 설치를 진행합니다. 드디어 설치를 진행한다는 화면이 나옵니다. 잠시 기다립니다.

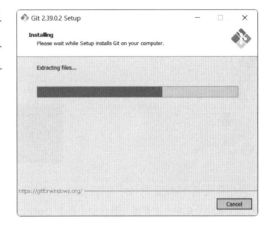

08 설치 과정에서 마지막 화면입니다. **Finish** 버튼을 클릭합니다.

Launch Git Bash를 체크 표시하면 설치 종료 후 바로 깃 배시 화면으로 이동합니다.

깃 CLI: 깃 배시 설치하기

깃 배시 Git Bash는 깃 관련 명령어를 CLI 환경에서 사용할 수 있게 해 주는 터미널 프로그램입니다. 윈도우 사용자라면 코드만 나타나는 검은색 화면을 한 번쯤 봤을 텐데, 깃 배시도 마이크로소프트 파워셸PowerShell과 같은 역할을 합니다.

깃 배시를 설치하는 이유는 깃 사용에 적합하기도 하지만, 윈도우에 설치되어 있는 파워셸이나 커맨드 같은 CLI 프로그램은 맥이나 리눅스에서 사용하는 명령어 체계와 달라 실무 프로그래밍에서 사용하기에 적합하지 않기 때문입니다.

> 깃을 쓸 때뿐만 아니라 윈도우에서 리눅스나 유닉스 기반의 맥 터미널 명령어를 사용할 때 깃 배시를 사용하면 더욱 편리하게 프로그래밍 할 수 있습니다.

01 윈도우 시작 메뉴 아이콘 오른쪽 검색어 입력란에 **Git Bash**를 입력해 깃 배시를 실행합니다.

이후 깃 배시 화면은 책 인쇄 시 가독성을 고려해 배경 테마를 밝은색(Theme: kohlrausch)으로 변경하였습니다. 깃 배시 창에서 마우스 오른쪽 버튼을 클릭한 후 **Options**를 선택하면 터미널 창 색, 텍스트 서식 등을 원하는 형태로 조절할 수 있습니다.

02 커서가 깜박이는 곳에 다음과 같은 코드를 입력해서 깃 버전이 나타나면 깃이 성공적으로 설치된 것입니다.

03 협업 시 윈도우와 맥의 `Enter`/`Return` 방식 차이에 따른 줄바꿈 오류를 방지하기 위해 다음
명령어도 입력해 주세요.

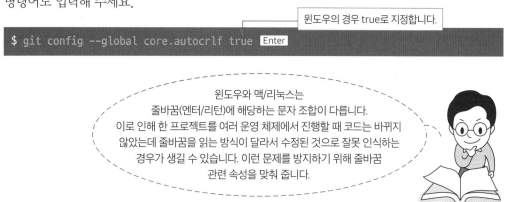

윈도우의 경우 true로 지정합니다.

```
$ git config --global core.autocrlf true [Enter]
```

윈도우와 맥/리눅스는
줄바꿈(엔터/리턴)에 해당하는 문자 조합이 다릅니다.
이로 인해 한 프로젝트를 여러 운영 체제에서 진행할 때 코드는 바뀌지
않았는데 줄바꿈을 읽는 방식이 달라서 수정된 것으로 잘못 인식하는
경우가 생길 수 있습니다. 이런 문제를 방지하기 위해 줄바꿈
관련 속성을 맞춰 줍니다.

소스트리 설치하기

깃 배시라는 CLI 프로그램을 설치했으니 이제 깃 GUI 프로그램도 설치해 보겠습니다. **깃 GUI
란 깃을 GUI 환경에서 사용할 수 있게 해 주는 프로그램입니다.** 아래 그림만 봐도 GUI 프로그
램이 깃 배시보다 시각적으로 훨씬 뛰어나 편리해 보이죠?

이 책에서는 CLI와 GUI를 병행해서 사용할 것이기 때문에 **깃 GUI 프로그램으로 가장 많이 쓰
고 있는 소스트리**SourceTree를 다운로드하고 설치해 보겠습니다. 이 프로그램은 강력하고 효율
적인 기능들을 갖추고 있기 때문에 이 책에서 사용하는 GUI로써 충분합니다.

01 소스트리 설치 파일을 다운로드하기 위해 다음 웹사이트에 접속합니다. **Download for Windows** 버튼을 클릭합니다. URL https://www.sourcetreeapp.com

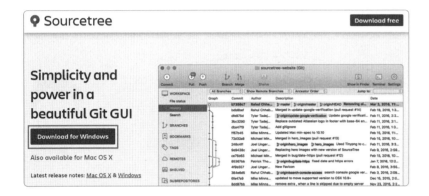

02 동의를 위해 **I agree to...**를 체크 표시하고 **Download** 버튼을 클릭합니다.

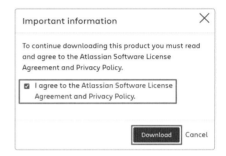

03 브라우저 창 아래쪽에 다운로드된 설치 파일을 클릭합니다.

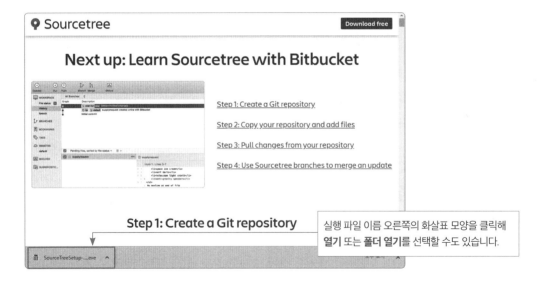

실행 파일 이름 오른쪽의 화살표 모양을 클릭해 **열기** 또는 **폴더 열기**를 선택할 수도 있습니다.

04 설치가 시작되면 비트버킷Bitbucket으로 로그인하라는 화면이 나오는데, **비트버킷은 깃허브와 같은 종류의 서비스입니다.** 이 책에서는 비트버킷이 아니라 깃허브를 사용할 것이기 때문에 여기서는 **건너뛰기** 버튼을 클릭해 넘어갑니다.

05 다음으로 나타나는 화면에는 **Mercurial**에 체크 표시가 되어 있습니다. **머큐리얼은 깃과 같은 버전 관리 프로그램**인데, 이 책에서는 사용하지 않을 것이므로 체크 표시를 해제하고 **다음** 버튼을 클릭합니다.

06 다음 화면에서는 **사용자 이름**과 **이메일**을 입력한 후 **다음** 버튼을 클릭합니다. 이 정보는 나중에 여러분이 다른 사람과 협업할 때 작업 내역과 작업자를 표시하는 데 활용됩니다.

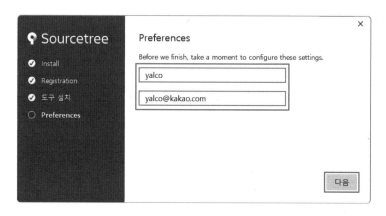

07 SSH 키를 불러오겠느냐는 대화상자가 나타나면 **아니오** 버튼을 클릭합니다.

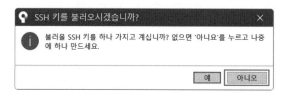

SSH 키에 대해서는 CHAPTER 09에서 설명하겠습니다.

08 설치가 완료되면 다음과 같은 창이 나타나는데, 여기서는 프로그램을 종료하고 57쪽 〈소스트리에서 프로젝트 파일 생성하기〉에서 계속 진행하겠습니다.

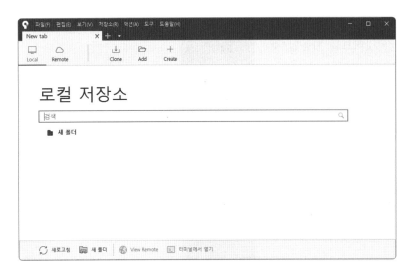

 깃 GUI 프로그램들 ···

소스트리 이외에 깃을 GUI로 다룰 수 있는 프로그램(깃 클라이언트)은 여러 가지가 있습니다. 대표적인 것으로 **깃허브 데스크톱**(Github Desktop), **깃크라켄**(GitKraken) 등이 있는데, 다음 웹사이트에서 확인할 수 있습니다.

URL https://git-scm.com/downloads/guis

깃허브에서 만든 깃허브 데스크톱은 기능이 많지 않아 추천하지 않습니다. 무료는 아니지만 인터페이스가 화려하고 다양한 기능도 있는 깃크라켄과 같은 GUI도 사용할 수 있습니다.

VS Code 설치하기

이제 코딩할 때 쓰는 편집기 프로그램인 **VS Code**Visual Studio Code(비주얼 스튜디오 코드)를 설치할 차례입니다. VS Code는 인텔리제이 아이디어 IntelliJ IDEA나 안드로이드 스튜디오Android Studio, 엑스코드Xcode와 더불어 **굉장히 널리 쓰이는 소스 코드 편집기입니다.**

현업에서 깃을 사용할 때는 기존에 사용하던 편집기를 써도 괜찮습니다만, 처음 학습하는 독자라면 VS Code를 사용하세요.

01 다음 VS Code 웹사이트 접속합니다. 윈도우 사용자라면 **Download for Windows** 버튼을 클릭해 VS Code를 다운로드합니다.

URL https://code.visualstudio.com

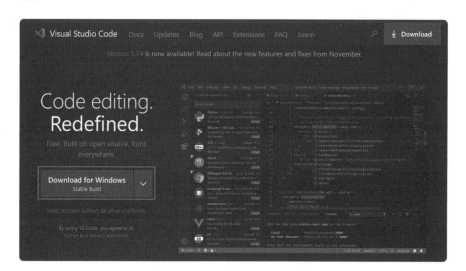

02 웹 브라우저 창 아래쪽 다운로드 목록에서 설치 파일 **VS CodeUserSetup-x64-1.74.3.exe**를 클릭해 실행합니다. 처음 나타나는 설치 대화상자에서 **동의합니다**를 선택하고 **다음** 버튼을 클릭합니다.

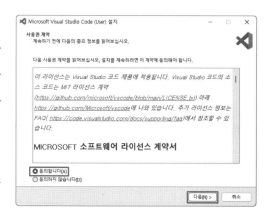

설치 파일 이름의 숫자는 버전을 의미하며 다운로드하는 시점에 따라 책과 다르게 나타날 수 있습니다.

03 설치 위치를 선택할 수 있으나 여기서는 기본 폴더를 그대로 둔 상태로 **다음** 버튼을 클릭합니다.

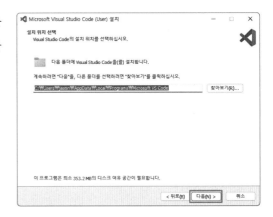

04 VS Code 실행 시 시작 메뉴 어느 폴더에서 프로그램 바로가기를 찾을지 지정할 수 있습니다. 기본 이름 그대로 사용합니다. **다음** 버튼을 클릭합니다.

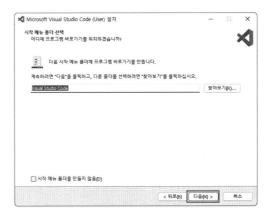

05 추가 작업도 선택된 그대로 두고 **다음** 버튼을 클릭합니다.

06 설치 준비가 되었다는 화면에서 **설치** 버튼을 클릭합니다. 설치가 진행되는 동안 잠시 기다립니다.

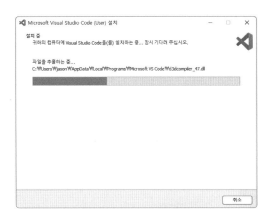

07 VS Code 설치가 완료되었습니다. **종료** 버튼을 클릭합니다.

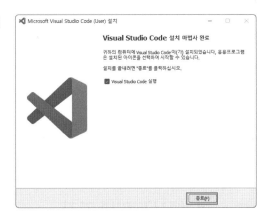

08 바로 앞에서 **Visual Studio Code 실행**을 체크 표시했으므로 바로 VS Code가 실행됩니다.

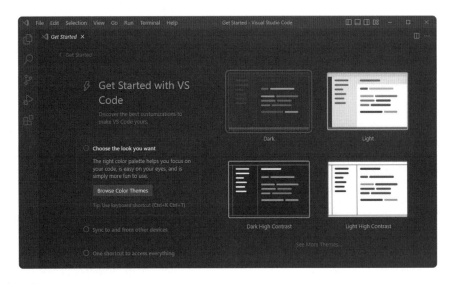

VS Code는 윈도우 **시작** 메뉴에서 **Visual Studio Code**를 찾아 실행해도 됩니다.

09 VS Code는 기본적으로 Dark 테마를 제공하나 책에서는 인쇄 후 가독성을 고려하여 Light 테마로 진행하겠습니다. **Light**(밝게)를 클릭합니다.

브라우저 색상 테마는 프로그램 창 왼쪽 아래에 있는 **Manage(관리)** 아이콘(⚙)을 클릭하고 **Theme(테마)** - **Color Theme(색 테마)**를 선택해 나타나는 목록에서 지정할 수도 있습니다.

VS Code에서 터미널 열기

VS Code를 실행했다면 먼저 터미널을 열어 보겠습니다. 따로 깃 배시와 같은 터미널 프로그램을 열어서 쓸 수도 있지만 **코딩하는 중에 VS Code에서 바로 명령을 입력하는 게 더 빠릅니다.**

01 VS Code 프로그램 창 상단 메뉴에서 **Terminal(터미널)** - **New Terminal(새 터미널)**을 선택합니다. 혹은 단축키(Ctrl + `)를 누릅니다.

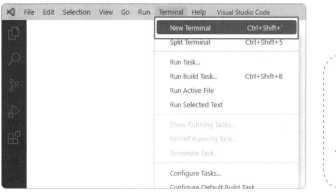

미로의 참견

Ctrl + ` 는 터미널 창을 열고 닫기를 반복할 때 사용합니다. Ctrl + Shift + ` 는 터미널 창이 열려 있는 상태에서는 추가로 열기 때문에 목적에 따라 단축키를 선택해서 사용하세요.

아직 한글 팩 설정 전이므로 도구 및 명령어가 영문으로 나옵니다. 한글 팩 설정은 44쪽에서 설명합니다.

02 하단에 터미널 창이 나타납니다. 터미널 창 오른쪽 상단을 보면 powershell이라고 나와 있는데, 이는 **현재 창이 윈도우 기본 터미널로 설정되어 있다는 것을** 의미합니다.

03 VS Code의 터미널을 깃 배시로 바꾸겠습니다. Ctrl+Shift+P를 누르면 검색 창이 열립니다. 여기에 **select default profile**을 입력하고 Enter를 누른 후 **Git Bash**를 선택합니다.

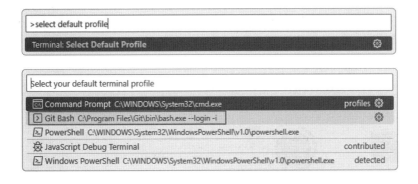

만약 검색 목록에서 Git Bash가
보이지 않는다면 깃과 깃배시가 C 드라이브에
설치되어 있는지 확인해 주세요. 깃 등 프로그래밍 관련
소프트웨어들은 C 드라이브에 설치된 것으로 간주하므로
연계할 프로그램도 같은 위치에 설치해야 문제없이
실행할 수 있습니다.

04 터미널 창 오른쪽 상단에서 powershell 옆에 있는 ⊞를 클릭해 새 터미널을 열면 이제 기본으로 깃 배시가 열립니다.

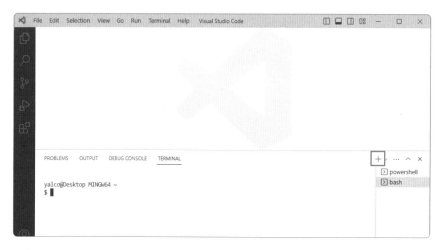

🐌 터미널에 깃 배시를 연결해 두면 리눅스 명령어를 윈도우에서 편하게 사용할 수 있습니다.

 한글 팩 및 머티리얼 테마 ···

VS Code는 사용자의 편의를 위해 다양한 확장 프로그램을 제공하고 있습니다. 왼쪽 도구 바에서 **Extensions(확장)** 아이콘(🔡)을 클릭한 후 설치하고 싶은 프로그램의 키워드를 입력합니다. 원하는 프로그램을 찾았다면 선택 후 **Install** 혹은 **설치**를 클릭해 설치합니다. 이 책에서는 **한글 팩**(Korean Language Pack)과 탐색기 아이콘을 명확하게 구분하는 **머티리얼 아이콘 테마**(Material Icon Theme) 확장 프로그램을 설치합니다.

• **Korean Language Pack for Visual Studio Code**

• **Material Icon Theme**

맥 사용자를 위한 설치와 설정

학습 목표

이번 LESSON 03은 맥 사용자를 위한 내용입니다. 맥 사용자도 윈도우와 거의 같은 방식으로 깃을 사용할 수 있습니다. 다만 설치 방법이 조금 다른데, HomeBrew라는 프로그램을 이용하면 간편하게 깃을 설치할 수 있습니다. 윈도우 사용자는 LESSON 04로 넘어가 진행해 주세요.

맥용 깃 설치하기

먼저 깃을 설치해야 되는데, **맥의 경우 보통 깃이 기본적으로 설치**되어 있습니다. 다만 최신 버전이 아니라면 이 책에서 진행하는 실습과 일부 내용이 다를 수 있으므로 버전을 확인해서 최신 버전을 설치해 두는 게 좋습니다.

01 Dock에서 **터미널** 또는 **terminal**을 검색해 터미널(또는 iTerm2)을 엽니다. 다음 명령을 입력해 버전을 확인해 보세요.

터미널

```
$ git --version Return
```

명령 입력 시 명령어 라인 개발자 도구 설치가 필요하다는 내용의 대화상자가 나타나면 **설치** 버튼을 클릭해 설치를 진행한 후 다시 명령을 입력해 보세요.

02 최신 버전은 아래 웹사이트에서 확인합니다. **01**에서 확인한 버전과 다르다면 **Download for Mac**을 클릭해 설치 파일을 다운로드합니다. `URL` https://git-scm.com

03 다음과 같은 화면이 나타납니다. 맥에서는 Homebrew라는 프로그램을 사용해서 깃을 설치할 수 있습니다. **맥에서 프로그래밍에 사용되는 여러 패키지나 라이브러리 등을 설치할 때 쓰는 프로그램입니다. 여러분이 맥에서 프로그래밍을 한다면 반드시 필요합니다. homebrew**를 클릭합니다. `URL` https://git-scm.com/download/mac

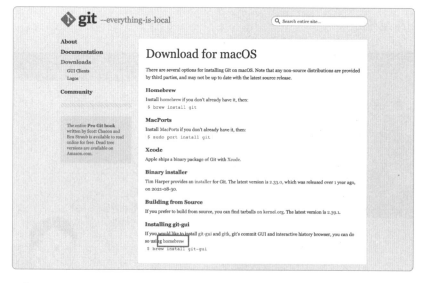

Homebrew는 https://brew.sh에 접속해도 설치할 수 있습니다.

04 화면에서 **Install Homebrew** 항목 아래에 있는 코드를 복사합니다.

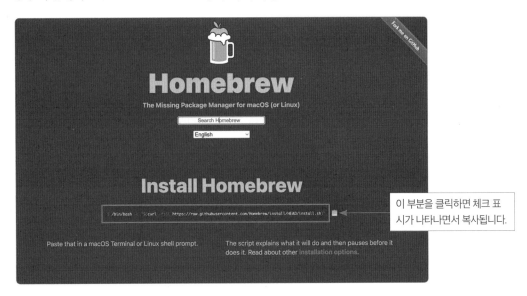

이 부분을 클릭하면 체크 표시가 나타나면서 복사됩니다.

05 터미널로 돌아와 복사한 코드를 붙여 넣고 Return을 눌러 Homebrew를 설치합니다.

```
$ /bin/bash -c "$(curl -fsSL https://raw.githubusercontent.com/Homebrew/
install/HEAD/install.sh)" Return
```

06 그런 다음 아래 명령어를 입력해 깃을 설치합니다.

```
$ brew install git Return
```

07 터미널을 껐다가 다시 켜서 최신 버전이 설치되었는지 확인합니다.

```
$ git --version Return
```

08 터미널에서 다음 명령어도 입력해 주세요. 협업 시 윈도우와 맥에서 Enter/Return 방식 차이에 따른 오류를 방지합니다.

```
$ git config --global core.autocrlf input Return
```

M1칩 맥에서 Homebrew가 작동하지 않는다면 ·

M1칩 맥에서 Homebrew가 작동하지 않는다면 다음 코드를 추가로 실행하세요.

❶ **whoami** 명령어를 입력해 사용자명을 확인합니다.

❷ 다음 명령어를 입력합니다. '사용자명'에 ❶에서 확인한 내용을 입력하세요.

```
$ echo 'eval "$(/opt/homebrew/bin/brew shellenv)"' >> /Users/사용자명/.zprofile
eval "$(/opt/homebrew/bin/brew shellenv)" Return
```

❸ 다음 명령어로 깃을 설치합니다.

```
$ brew install git Return
```

· ·

소스트리와 VS Code 설치하기

이제 깃을 GUI로 사용할 수 있게 해 주는 소스트리를 설치하겠습니다.

01 다음 웹사이트에 접속한 후 **Download for Mac OS X**를 클릭합니다.

URL https://www.sourcetreeapp.com

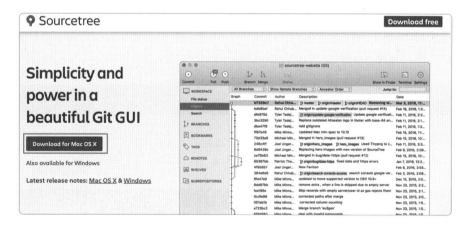

02 소프트웨어 라이선스 및 개인 정보 정책 동의 여부에 체크 표시한 후 **Download**를 클릭합니다.

03 화면 하단에 나타난 설치 파일을 클릭해 압축을 풀고 설치를 시작합니다.

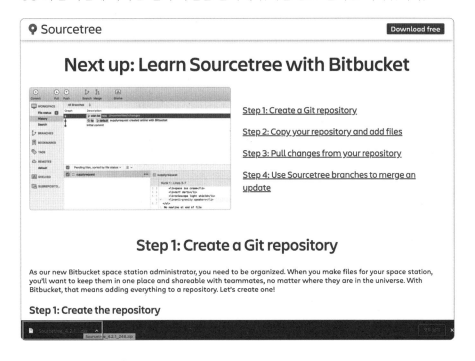

04 설치 화면이 나타나면 다른 설정은 건드리지 않고 각각 **계속**과 **완료**를 클릭합니다.

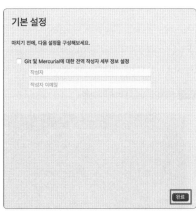

05 그런 다음 VS Code 웹사이트에 접속합니다. **Download Mac Universal**을 클릭해 VS Code 설치 파일의 압축을 풀고 설치하면 바로 프로그램이 실행됩니다.

URL https://code.visualstudio.com

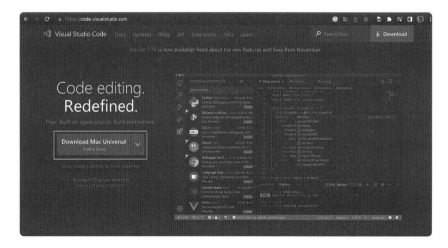

🐰 VS Code 설치 과정은 LESSON 02를 참고하기 바랍니다.

06 VS Code에서 상단 **터미널 - 새 터미널**(Ctrl + `)을 선택해서 터미널 창을 엽니다. 터미널이나 iTerms2 같은 프로그램을 따로 열지 않고 VS Code에 있는 터미널 창에서도 깃 명령을 내릴 수 있습니다.

 **iTerms2 설치하기** ···

맥을 사용한다면 윈도우의 파워셸이나 명령 프롬프트처럼 터미널 앱이 기본적으로 설치되어 있습니다. 그런데 터미널은 쓰기 불편해서 iTerms2라는 터미널을 설치해서 사용합니다. iTerms2는 탭, 분할 화면, 자동 완성 등 편리한 기능이 많아서 맥 사용자라면 설치해서 사용하기를 추천합니다. iTerms2는 다음 웹사이트에서 다운로드합니다.

`URL` https://iterm2.com

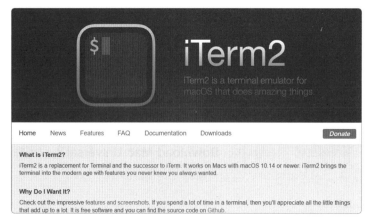

맥 터미널 설치 및 권장 설정은 다음 웹페이지를 참고해 진행해 주세요.

`URL` https://www.yalco.kr/_03_mac_terminal

···

깃 설정하고 프로젝트 관리 시작하기

학습 목표

깃을 사용하기 전에 사용자 정보를 미리 등록해야 합니다. 그런 다음 깃으로 관리할 대상이 되는 프로젝트를 생성하여 깃의 저장소 역할을 하는 .git 폴더를 통해서 프로젝트의 모든 파일과 폴더의 버전을 관리합니다. 소스트리에서도 프로젝트 파일을 만들어 GUI로 깃 버전을 관리할 수 있게 설정해 보겠습니다.

깃 최초 설정하기

깃을 사용하려면 최초에 한 번은 설정해 주어야 하는 것들이 있습니다. 사용자 이름과 이메일, 기본 브랜치 이름을 설정해 보겠습니다.

깃 전역 설정으로 사용자 이름과 이메일 설정하기

깃을 사용하려면 **설치 시 기입한 계정과는 별개로**, 여러분의 컴퓨터에 설치되어 있는 **깃에 사용자의 이름과 이메일 주소를 설정해야 합니다.** 이 정보는 나중에 여러분이 **깃에서 다른 사람과 협업할 때 작업 내역과 작업자를 표시하는 데 활용됩니다.**

미로의 참:견

사용자 이름과 이메일은 깃허브 등의 계정과는 다른 것으로, 협업 시 코드의 각 부분을 작성 및 수정한 사람이 누군지 이름표를 붙이기 위한 용도로 사용됩니다. 미리 설정해 두지 않으면 깃을 활용하는 데 제한이 있으므로 반드시 진행해 주세요.

01 윈도우의 깃 배시 혹은 맥의 iTerm2나 터미널에서 사용자 이름과 이메일을 포함한 다음 명령어를 입력하고 Enter를 누릅니다.

```
$ git config --global user.name "yalco" Enter ◀─────────────── 사용자 이름
$ git config --global user.email "yalco@kakao.com" Enter ◀───── 사용자 이메일
```

사용자 이름과 이메일을 잘못 입력했다면 어느 시점에건 위 명령어를 다시 입력해 주세요.

02 여기서 **--global**은 전역 설정을 뜻하며, 명령어에 **이 단어가 있으면 여러분의 컴퓨터 전반에 해당 명령어가 실행된다는 것입니다.** 나중에 배우겠지만 전역이 아닌 프로젝트마다 설정을 다르게 지정할 수도 있습니다. 입력한 명령어가 제대로 설정되었는지 확인하려면 명령어에서 맨 끝부분만 빼고 다시 입력해 보세요. 앞서 입력한 본인의 이름과 이메일이 출력됩니다.

```
$ git config --global user.name  Enter
yalco
$ git config --global user.email  Enter
yalco@kakao.com
```

기본 브랜치 이름 변경하기

다음은 기본 브랜치 이름을 변경할 차례입니다. 깃에서는 기본 브랜치 이름이 master로 되어 있습니다. 최근에는 기본 브랜치 이름을 main이나 trunk와 같은 용어로 바꾸도록 권장하고 있습니다. 깃허브 또한 기본 브랜치 이름을 master에서 main으로 변경한 상황이라 깃에서도 다음과 같이 **브랜치 이름을 main으로 변경하겠습니다.**

미로의 참:견

예전에는 프로그래밍에서 주요 작업은 주인을 뜻하는 master, 보조 작업은 노예를 뜻하는 slave 같은 용어를 써 왔습니다. 요즘에는 이런 표현이 인종 차별을 연상시켜서 다른 용어로 대체해 가는 분위기입니다.

```
$ git config --global init.defaultBranch main  Enter
```

브랜치에 대해서는 CHAPTER 03에서 자세히 배울 거예요.

깃으로 프로젝트 생성하고 관리하기

이번에는 CLI와 소스트리에서 각각 특정 프로젝트 폴더를 깃으로 관리할 수 있게 지정해 보겠습니다. 여기서 생성하는 프로젝트 폴더는 앞으로도 계속 실습하면서 활용할 예정입니다.

.git 폴더 생성하기

이제 프로젝트를 생성하고 깃으로 관리해 보겠습니다.

01 윈도우 탐색기를 열어 원하는 위치에 원하는 이름으로 **프로젝트 폴더**를 만듭니다. 여기서는 폴더 이름을 **git-practice**라고 지었습니다. 이것이 앞으로 여러분이 프로그래밍할 **프로젝트의 최상위 폴더**가 됩니다.

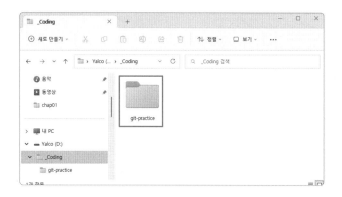

경로 이름에 한글이 포함되어 있는 경우와 맥에서 iCloud에 속한 폴더의 경우에는 실습이 제대로 진행되지 않을 수 있습니다.

02 VS Code에서 프로젝트 폴더를 열어 보겠습니다. 시작하기 창에서 **폴더 열기** 또는 **파일** 메뉴에서 **폴더 열기**를 선택합니다.

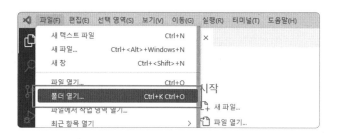

메뉴가 영문으로 나온다면 44쪽에 있는 한글 팩을 설치해 주세요.

03 앞서 **01**에서 만든 **최상위 폴더 git-practice**를 선택하고 **폴더 선택** 버튼을 클릭합니다.

04 VS Code 탐색기에 폴더 이름이 표시되면 상단 메뉴에서 **터미널 - 새 터미널**을 선택해 터미널 창을 엽니다.

05 터미널 창에 바로 폴더 위치가 표시되므로 코드를 작성할 때 폴더 이름을 따로 입력하지 않아도 됩니다. 즉 이제부터는 탐색기에서 프로젝트 파일을 선택하고 터미널 창에서 바로 깃 명령을 내릴 수 있습니다.

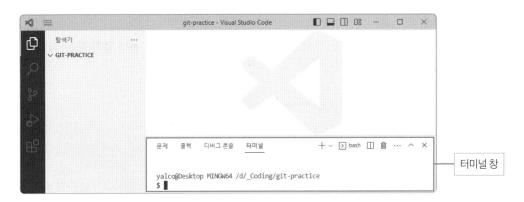

터미널 창

06 이제 이 폴더를 깃이 관리하라고 명령을 내리겠습니다. 터미널 창에 다음 명령어를 입력합니다. 프로젝트 폴더에 깃의 버전 관리를 하는 **.git 폴더가 생성됩니다.**

> 나타나는 경로는 사용자마다 다를 수 있습니다. ../git-practice/.git/이 나오는지만 확인해 주세요.

```
$ git init Enter
Initialized empty Git repository in D:/_Coding/git-practice/.git/
```

이제 **깃이 관리하는 프로젝트 내역들이 .git 폴더에 들어갑니다.** 프로젝트를 진행하면서 코딩을 하고 파일을 추가하는 등 이런 저런 작업을 해 놓고 **.git 폴더를 삭제하면 깃 관리 내역이 모두 사라집니다.** 그러면 프로젝트 폴더에 프로그램 파일들은 남아 있지만 과거의 작업 내역으로 돌아갈 수 없고, 여러 차원을 만들어 둔 경우 다른 차원으로 이동할 수도 없습니다.

예를 들어 회사 프로젝트에서 작업하다가 자신의 아이디어를 시도해 보려고 다른 차원을 만들어 넘어갔는데, 이 상태에서 .git 폴더를 지워 버리면 원래 회사 프로젝트가 있는 차원으로 돌아갈 수 없다는 이야기죠. 따라서 일부러 깃 관리 내역을 지울 의도가 아니라면 혹시 실수로라도 .git 폴더를 삭제하면 안 됩니다.

 윈도우 탐색기에서 숨김 파일, 폴더 보는 법 ·····················

윈도우 탐색기에서 **자세히 보기** 아이콘(⋯)을 클릭하고 **옵션**을 선택합니다. '폴더 옵션' 대화상자에서 **보기** 탭을 클릭하고 **숨김 파일, 폴더 및 드라이브 표시**를 선택한 후 **확인** 버튼을 클릭하면 폴더에서 숨김 폴더로 지정된 .git 폴더를 볼 수 있습니다. 맥에서 숨김 파일이나 폴더를 보려면 폴더를 연 상태에서 Cmd+Shift+. 을 누르세요.

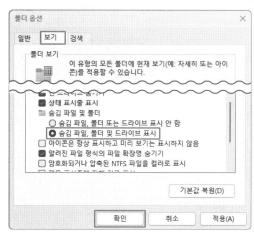

···

CLI에서 프로젝트 파일 생성하기

이제 프로젝트 폴더에 파일을 생성해 보겠습니다.

01 VS Code 탐색기에서 **새 파일** 아이콘(📄)을 클릭하고, 새 파일 이름을 **tigers.yaml**이라고 입력합니다. 코드 창에 다음 코드를 입력합니다.

tigers.yaml

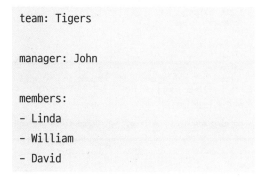
```
team: Tigers

manager: John

members:
- Linda
- William
- David
```

02 파일 - 저장(Ctrl+S)을 선택해 저장합니다. 앞으로 작업하면서 파일에 뭔가 **변화가 생길 때마다 반드시 저장해야 합니다.**

학습할 때 실습이 꼬이는 가장 흔한 원인은 파일을 저장하지 않고 다음 단계로 넘어가는 것입니다. 경우에 따라 처음부터 다시 실습을 진행해야 할 수도 있습니다. 파일에 무언가 작성할 때마다 Ctrl/Cmd+S 를 누르는 것을 습관화하고 실습을 진행해 주세요.

03 같은 방식으로 새 파일을 추가해 파일 이름을 **lions.yaml**이라고 지정하고 다음과 같이 코드를 작성합니다.

🐰 .yaml은 프로그래밍에서 많이 사용되는 텍스트 데이터 저장 형식입니다. 형식이 간결해서 사용할 뿐 깃과 직접적인 관련은 없습니다. .json, .txt 등 다른 확장자의 파일, 심지어 .png 등의 이미지 파일도 똑같이 깃으로 다룰 수 있습니다.

lions.yaml

```
team: Lions

manager: Mary

members:
- Thomas
- Karen
- Margaret
```

04 Ctrl+S 를 눌러 **저장**합니다. 파일을 저장해도 아직 깃에 작업 내역이 저장되지는 않습니다. **git status** 명령어를 입력합니다.

```
$ git status Enter
```

05 앞서 추가했던 tigers.yaml과 lions.yaml이 빨간색으로 출력됩니다. 깃이 사용자에게 새로운 파일이 추가되었는데 "어떻게 관리해야 할까요?" 하고 물어보며 파일을 보여 주는 겁니다. 이처럼 **git status** 명령어는 현재 폴더의 상황을 깃의 관점으로 보여 줍니다.

```
yalco@Desktop MINGW64 /d/_Coding/git-practice (main)
$ git status
On branch main

No commits yet

Untracked files:
  (use "git add <file>..." to include in what will b
        lions.yaml
        tigers.yaml

nothing added to commit but untracked files present
```

소스트리에서 프로젝트 파일 생성하기

이번에는 소스트리에서 프로젝트 파일을 만들어 보겠습니다. 앞서 만든 프로젝트 파일은 이미 깃에 관리를 맡겼습니다. 깃이 관리하고 있는 프로젝트 폴더를 소스트리에서도 다룰 수 있게 설정하려고 합니다.

01 소스트리를 실행합니다. 메뉴에서 **파일 - 열기**를 선택합니다.

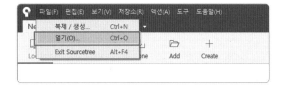

02 git-practice 폴더를 선택한 후 **폴더 선택** 버튼을 클릭합니다.

03 '책갈피를 생성하시겠습니까?'라는 창이 나타나면 **확인** 버튼을 클릭합니다. 앞으로 소스트리를 실행할 때 메인 화면에 git-practice 프로젝트가 책갈피(바로 가기)로 나타납니다.

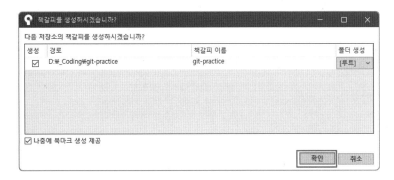

04 '스테이지에 올라가지 않은 파일'을 보면 앞서 생성했던 tigers.yaml과 lions.yaml 파일이 있습니다. 이런 방식으로 소스트리에서도 프로젝트 파일을 깃에 맡길 수 있습니다.

연습 삼아 CLI에서 했던 .git 폴더를 소스트리에서도 생성해 보겠습니다. **기존의 .git 폴더를 삭제하고 다시 만들어 보는 것입니다.**

01 소스트리 창 상단의 ➕ 탭을 클릭해 **New tab**을 추가하고 **git-practice** 탭의 ⊠를 클릭해 끕니다. 로컬 저장소의 **git-practice** 책갈피를 마우스 오른쪽 버튼으로 클릭한 후 **삭제**를 선택합니다.

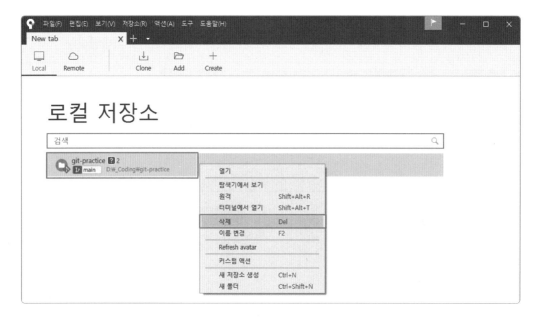

02 '삭제하시겠습니까?'라는 대화상자에서 **북마크를 제거하세요** 버튼을 클릭합니다. 이는 프로젝트 폴더를 지우는 게 아니라 로컬 저장소 화면에 나타난 북마크만 제거한다는 뜻입니다.

🐸 북마크는 소스트리에서 사용되는 '책갈피'와 같은 의미로, 특정 프로젝트로 바로가기를 뜻합니다.

03 이번에는 윈도우 탐색기의 **git-practice** 폴더를 열고, **.git** 폴더를 **삭제**합니다. 그러면 git-practice 폴더는 **깃이 관리하지 않는 상태**로 다시 돌아가겠죠.

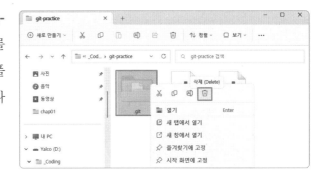

04 VS Code 터미널 창에서 **git status** 명령을 입력해 보세요. **깃 저장소**repository**가 아니라는 내용이 나오는데, 해당 폴더를 깃이 관리하지 않는다는 뜻입니다.**

```
$ git status [Enter]
fatal: not a git repository (or any of the parent directories): .git
```

05 소스트리에서 특정 폴더를 깃에 맡기려고 합니다. 소스트리 상단의 **Create** 도구를 클릭합니다. 새 저장소를 추가하는 화면으로 바뀌면 **탐색** 버튼을 클릭합니다.

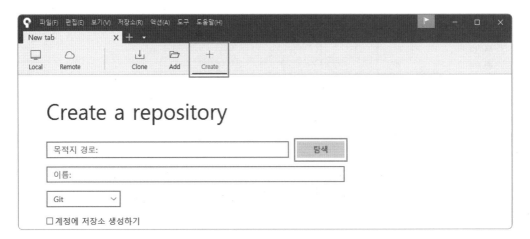

06 git-practice 폴더를 선택한 후 **폴더 선택** 버튼을 클릭합니다.

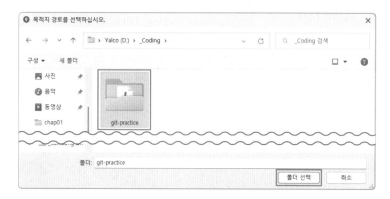

07 생성 버튼을 클릭하면 로컬 저장소가 생성됩니다. git-practice 폴더가 이미 존재하는데, 이 폴더에 생성하겠느냐는 메시지가 나타나면 **예** 버튼을 클릭해 진행합니다.

맥에서는 **로컬 저장소 생성**을 클릭합니다.

08 윈도우 탐색기에서 프로젝트 폴더(git-practice)로 이동하면 .git 폴더를 확인할 수 있습니다.

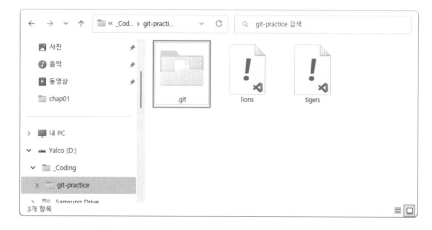

깃에게 맡기지 않을 것들

학습 목표 프로젝트를 깃으로 관리할 때는 깃의 관리 대상에서 배제해야 할 파일이 있습니다. 이는 용량 낭비를 막는 것 말고도 보안상 민감한 정보를 노출시키지 않기 위함입니다. 깃으로 시간 여행을 하기 전에 우리가 작업하고 있는 프로젝트에서 깃에 맡기지 않을 파일이나 폴더를 설정하는 방법을 알아보겠습니다.

VS Code의 터미널에서 다음 명령어를 입력해 프로젝트 상태를 살펴봅시다.

```
$ git status  Enter
On branch main
No commits yet
Untracked files:
  (use "git add <file>..." to include in what will be committed)
        lions.yaml
        tigers.yaml
nothing added to commit but untracked files present (use "git add" to track)
```

출력 결과에 lions.yaml과 tigers.yaml와 같은 파일이 있습니다. 그런데 이 파일을 깃의 관리 대상에서 배제해야 할 경우가 있습니다. 프로젝트를 깃으로 관리한다면서 왜 파일이나 폴더를 제외하는 걸까요?

첫째, 굳이 프로젝트 관리 대상에 포함할 필요가 없는 파일입니다. 예를 들어, 코드를 입력하고 나서 프로그램을 실행할 때 **자동으로 생성되거나 다운로드되는 파일**을 생각해 볼 수 있습니다. 자바의 .class 같은 빌드 결과물 혹은 Node.js를 사용할 때 인터넷에서 다운로드할 수 있는 라이브러리는 굳이 깃이 저장하지 않아도 됩니다. 괜히 용량만 차지하니까요.

둘째, 포함할 필요가 없는 정도가 아니라 포함하지 말아야 할 파일도 있습니다. 서버의 비밀번호가 그 예입니다. 나중에 깃허브 같은 곳에 소스를 올리는 경우도 있을 텐데 **보안상 굉장히 민감한 정보**를 깃 작업 내역에서 관리하면 다른 사람들에게 보안 정보가 노출될 수도 있습니다. 이런 파일들은 깃에 저장하지 말고 따로 관리해야 안전하게 프로젝트를 운영할 수 있습니다.

프로젝트에 포함할 필요가 없는 파일이나 폴더를 설정하여 깃에 저장하지 않으려면 **.gitignore**라는 파일에 해당 정보를 포함합니다. 어떤 프로젝트를 사용할 때 **프로젝트 폴더에** .gitignore **파일이 있으면 이 프레임워크에서는 무시해도 되는 파일들의 목록**이라고 이해해 주세요.

.gitignore 파일 생성하기

.gitignore라는 파일을 생성하면 프로젝트에서 어떤 요소들을 깃으로부터 격리하고 깃이 해당 파일을 무시하도록 지정할 수 있습니다.

01 VS Code 탐색기에서 프로젝트 폴더 안에 비밀 정보를 담을 파일을 추가해 보겠습니다. **새 파일(🗋)**을 클릭하고 파일 이름을 **secrets.yaml**로 지정합니다. 파일 내용은 아이디와 비밀번호입니다. Ctrl+S를 눌러 **저장**합니다. 이와 같은 정보는 **절대 외부에 노출되면 안 됩니다.**

secrets.yaml
```
id: admin
pw: 1234abcd
```

02 git status 명령을 입력해 상태를 확인해 보겠습니다. 앞서 추가한 secrets.yaml 파일도 깃 관리 목록에 표시되는 걸 확인할 수 있습니다.

```
$ git status  Enter
...
        lions.yaml
        secrets.yaml  ◄
        tigers.yaml
...
```
secrets.yaml 파일이 추가되었습니다.

미로의 참:견

위쪽 방향키 버튼(↑)을 누르면 바로 전에 입력한 명령어를 재사용할 수 있습니다. git status와 같이 자주 사용되는 명령어에 유용합니다.

03 깃이 secrets.yaml 파일을 무시하게 하려면 .gitignore 파일을 생성해야 합니다. **새 파일**(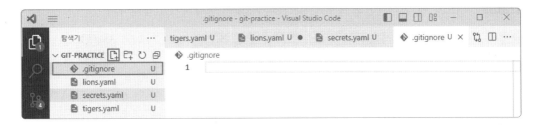)을 클릭하고 파일 이름을 **.gitignore**로 지정하세요.

04 .gitignore 파일에 깃으로부터 배제할 파일 이름 **secrets.yaml**을 코드 창에 입력하고 **저장**(Ctrl + S)합니다.

.gitignore

```
secrets.yaml
```

05 다시 터미널 창에 **git status** 명령을 입력해 상태를 살펴보면 세 개의 파일이 확인됩니다. 이제 더 이상 secrets.yaml 파일은 깃의 관리 대상이 아닙니다.

06 관리 대상에서 제외한 파일을 다시 관리하려면 .gitignore 파일에서 secrets.yaml을 삭제하는 것입니다. 코드 창에 입력한 **secrets.yaml**을 **삭제**하고 **저장**(Ctrl+S)한 후 다시 **git status** 명령으로 결과를 확인해 보세요. secrets.yaml이 포함되어 있습니다.

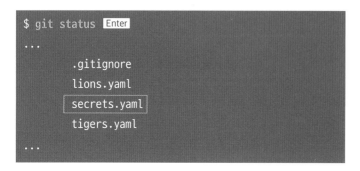

말하자면 .gitignore는 깃의 블랙 리스트 같은 거죠.

.gitignore 파일 형식

.gitignore를 작성하는 데는 여러 가지 형식이 있습니다. 형식 패턴에 대한 자세한 설명은 다음 링크에서 확인할 수 있습니다. [URL] https://git-scm.com/docs/gitignore

 깃으로 저장하지 않아도 되는 파일(폴더)이 있나요? ·······················

스프링이나 Vue 등 프레임워크로 개발을 해 봤다면 프로젝트 생성 시 .gitignore 파일이 자동으로 만들어지고 내용이 미리 작성되어 있는 것을 본 적이 있을 것입니다. 해당 파일에는 빌드 시 자동 생성되는 파일 등 굳이 깃으로 저장하지 않아도 되는 파일 및 폴더들의 목록이 나와 있습니다. 이 .gitignore 파일을 살펴보면 해당 프레임워크가 어떻게 구성되고 작동하는지 일부 힌트를 얻을 수 있습니다.

···

자주 사용하는 형식 몇 가지를 살펴보겠습니다.

❶ 앞서 입력한 것처럼 .gitignore 파일 안에 **특정 파일 이름을 그대로 입력**하면 깃이 해당 파일을 무시합니다.

```
file.c          # 모든 file.c
```

소스 코드에서 # 기호는 코드에 설명을 달 때 사용하는 것으로 '주석(comment)'이라고 합니다.

❷ 무시할 파일의 위치를 특정할 수도 있습니다. 다음과 같이 **파일 이름 앞에 슬래시(/)를 입력**하면 해당 파일이 있는 최상위 폴더의 파일만 무시합니다. 즉, 최상위 폴더 안에 다른 폴더가 있더라도 하위 폴더의 파일은 그대로 두고 제일 상위에 있는 파일만 무시합니다.

```
/file.c          # 최상위 폴더의 file.c
```

❸ 특정 확장자의 파일을 무시하고 싶을 때는 **별표(*)와 확장자를 입력**합니다.

```
*.c             # 모든 .c 확장자 파일
```

예를 들어, 이 책의 실습 프로젝트 폴더에서 모든 .yaml 파일을 무시하고 싶다면 .gitignore에 *.yaml을 입력하면 됩니다. 다음 실습을 위해 .gitignore 파일에서 secrets.yaml을 입력하고 다시 저장합니다.

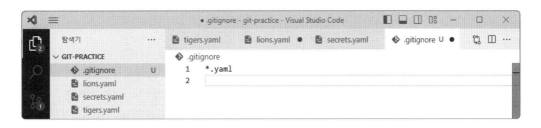

❹ **파일 이름 앞에 느낌표(!)를 넣으면** 다른 형식에 의해 무시하도록 지정된 파일 중에서 예외로 지정됩니다.

```
!not_ignore_this.c    # .c 확장자이지만 무시하지 않을 파일
```

❺ **확장자 없이 이름만 적으면** 해당 이름의 폴더와 하위 폴더 그리고 파일까지 무시합니다.

```
logs                    # logs라는 이름의 파일 또는 폴더와 그 내용들
```

❻ **이름 끝에 슬래시(/)를 넣으면** 파일이 아니라 폴더임을 명시하는 것입니다. 그러면 해당 폴더와 그 안의 내용을 무시합니다.

```
logs/                   # logs란 이름의 폴더와 그 내용들
```

❼ **폴더와 파일 이름을 같이 입력하면** 특정한 폴더의 특정한 파일을 무시합니다. 그리고 **확장자 앞에 별표(*)를 붙이면** 특정 폴더 안에서 확장자가 .c인 모든 파일을 무시합니다.

```
logs/debug.log
logs/*.c                # logs 폴더 안의 debug.log와 .c 파일들
```

❽ logs/*.c는 logs 폴더 **바로 하위에 있는** .c 확장자 파일만 무시합니다. 그런데 logs/**/*.c와 같이 logs 하위에 **별표 두 개(**)를 표시**하면 logs 폴더 **하위에 있는 모든 폴더**의 .c 확장자 파일을 무시합니다.

```
logs/**/*.c      # logs 폴더 하위에 있는 모든 폴더의 .c 확장자 파일들
```

미로 퀴즈
프로젝트에 포함할 필요가 없는 파일이나 폴더를 설정하여 깃에 저장하지 않으려면 어떤 파일에 해당 정보를 넣어야 할까요?

정답 gitignore

외워서 써먹는 깃 명령어

① 깃 최초 설정하기

깃 버전 확인하기	`git --  (1)`
줄바꿈 오류 방지(윈도우)	`git config --global core.autocrlf  (2)`
줄바꿈 오류 방지(맥)	`git config --global core.autocrlf  (3)`
사용자 이름 등록하기	`git  (4)  user.name "(본인 이름)"`
사용자 이메일 등록하기	`git  (4)  user.email "(본인 이메일)"`
사용자 이름 확인하기	`git  (4)  user.name`
사용자 이메일 확인하기	`git  (4)  user.email`
기본 브랜치 이름을 main으로 변경하기	`git config --global  (5)  main`

② 깃 관리 시작하기

깃 관리 시작하기	`git  (6)`
깃 상태 확인하기	`git  (7)`

(1) version (2) true (3) input (4) config --global (5) init.defaultBranch (6) init (7) status

CHAPTER
02

시간 여행하기

변화를 타임 캡슐에 담아 묻기

학습목표

이제 깃으로 시간 여행을 시작하겠습니다. 버전 사이에서 시간 여행을 하려면 먼저 버전을 만들어야 합니다. 여기서는 버전 하나 하나를 타임 캡슐에 비유해 알기 쉽게 설명합니다. 좀 더 기술적인 내용은 CHAPTER 05에서 확인할 수 있습니다. 타임 캡슐을 땅에 묻는 것처럼 버전을 저장해서 관리하는 방법을 알아보겠습니다.

깃으로 시간 여행을 하려면 **특정 시점에 작업한 파일의 상태(버전)를 타임 캡슐에 담고, 타임 캡슐을 하나하나 땅에 묻어야 합니다.** 타임 캡슐을 묻는 것처럼 현재 작업한 파일 상태를 저장하는 것을 **커밋**commit이라고 합니다. 이후에 변경된 내용은 새로운 커밋으로 기록합니다. 여기서는 일단 **커밋 = 버전 = 타임 캡슐** 세 가지를 모두 같은 개념이라고 이해하면 됩니다.

프로젝트 변경 사항을 버전에 담기

앞서 우리는 세 개의 파일(.gitignore, lions.yaml, tigers.yaml)을 작성했습니다. VS Code의 터미널 창에 **git status** 명령을 입력해 보겠습니다.

```
$ git status  Enter
```

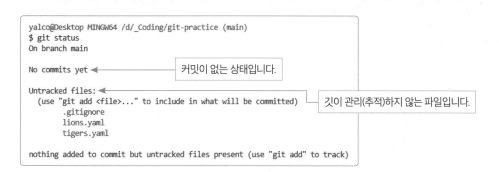

출력 결과를 보면 **No commits yet**이라고 나오는데 **아직 커밋이 없다는 뜻**입니다. 그리고 **Untracked files:**, 즉 **추적되지 않은 파일**이란 **아직 깃이 관리한 적이 없는 파일**이라는 뜻입니다. 캡슐을 묻으려면 일단 물건을 캡슐 안에 담아야 합니다. 아직 우리는 파일을 타임 캡슐 버전 안에 넣은 적이 없습니다. 파일을 버전 안에 추가해 보겠습니다.

01 **git add** 명령은 **프로젝트에서 일어난 변화를 버전에 담을 때** 사용합니다. 터미널 창에서 **git add** 다음에 추가할 파일 **tigers.yaml**을 입력합니다.

프로젝트 파일이 iCloud 등 클라우드에 속한 경우에는 이러한 표시가 나타나지 않을 수 있습니다. 프로젝트 폴더를 클라우드가 아닌 로컬에 두고 실습을 진행해 주세요.

02 **git status** 명령으로 다시 상태를 확인해 보겠습니다. 출력 결과에서 Changes to be committed는 **커밋할 대상으로 지정되었다는 뜻**입니다. 즉 tigers.yaml 파일을 캡슐 안에 담은 거죠. 그리고 Untracked files 목록에 있는 파일은 아직 캡슐 바깥에 있는 파일입니다.

```
$ git status Enter
On branch main

No commits yet

Changes to be committed: ◀──── 커밋할 준비가 되었다는 뜻입니다.
  (use "git rm --cached <file>..." to unstage)
      new file:    tigers.yaml

Untracked files: ◀──── 아직 캡슐 안에 들어오지 않은 파일입니다.
  (use "git add <file>..." to include in what will be committed)
      .gitignore
      lions.yaml
```

03 프로젝트에서 이 모든 파일을 만들었다는 버전을 남기기 위해 나머지 파일도 추가합니다. 모든 파일을 담으려면 **git add** 뒤에 한 칸 띄우고 **온점(.)**을 입력합니다. 여기서 **온점(.)**은 현재 **폴더 안의 모든 파일**이라고 생각하면 됩니다.

```
$ git add . Enter
```

add는 타임 탭슐에 특정 파일(의 변화)을 담는 작업입니다. 바로 다음에 다룰 commit은 해당 캡슐을 묶어서 버전으로 저장하는 작업이죠. 즉 add는 commit의 준비 단계라고 생각하면 됩니다.

04 그런 다음 **git status** 명령으로 다시 상태를 확인합니다. Changes to be committed 아래에 모든 파일이 추가되었습니다.

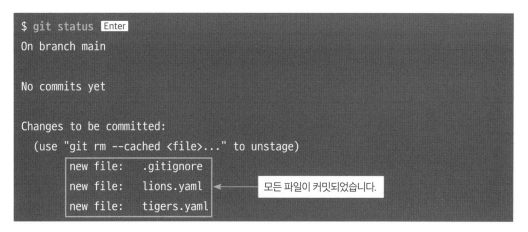

```
$ git status Enter
On branch main

No commits yet

Changes to be committed:
  (use "git rm --cached <file>..." to unstage)
        new file:   .gitignore
        new file:   lions.yaml        ← 모든 파일이 커밋되었습니다.
        new file:   tigers.yaml
```

git add 명령으로 특정 파일을 지정해야 하는 상황이 있나요? ······················

애초에 모든 파일을 한 번에 추가하면 될 텐데 add 명령에 파일 이름을 지정하는 경우는 어떤 상황인지 의문이 있을 수 있습니다. 실제로 프로젝트에서 어떤 작업을 하고 나면 그 작업에 수반된 모든 변화를 한꺼번에 버전에 추가합니다. 하지만 작업자에 따라 각 파일을 다른 버전에 넣어야 할 때도 있습니다. 이런 상황이라면 각자의 작업 내역을 서로 다른 캡슐에 묶어야 합니다. 그래서 git add 명령에 특정 파일을 지정하는 기능이 있는 겁니다.

버전 커밋하기

이제 모든 변경 사항을 담은 타임 캡슐을 묻어 볼게요. 앞서 말했듯 **타임 캡슐을 만드는 것을 커밋**이라고 합니다. **깃에서 뭔가를 커밋한다고 하면 새로운 버전을 만든다는 뜻이에요.** 커밋을 하려면 **git commit** 명령을 사용합니다.

VIM 입력 모드에서 커밋하기

vi는 visual editor의 줄임말로 **유닉스/리눅스 환경에서 사용하는 대표적인 문서 편집기를 말**
합니다. **VIM**은 Vi IMproved의 줄임말이며, **과거 vi에서 개선된 에디터**입니다. VIM 입력 모
드에서 커밋하는 방법을 알아보겠습니다.

01 터미널에서 **git commit** 명령어를 입력해 보세요.

```
$ git commit  Enter
```

02 다음과 같은 화면이 나타납니다. 이 상태에서는 키보드를 눌러도 여러분 뜻대로 입력되지
않을 겁니다. 이 화면을 **VIM(또는 vi) 입력 모드**라고 합니다.

```
 
# Please enter the commit message for your changes. Lines starting
# with '#' will be ignored, and an empty message aborts the commit.
#
# On branch main
#
# Initial commit
#
# Changes to be committed:
#       new file:    .gitignore
#       new file:    lions.yaml
#       new file:    tigers.yaml
.git/COMMIT_EDITMSG [unix] (17:16 16/03/2023)          1,0-1 꼭대기
```

 VS Code가 기본 에디터로 설정되어 있다면

git commit 입력 시 VS Code 창에 commit_editmsg 탭이 열리면서 VIM과 똑같은 정보가 나타난다면 이 경우는
VS Code를 기본 에디터로 설정해 놓은 것입니다. 깃 환경 설정에 대해서는 LESSON 19에서 자세히 배우나 책과 똑
같은 환경에서 따라하려면 현재 탭을 종료한 후 다음과 같이 실행해 보세요.

git config --global -e 명령으로 편집기를 연 뒤 아래 부분을 삭제하고 파일을 저장합니다.

```
[core]
excludesfile = /Users/yalco/.gitignore_global
editor = code --wait
```

03 VIM에서 텍스트 입력을 시작하려면 **i**를 입력합니다. i는 insert의 약어입니다. 다음과 같이 첫 메시지를 입력해 보겠습니다. **first commit**은 보통 어떤 **프로젝트에서 첫 버전을 만들 때 쓰는 메시지**입니다. Esc를 눌러서 입력을 끝냅니다.

```
i → first commit → Esc
```

```
first commit
# Please enter the commit message for your changes. Lines starting
# with '#' will be ignored, and an empty message aborts the commit.
#
# On branch main              커밋 메시지입니다.
#
# Initial commit
#
# Changes to be committed:
#       new file:   .gitignore
#       new file:   lions.yaml
#       new file:   tigers.yaml
#
.git/COMMIT_EDITMSG[+] [unix] (14:53 20/03/2023)        1,12 모두
```

04 이제 이 모드에서 빠져나와야 하는데, **종료 명령어는 :q, :q!, :wq 세 가지가 있습니다.** 먼저 **저장 없이 종료**하는 **:q** 명령어를 입력해 보세요.

```
:q
```

05 '마지막으로 고친 뒤 저장되지 않았다'는 메시지가 나타납니다. 작성한 내용이 있기 때문에 종료하기 전에 이를 저장하거나 무효화해야 한다는 의미입니다.

```
first commit
# Please enter the commit message for your changes. Lines starting
# with '#' will be ignored, and an empty message aborts the commit.
#
# On branch main
#
# Initial commit
#
# Changes to be committed:
#       new file:   .gitignore
#       new file:   lions.yaml
#       new file:   tigers.yaml
#
.git/COMMIT_EDITMSG[+] [unix] (14:53 20/03/2023)        1,12 모두
E37: 마지막으로 고친 뒤 저장되지 않았습니다 (무시하려면 ! 더하기)
```

06 앞서 입력한 커밋 메시지 first commit을 **무시하고 종료**하려면 느낌표(!)를 더해 **:q!** 명령을 입력합니다.

```
:q!
```

```
first commit
# Please enter the commit message for your changes. Lines starting
# with '#' will be ignored, and an empty message aborts the commit.
#
# On branch main
#
# Initial commit
#
# Changes to be committed:
#       new file:   .gitignore
#       new file:   lions.yaml
#       new file:   tigers.yaml
#
.git/COMMIT_EDITMSG[+] [unix] (14:53 20/03/2023)          1,12 모두
:q!
```

07 아무것도 저장되지 않고 VIM을 빠져나옵니다.

```
yalco@Desktop MINGW64 /d/_Coding/git-practice (main)
$ git commit
Aborting commit due to empty commit message.
```

08 다시 VIM으로 들어가 이번에는 제대로 커밋해 보겠습니다. **git commit** 명령을 입력합니다.

```
$ git commit  Enter
```

09 **i**를 입력해서 VIM의 입력 모드로 전환한 후 **first commit**으로 커밋 메시지를 입력합니다. Esc 를 눌러서 입력 모드를 종료하고 **:wq**를 입력하고 Enter 를 누릅니다.

```
i → first commit → Esc → :wq
```

```
first commit
# Please enter the commit message for your changes. Lines starting
# with '#' will be ignored, and an empty message aborts the commit.
#
# On branch main
#
# Initial commit
#
# Changes to be committed:
#       new file:   .gitignore
#       new file:   lions.yaml
#       new file:   tigers.yaml
#
.git/COMMIT_EDITMSG[+] [unix] (15:06 20/03/2023)          1,12 모두
:wq
```

10 세 개의 파일이 커밋되었습니다.

```
yalco@Desktop MINGW64 /d/_Coding/git-practice (main)
$ git commit
[main (root-commit) ec748b3] first commit
 3 files changed, 17 insertions(+)
 create mode 100644 .gitignore
 create mode 100644 lions.yaml
 create mode 100644 tigers.yaml
```

11 git status 명령으로 상태를 확인합니다. 출력 결과를 보면 **nothing to commit~**이라고 나오며, 이는 앞서 커밋한 후 **새로운 변경 사항이 없다**는 뜻입니다.

```
$ git status Enter
On branch main
nothing to commit, working tree clean
```

 VIM 명령어 ···

당장 실습에 활용할 수 있는 VIM 명령어입니다. VIM에 대한 자세한 설명은 얄코 동영상 강의(https://www.yalco.kr/10_vim)를 참고해 주세요.

작업	VIM 명령어	상세
입력 시작	i	명령어 입력 모드에서 텍스트 입력 모드로 전환
입력 종료	Esc	텍스트 입력 모드에서 명령어 입력 모드로 전환
저장 없이 종료	:q	입력한 것이 없을 때 사용
저장 없이 강제 종료	:q!	입력한 것이 없을 때 사용
저장하고 종료	:wq	입력한 것이 있을 때 사용
위로 스크롤	K	git log 등에서 내역이 길 때 사용
아래로 스크롤	J	git log 등에서 내역이 길 때 사용

운영체제 및 터미널 종류에 따라 방향키로도 스크롤을 할 수 있습니다.

··

소스트리에서 버전 히스토리 확인하기

방금 여기에서 일어난 변화들을 소스트리에서 확인해 보겠습니다. 소스트리에서 **History**를 클릭하면 앞서 저장한 first commit이 나타납니다.

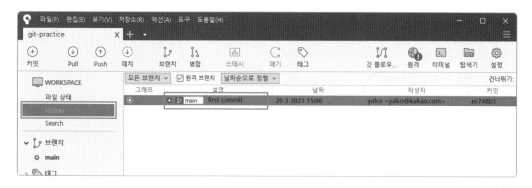

🐚 소스트리를 열어 둔 상태에서 프로젝트를 업데이트하면 변경 사항이 바로 보이지 않을 수 있습니다. F5 를 눌러서 새로 고침 해 보세요.

VS Code 터미널 창에서 버전 히스토리 확인하기

VS Code 터미널에서 **git log** 명령을 입력합니다. 출력 결과는 첫 번째 버전이 저장되었음을 나타냅니다.

변경 사항 만들고 커밋하기

지금까지 커밋하는 방법을 여러 단계에 걸쳐 복잡하게 실습해 봤는데요. 이제부터는 **git commit** 명령에 **-m**(message) 옵션으로 **커밋 메시지까지 한번**에 작성해 보겠습니다. 이렇게 하면 VIM으로 들어가지 않고 바로 커밋이 저장됩니다. 커밋 메시지가 여러 줄일 때는 -m 옵션을 여러 번 사용하면 됩니다.

프로젝트 파일 변경하고 추가하기

이제 더 복잡한 변경 사항을 만들어 커밋 메시지와 함께 커밋해 보겠습니다.

01 탐색기에서 lions.yaml 파일을 마우스 오른쪽 버튼으로 클릭하고 **삭제**를 선택합니다.

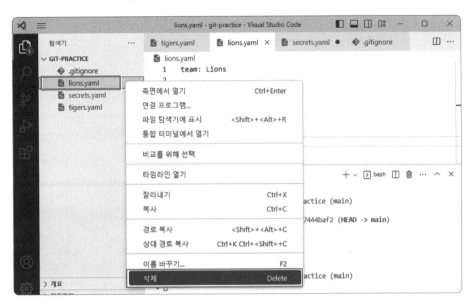

02 삭제를 확인하는 대화상자에서 **휴지통으로 이동** 버튼을 클릭합니다.

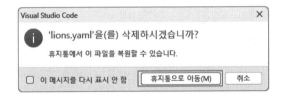

03 tigers.yaml 파일에서 manager를 John에서 **Donald**로 바꿉니다. 그런 다음 **파일 - 저장**(Ctrl+S)을 선택합니다.

tigers.yaml

파일 내용을 변경하면 탐색기에서 해당 파일 이름의 색상이 바뀌고 탐색기의 파일 이름 옆에 M이 표시됩니다.

04 탐색기에서 새 파일()을 추가하고 파일 이름을 **leopards.yaml**로 지정합니다. 파일 내용은 다음과 같습니다. 추가한 leopards.yaml 파일을 **저장**(Ctrl + S)합니다.

leopards.yaml

```
team: Leopards

manager: Luke

members:
- Linda
- William
- David
```

05 **git status** 명령으로 상태를 볼게요. 출력 결과에는 lions.yaml이 삭제되었고 tigers.yaml이 변경되었으며 leopards.yaml이 추가되었다는 사실이 나와 있습니다. leopards.yaml은 아직 깃이 버전으로 관리하지 않는 파일이라서 Untracked files에 표시되어 있습니다.

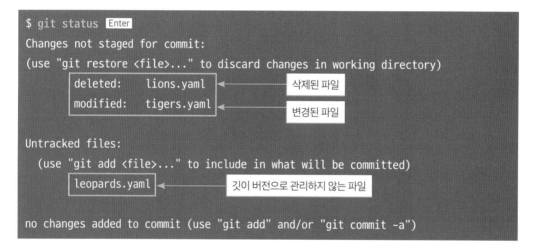

```
$ git status Enter
Changes not staged for commit:
(use "git restore <file>..." to discard changes in working directory)
        deleted:    lions.yaml          ← 삭제된 파일
        modified:   tigers.yaml         ← 변경된 파일

Untracked files:
  (use "git add <file>..." to include in what will be committed)
        leopards.yaml   ← 깃이 버전으로 관리하지 않는 파일

no changes added to commit (use "git add" and/or "git commit -a")
```

특정 파일을 추가하는 것뿐만 아니라 기존 파일 내용을 변경하거나 삭제하는 등 프로젝트 내 모든 변화는 캡슐에 담아 커밋해야 하는 대상입니다.

06 이번에는 **변경 사항을 구체적으로 보여주는 git diff** 명령을 실행해 보겠습니다. 결과를 보면 파일 변경 사항이 상세하게 나타납니다. leopards.yaml 파일은 아직 추적되지 않은 상태입니다.

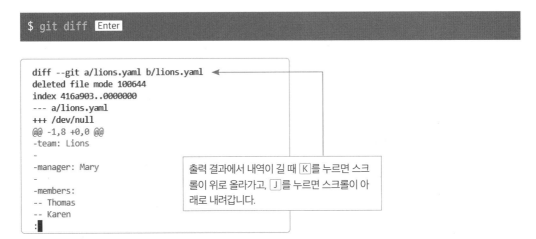

```
$ git diff  Enter
```

```
diff --git a/lions.yaml b/lions.yaml
deleted file mode 100644
index 416a903..0000000
--- a/lions.yaml
+++ /dev/null
@@ -1,8 +0,0 @@
-team: Lions
-
-manager: Mary
-
-members:
-- Thomas
-- Karen
:
```

출력 결과에서 내역이 길 때 K를 누르면 스크롤이 위로 올라가고, J를 누르면 스크롤이 아래로 내려갑니다.

07 **:q** 명령으로 **내역 보기를 종료**할 수 있습니다. 이 경우에는 이미 앞에 :(콜론)이 입력되어 있어 **q**만 입력하면 됩니다.

```
:q
```

08 이 모든 변경 사항을 캡슐에 담아보겠습니다. **git add .** 명령으로 모든 변화를 버전에 저장할 준비를 합니다. **git status** 명령으로 상태를 확인합니다. 출력 결과를 보면 leopards.yaml이 새로 생겼고, lions.yaml이 지워졌으며 tigers.yaml이 변경되었다는 사실 모두가 캡슐에 담겨 있습니다.

```
$ git add .  Enter
```

```
$ git status  Enter
On branch main
Changes to be committed:
  (use "git restore --staged <file>..." to unstage)
        new file:   leopards.yaml
        deleted:    lions.yaml
        modified:   tigers.yaml
```

09 커밋 메시지와 함께 커밋해 봅시다. 커밋 메시지는 **"Replace Lions with Leopards"**입니다.

```
$ git commit -m "Replace Lions with Leopards" Enter
[main 8aa2b93] Replace Lions with Leopards
 3 files changed, 9 insertions(+), 9 deletions(-)
 create mode 100644 leopards.yaml
 delete mode 100644 lions.yaml
```

10 **git log** 명령으로 내역을 확인해 보겠습니다. 출력 결과를 보면 두 개의 버전이 만들어진 걸 볼 수 있습니다.

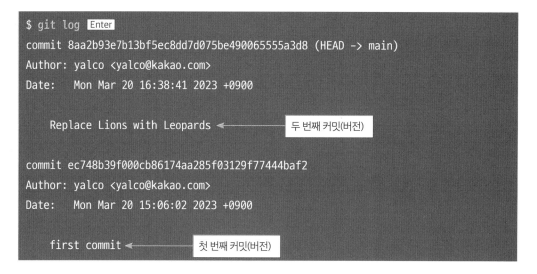

11 소스트리에서도 **History**를 보면 두 개의 버전이 있습니다(F5).

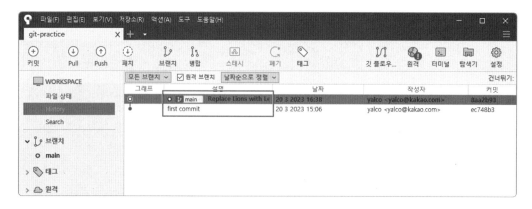

두 개의 버전이 보이지 않는다면 윈도우에서는 F5, 맥에서는 Cmd+R을 눌러 새로 고침 해 보세요.

다음 실습을 위한 커밋 추가하기

다음 실습을 위해 세 개의 버전을 커밋해 보겠습니다.

첫 번째 추가 커밋
· Tigers의 members에 George 추가
· 커밋 메시지: Add George to Tigers

두 번째 추가 커밋
· cheetas.yaml 추가
· 커밋 메시지: Add team Cheetas

세 번째 추가 커밋
· cheetas.yaml 삭제
· Leopards의 manager를 Nora로 수정
· panthers.yaml 추가
· 커밋 메시지: Replace Cheetas with Panthers

git add와 git commit을 한 번에 하려면 **git commit** 명령 뒤에 **-am**을 붙입니다. 다만 −am 은 새로 추가된(untracked) 파일이 없을 때만 쓸 수 있습니다.

```
git commit -am "(커밋 메시지)"
```

01 첫 번째 커밋은 **tigers.yaml** 파일 내용을 변경하는 것입니다. members 항목에 **George** 라는 팀원을 추가합니다. 수정한 파일을 **저장**(Ctrl+S)합니다.

tigers.yaml

```
team: Tigers

manager: Donald

members:
- Linda
- William
- David
- George
```

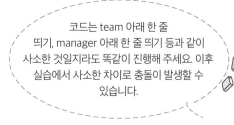

코드는 team 아래 한 줄 띄기, manager 아래 한 줄 띄기 등과 같이 사소한 것일지라도 똑같이 진행해 주세요. 이후 실습에서 사소한 차이로 충돌이 발생할 수 있습니다.

02 새로 추가된 파일이 없으므로 **git commit -am**으로 git add와 git commit 명령을 한 번 에 적용할 수 있습니다. 커밋 메시지는 **"Add George to Tigers"**로 입력하겠습니다.

```
$ git commit -am "Add George to Tigers" Enter
[main 5e3e3e1] Add George to Tigers
 1 file changed, 2 insertions(+), 1 deletion(-)
```

🐟 커밋 메시지를 입력할 때는 앞뒤로 큰따옴표(")를 입력해도 되고, 작은따옴표(')를 입력해도 됩니다.

03 소스트리에도 내역이 추가됩니다(F5). 커밋 목록에서 각 커밋을 선택하고 아래 창에서 파일을 클릭해 보면 어떤 변화가 있었는지 자세히 살펴볼 수 있습니다. 이것이 바로 GUI의 강점입니다.

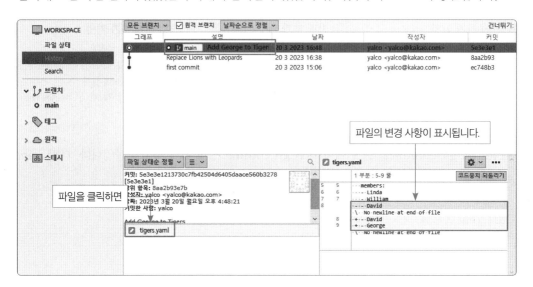

 파일 변경 사항 메시지 이해하기 ·

컴퓨터가 파일의 변화를 인지하는 방식은 사람과 다를 수 있습니다. 우리가 보기에는 '- George'라는 한 줄이 추가된 것으로 보이지만, 깃이 바라보는 변화는 위 그림에서 볼 수 있듯이 아래와 같습니다.

- David (줄바꿈 없음) 줄 삭제
- David (줄바꿈 있음) 추가
- George 줄 추가

그렇기 때문에 따라하기 02의 결과에도 1 file changed, 2 insertions(+), 1 deletions(-)으로 나타난 것입니다.

· ·

04 두 번째 커밋으로 새 파일 **cheetas.yaml**을 추가합니다. 코드는 다음과 같이 입력하고 파일을 **저장**(Ctrl+S)합니다.

cheetas.yaml

```
team: Cheetas

manager: Laura

members:
- Ryan
- Anna
- Justin
```

05 **git add** 명령으로 다음과 같이 버전을 추가합니다.

```
$ git add cheetas.yaml Enter
```

변경한 파일이 하나이므로 **git add .** 명령을 실행해도 결과는 같습니다.

06 **"Add team Cheetas"**라는 커밋 메시지와 함께 커밋합니다.

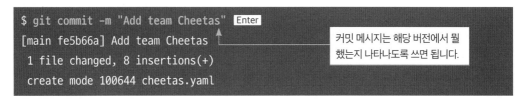

커밋 메시지는 해당 버전에서 뭘 했는지 나타나도록 쓰면 됩니다.

07 소스트리의 **History**를 보면 지금까지 네 개의 버전이 만들어져 있습니다(F5).

08 세 번째 커밋도 추가해 보겠습니다. 이번에는 변경 사항이 총 세 가지입니다. 방금 만들었던 **cheetas.yaml** 파일을 삭제합니다. VS Code 탐색기에서 cheetas.yaml을 마우스 오른쪽 버튼으로 클릭해 **삭제**를 선택한 후 **휴지통으로 이동** 버튼을 클릭합니다. **leopards.yaml** 파일의 manager: Luke를 **Nora**로 변경하고 **저장**합니다. 그리고 **panthers.yaml** 파일을 새로 추가하고 다음과 같이 내용을 작성한 후 **저장**합니다.

leopards.yaml

```
team: Leopards

manager: Nora

members:
- Linda
- William
- David
```

panthers.yaml

```
team: Panthers

manager: Sebastian

members:
- Violet
- Stella
- Anthony
```

09 세 파일의 변경 사항을 모두 버전에 추가하기 위해 터미널에서 다음과 같이 작성합니다. cheetas.yaml을 없애고 대신에 panthers.yaml을 추가했다는 커밋 메시지 **"Replace Cheetas with Panthers"**와 함께 커밋합니다.

```
$ git add .  Enter
$ git commit -m "Replace Cheetas with Panthers"  Enter
[main 6c58551] Replace Cheetas with Panthers
 3 files changed, 10 insertions(+), 11 deletions(-)
 delete mode 100644 cheetas.yaml
 create mode 100644 panthers.yaml
```

10 그런 다음 **git log** 명령으로 내역을 확인해 보겠습니다. 다섯 개의 커밋 내역이 표시되어 있습니다. 출력 결과가 길면 ⒥를 눌러 스크롤을 내리거나 Ⓚ를 눌러 스크롤을 올려서 내용을 확인해 보세요. **q**를 입력해 VIM에서 빠져나옵니다.

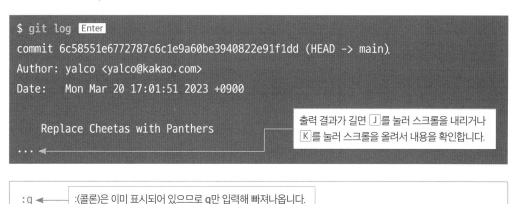

```
$ git log  Enter
commit 6c58551e6772787c6c1e9a60be3940822e91f1dd (HEAD -> main)
Author: yalco <yalco@kakao.com>
Date:   Mon Mar 20 17:01:51 2023 +0900

        Replace Cheetas with Panthers
...
```

출력 결과가 길면 ⒥를 눌러 스크롤을 내리거나 Ⓚ를 눌러 스크롤을 올려서 내용을 확인합니다.

:q ◀──── :(콜론)은 이미 표시되어 있으므로 **q**만 입력해 빠져나옵니다.

11 소스트리에서도 내역을 확인해 보겠습니다(F5). 다섯 개의 버전이 만들어져 있으면 실습을 성공적으로 수행한 겁니다.

07 과거로 돌아가는 리셋과 리버트

학습 목표

개발자들은 깃을 사용해서 코드를 공유하고 협업하는데, 간혹 진행하던 프로젝트를 과거로 되돌려야 할 때가 있습니다. 깃에서 리셋과 리버트는 코드를 되돌리거나 이전 상태로 되돌리는 데 사용되는 명령입니다. 하지만 두 명령어는 서로 다른 방식으로 작동합니다. 두 명령어의 작동 원리 및 사용법을 익혀 시간 여행을 해 보겠습니다.

지난 실습을 성공적으로 진행했다면 이와 같은 커밋 내역들이 쌓여 있습니다.

- Replace Cheetas with Panthers
- Add team Cheetas
- Add George to Tigers
- Replace Lions with Leopards
- first commit

여기에 있는 커밋 하나하나가 묻어 놓은 타임 캡슐입니다. 커밋에 써 둔 커밋 메시지는 타임 캡슐을 꺼낼 때 알아볼 수 있도록 캡슐마다 붙이는 꼬리표입니다. 그래서 시간순으로 묻어 놓은 타임 캡슐을 꺼내서 프로젝트를 원하는 과거 시점으로 되돌릴 수 있는 거죠.

깃에서 **프로젝트를 과거로 되돌리는** 방법은 크게 두 가지로 **리셋**reset과 **리버트**revert가 있습니다. 리셋은 이전 상태로 되돌아가거나 특정 커밋을 삭제할 때 사용됩니다. 리버트는 이전 상태로 되돌아가면서 새로운 커밋을 생성하여 삭제된 내용을 되돌리는 데 사용됩니다.

리셋은 말 그대로 시간을 과거로 되돌리는 거예요. 현재 Replace Cheetas with Panthers에서 한 단계 전인 Add team Cheetas 시점으로 과거를 되돌리려면 리셋은 해당 **과거로 돌아간 다음 이후 행적은 작업 내역에서 지워 버리는 거죠.**

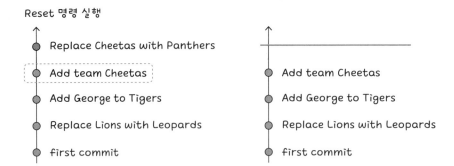

리버트는 이후 내역을 삭제하지 않고 이때의 변화를 거꾸로 수행하는 캡슐을 하나 넣는 방식입니다. 예를 들어, Replace Cheetas with Panthers 커밋에서 cheetas.yaml을 삭제하고 leopards.yaml의 manager를 변경하고 panthers.yaml을 추가했으니 그 작업을 반대로 수행하는 거죠. 결과적으로 Add team Cheetas 상태로 돌아갑니다.

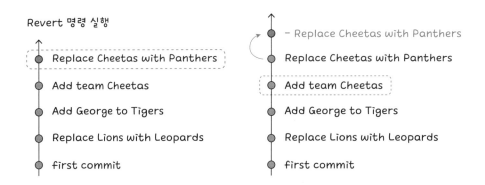

이전 작업으로 돌아가려면 리셋처럼 간단하게 이후의 행적을 청산하면 될 것 같은데, 리버트는 왜 이렇게 복잡하게 단계를 추가하며 되돌리는 걸까요? **리버트는 작업 내역을 되돌린 내역까지도 하나하나 기록으로 남길 필요가 있을 때** 사용합니다. 리셋 방식은 이후 시점의 기록을 그냥 지워 버리니까요. 그리고 결정적으로 과거 내역 중에서 특정한 한 가지 내역만 취소해야 하는 경우가 있습니다. 다음과 같이 **최근 세 가지 내역은 유지하면서 그 이전에 있던 Replace Lions with Leopards 커밋만 콕 집어서 삭제하려면 리버트를 써야 합니다.**

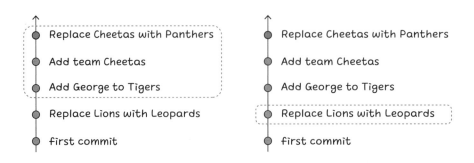

개발자들은 깃을
사용해서 코드를 공유하고 협업하는데, 한번 공유 공간에
올라간 내역을 리셋해 버리면 협업 시 문제가 발생합니다. 리셋한 내용을
기반으로 작업한 다른 사람들의 코드와 심각한 충돌을 일으키게 되거든요.
그러므로 공유된 커밋은 리버트를 사용해서 되돌려야 한다는
점을 꼭 기억해 주세요.

리셋으로 과거 내역 되돌리기

앞서 이야기한 두 가지 방법을 이용해 과거로 돌아가는 실습을 해 보겠습니다. 현재까지의 진행
상황을 복사하여 프로젝트 폴더를 두 개로 만든 다음, 각각 **리셋**과 **리버트**를 사용하여 과거로
돌아가 볼 것입니다.

⬇ 프로젝트 폴더 git-practice를 복사하여 백업해 둡니다.

기존 프로젝트에서 과거 내역을 돌리는 첫 번째 방법인 리셋을 실습해 보겠습니다. Replace
Cheetas with Panthers 커밋 시점에 cheetas.yaml을 삭제하고 leopards.yaml 파일을
수정하고 panthers.yaml을 추가했습니다. 이 시점의 바로 이전인 **Add team Cheetas**로 돌
아가 보겠습니다.

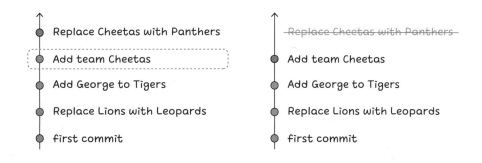

01 소스트리에서 가장 최근 작업인 **Replace Cheetas with Panthers**를 선택합니다. 앞서
이 커밋 시점에서 cheetas.yaml을 삭제하고 leopards.yaml 파일을 수정하고 panthers.yaml
을 추가했습니다. 그 결과가 여기에 반영되어 있습니다.

02 VS Code의 터미널에서 **git log** 명령을 실행하고 J와 K를 눌러 위아래로 스크롤하며 작업 내역을 확인합니다. 다섯 개의 커밋이 작업한 순서의 역순으로 나열되어 있습니다. 이 시점의 바로 이전인 Add team Cheetas 시점으로 돌아가 보겠습니다. 리셋할 때는 해당 시점의 해시값이 필요합니다. **Add team Cheetas** 항목 commit 옆에 있는 문자열을 **복사**(Ctrl + C)합니다. 이 문자열이 **해시값**입니다. 그런 다음 **q**를 입력해 모드를 빠져나옵니다.

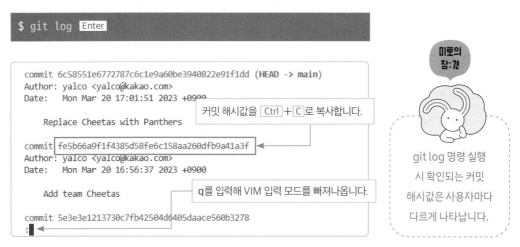

03 터미널에서 **git reset --hard** 명령과 **복사한 해시값을 입력**합니다. 출력 결과를 보면 Add team Cheetas로 돌아갔다고 나옵니다.

04 VS Code 탐색기를 보면 마지막에 추가했던 **panthers.yaml**이 목록에서 사라지고 탭에는 취소선이 그어져 있습니다. **leopards.yaml**를 보면 manager가 Nora에서 Luke로 되돌려져 있습니다. 또 마지막에 지웠던 **cheetas.yaml**이 복원되어 있습니다.

이처럼 파일의 생성, 변경, 삭제 등과 같은 모든 작업 내역이 과거로 돌아갔습니다. 이러한 점이 바로 깃의 유용함이나 **--hard** 옵션은 **파일까지 완전히 삭제하기 때문에 주의해서 사용해야 합니다.** --hard 옵션에 관한 자세한 내용은 CHAPTER 05에서 다룹니다.

리버트로 과거 내역 되돌리기

이번에는 리버트를 이용해 과거로 돌아가 보겠습니다.

⬇ VS Code와 소스트리를 모두 종료한 다음, 현재 프로젝트 폴더(git-practice)를 삭제합니다. 그런 다음 백업해 두었던 git-practice-복사본 폴더를 git-practice로 이름을 변경합니다. 이제 VS Code와 소스트리를 다시 실행하면 리셋하기 전 상태의 프로젝트를 확인할 수 있습니다.

리버트 사용하기

앞서 작업(81쪽) 중에 Add George to Tigers 커밋에서 tigers.yaml의 members에 George를 추가했습니다. 여기서는 Add George to Tigers 커밋을 취소해 보겠습니다.

01 소스트리에서 **Add George to Tigers** 커밋을 선택하면 변경 사항을 확인할 수 있습니다.

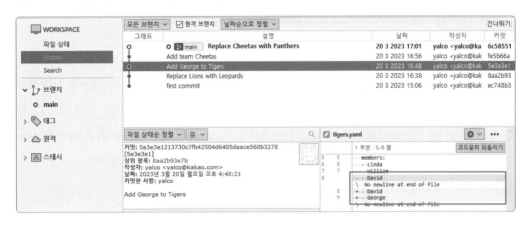

02 리셋을 사용할 때는 내가 돌아갈 시점의 해시값을 구해서 해당 시점으로 돌아갔습니다. 리버트를 하려면 **취소할 커밋의 해시값**을 찾아야 됩니다. VS Code 터미널 창에서 **git log** 명령을 실행해 **Add George to Tigers의 해시값**을 복사하고 **q**를 입력해 빠져나옵니다.

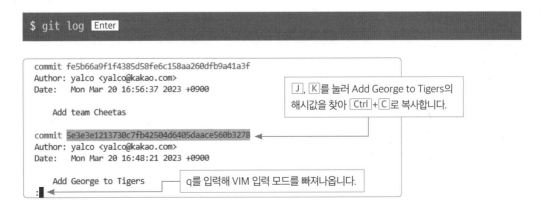

03 터미널에서 **git revert**를 입력하고 앞서 복사한 해시값을 붙여 넣습니다.

```
$ git revert 5e3e3e1213730c7fb42504d6405daace560b3278  Enter
```

04 출력 결과에 해당 내역의 커밋 메시지가 나타나고 작업 내역이 리버트되었다고 안내됩니다. 이 상태에서 **:wq**를 입력하고 Enter를 눌러 저장하세요.

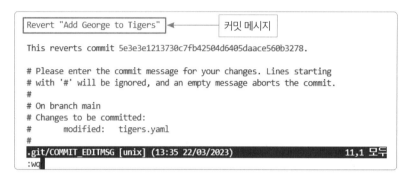

05 VS Code 탐색기에서 **tigers.yaml** 파일을 열어 보면 **members에 George가 사라졌습니다.** 소스트리에서 보면 Add George to Tigers의 작업을 반대로 실행하는 커밋 하나가 새로 생긴 걸 볼 수 있습니다(**Revert "Add George to Tigers"**). 결과적으로 최근 커밋과 Add George to Tigers 커밋 사이에 있는 Replace Cheetas with Panthers와 Add team Cheetas 커밋을 건너뛰고 Add George to Tigers 커밋의 변화만 되돌려졌습니다.

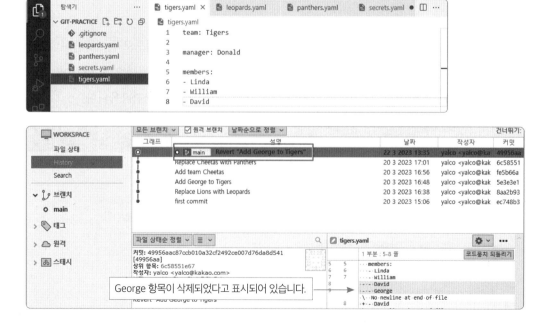

서로 충돌하는 작업 내역 리버트하기

작업 내역을 그냥 삭제하는 리셋과 달리 리버트는 내가 뭘 취소했는지를 작업 내역에 더하기 때문에 작업 내역을 더욱 자세히 알 수 있습니다. 이번에는 좀 더 복잡한 작업을 해 볼게요.

작업 내역 중 Replace Lions with Leopards를 리버트해 보겠습니다. 이 커밋에서는 lions. yaml은 삭제하고 tigers.yaml을 수정했으며 leopards.yaml를 추가했습니다. 이 커밋을 리버트하면 lions.yaml은 다시 생기고 tigers.yaml의 Donald는 John으로 복원되고 leopards. yaml은 사라집니다.

그런데 문제가 하나 있습니다. 작업 내역 중간에 Replace Cheetas with Panthers 커밋에서 leopards.yaml을 수정한 바 있습니다. 그러니까 리버트로 leopards.yaml을 삭제해야 하는데 작업 내역 중간에 leopards.yaml을 고친 작업 내역과 충돌하는 겁니다. 삭제해야 할 leopards. yaml의 내용과 현존하는 leopards.yaml의 내용이 다르기 때문에(해당 파일이 수정되어 있으므로) 이걸 지우는 게 맞는지 깃이 혼란스러워 하는 상황인거죠.

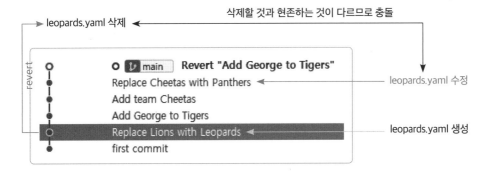

리버트를 시도해서 결과가 어떻게 나오는지 살펴보겠습니다.

01 소스트리에서 **Replace Lions with Leopards**의 **해시값**을 복사합니다.

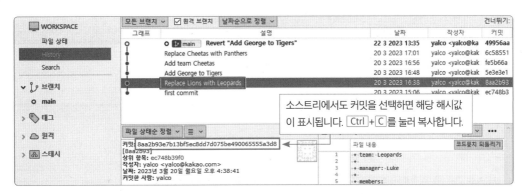

02 VS Code의 터미널에서 **git revert**를 입력하고 해시값을 붙여 넣으세요.

```
$ git revert 8aa2b93e7b13bf5ec8dd7d075be490065555a3d8 Enter
```

03 출력 결과를 보면 리버트는 제대로 완료되지 않았고 문제가 있다는 오류 메시지가 보입니다. 탐색기를 봐도 leopards.yaml이 삭제되지 않고 남아 있습니다. 우리가 원하는 건 leopards.yaml이 그냥 삭제되는 겁니다. 여기서 깃이 힌트를 주고 있네요. **git add나 git rm을 써서 상황을 해결한 후 git revert --continue 명령을 실행하라고 합니다.**

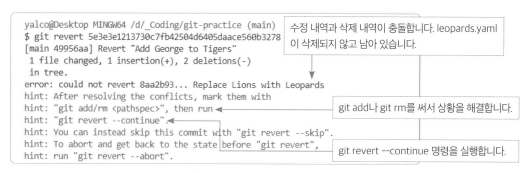

```
yalco@Desktop MINGW64 /d/_Coding/git-practice (main)
$ git revert 5e3e3e1213730c7fb42504d6405daace560b3278
[main 49956aa] Revert "Add George to Tigers"
 1 file changed, 1 insertion(+), 2 deletions(-)
 in tree.
error: could not revert 8aa2b93... Replace Lions with Leopards
hint: After resolving the conflicts, mark them with
hint: "git add/rm <pathspec>", then run
hint: "git revert --continue".
hint: You can instead skip this commit with "git revert --skip".
hint: To abort and get back to the state before "git revert",
hint: run "git revert --abort".
```

수정 내역과 삭제 내역이 충돌합니다. leopards.yaml이 삭제되지 않고 남아 있습니다.

git add나 git rm를 써서 상황을 해결합니다.

git revert --continue 명령을 실행합니다.

04 현재 문제가 되는 파일을 삭제하기 위해 **git rm** 명령을 사용합니다.

```
$ git rm leopards.yaml Enter
rm 'leopards.yaml'
```

🐰 **rm**의 자세한 기능은 CHAPTER 03에서 배웁니다.

05 그런 다음 **git revert --continue** 명령을 실행합니다. --continue 옵션은 충돌로 인해 중단되어 있는 revert 작업을 재개한다는 의미입니다. **:wq**를 입력해 저장합니다.

```
$ git revert --continue Enter
```

```
Revert "Replace Lions with Leopards"

This reverts commit 8aa2b93e7b13bf5ec8dd7d075be490065555a3d8.

# Conflicts:
#       leopards.yaml

# Please enter the commit message for your changes. Lines starting
# with '#' will be ignored, and an empty message aborts the commit.
#
.git/COMMIT_EDITMSG [unix] (14:09 22/03/2023)                1,1 꼭대기
:wq
```

06 VS Code 탐색기에서 결과를 확인할 수 있습니다. 소스트리에서도([F5]) Replace Lions with Leopards가 성공적으로 리버트된 것을 볼 수 있습니다.

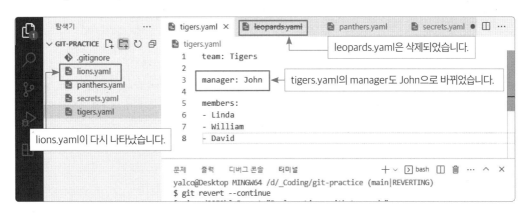

 소스트리에서 리버트할 때 충돌 해결 방법 ·······················

앞서 리버트할 때 일어났던 충돌을 소스트리에서 해결하는 방법은 다음과 같습니다.

● **윈도우의 경우**

❶ Replace lions with leopards에서 마우스 오른쪽 버튼을 클릭한 후 **커밋 되돌리기**를 선택합니다.

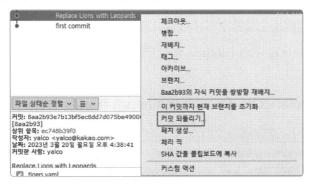

❷ 충돌이 일어남을 알려주는 경고 대화상자가 나타나면 **닫기** 버튼을 클릭합니다.

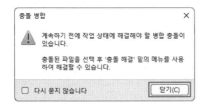

❸ '스테이지되지 않은 파일' 영역에서 leopards.yaml을 마우스 오른쪽 버튼으로 클릭하고 **충돌 해결 - '저장소' 것을 사용하여 해결**을 선택합니다.

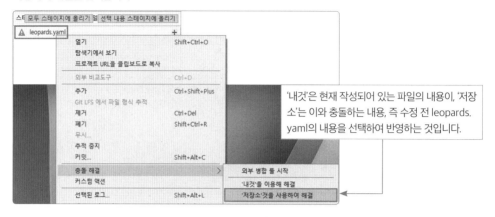

❹ 커밋 메시지를 입력하고 **커밋** 버튼을 클릭하면 커밋이 완료됩니다.

● **맥의 경우**

한편 맥의 소스트리는 리버트할 때 충돌 해결 방법이 미비합니다. 충돌 시 다음과 같은 오류 메시지가 나타나므로 내용에도 나와 있듯이 CLI에서 **git rm (파일 이름)** 명령으로 충돌이 나는 파일을 지운 다음 **git commit**을 입력하여 수동으로 해결합니다.

• •

리셋을 사용해서 리버트 이전으로 되돌아가기

작업 내역을 되돌릴 수 없는 리셋과 달리 리버트는 작업 내역 하나하나가 커밋으로 남습니다. 필요하다면 리버트 내역도 취소할 수 있습니다. 그런데 리버트한 내역을 다시 리버트하면 어떤 작업을 반대로 수행했다가 또 다시 반대로 수행한 셈이니 작업 내역이 지저분하게 남습니다. 이 번엔 리버트한 내역에서 Replace Cheetas with Panthers로 깔끔하게 리셋해 보겠습니다.

01 소스트리에서 리셋할 시점인 **Replace Cheetas with Panthers**의 **해시값**을 복사합니다.

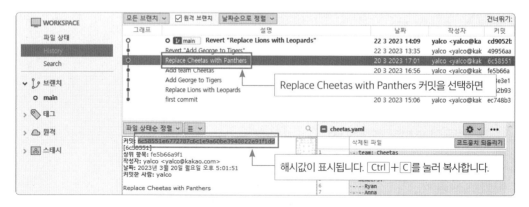

02 터미널에서 **git reset --hard** 명령을 입력하고 뒤에 복사한 **해시값**을 붙여 넣습니다.

```
$ git reset --hard 6c58551e6772787c6c1e9a60be3940822e91f1dd [Enter]
HEAD is now at 6c58551 Replace Cheetas with Panthers
```

03 소스트리를 보면([F5]) Replace Cheetas with Panthers로 리셋되었습니다.

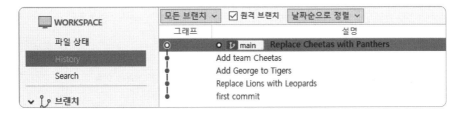

커밋하지 않고 리버트하기

앞에서 리버트를 실행하면 자동으로 커밋까지 되는 것을 확인했습니다. git revert 명령 뒤에 **--no-commit**을 붙이면 프로그램이 수정되긴 하지만 아직 커밋은 되지 않은 상태입니다. 이것은 한 커밋에서 리버트도 하고 다른 변경 사항까지 더한 다음에 커밋할 때 사용됩니다.

```
git revert --no-commit (되돌릴 커밋 해시값)
```

01 **Add George to Tigers**로 리버트해 봅시다. 해당 내역의 **해시값**을 복사합니다.

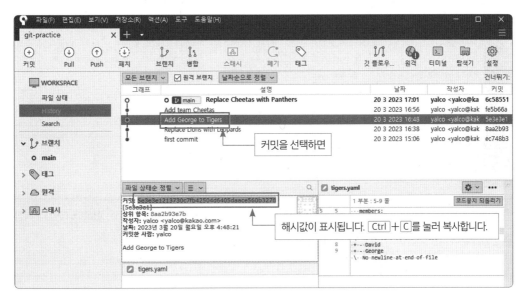

02 다음 명령에 적용합니다.

```
$ git revert --no-commit 5e3e3e1213730c7fb42504d6405daace560b3278 [Enter]
```

03 결과를 보면 **tigers.yaml**은 수정되었는데, 아직 커밋되지 않은 상태입니다. **git status** 명령으로 상태를 확인해 봐도 modified: tigers.yaml이라고만 표시됩니다.

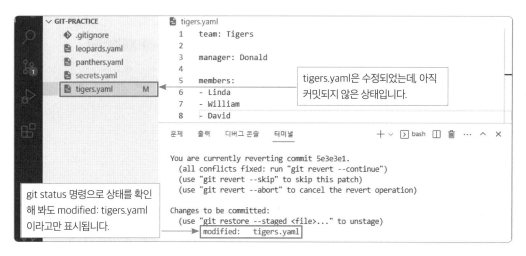

04 **git reset --hard** 명령을 입력하면 **tigers.yaml**의 상태가 원래로 돌아옵니다.

```
$ git reset --hard [Enter]
HEAD is now at 6c58551 Replace Cheetas with Panthers
```

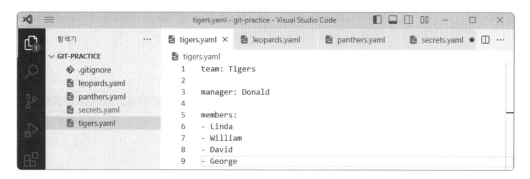

앞서 리셋은 되돌릴 수 없다고 설명했는데, 더 정확히 말하면 리셋도 되돌릴 방법이 있기는 합니다. 다만 더 복잡한 방법을 써야 하므로 CHAPTER 05에서 다시 살펴보겠습니다.

08 소스트리로 리셋과 리버트해 보기

학습
목표

이번에는 지금까지 해 왔던 것들, 즉 타임 캡슐 안에 넣고 커밋으로 묶어서 버전을 만들고, 그렇게 만든 버전을 리셋과 리버트를 이용해 다시 과거로 돌아가는 작업들을 소스트리에서도 해 보겠습니다. 터미널 창에서 git add 명령으로 실행했던 것과 동일한 작업이 소스트리에서는 어떻게 실행하고 작동하는지 비교해 보시기 바랍니다.

변경 사항 만들고 커밋하기

VS Code에서 변경 사항을 만든 후 소스트리에서 커밋해 보겠습니다.

01 VS Code에서 **leopards.yaml**을 **삭제**합니다. 그리고 **.gitignore**에 ***.config**를 입력하여 .config 확장자를 가진 모든 파일을 추가합니다. **hello.txt** 파일을 새로 생성하고, 텍스트는 **hello**를 입력해 둡니다. .gitignore와 hello.txt는 Ctrl + S로 반드시 **저장**해 주세요.

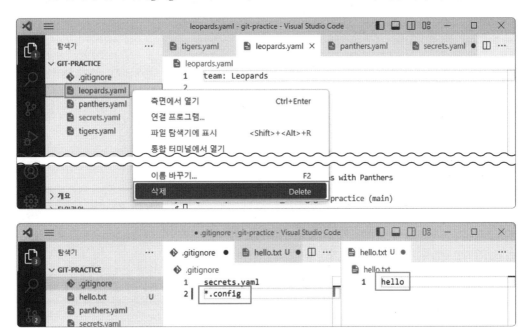

02 변경 사항을 캡슐에 담고 커밋해 보겠습니다. 소스트리의 작업 내역을 보면(F5) **커밋하지 않은 변경 사항**이 나타납니다. 화면 하단의 '스테이지에 올라가지 않은 파일'을 보면 .gitignore, leopards.yaml, hello.txt의 변경 사항을 각각 확인할 수 있습니다. '스테이지에 올라가지 않은 파일' 목록에 있는 각 파일에 마우스를 가져간 후 오른쪽에 나타나는 ➕ 아이콘을 클릭합니다.

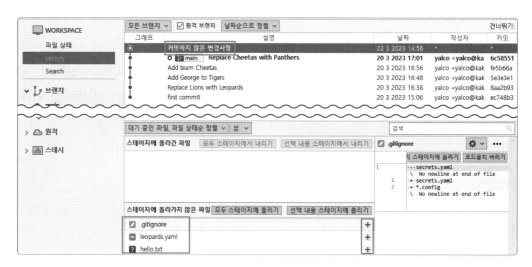

03 그러면 세 파일 모두 '스테이지에 올라간 파일'로 이동합니다.

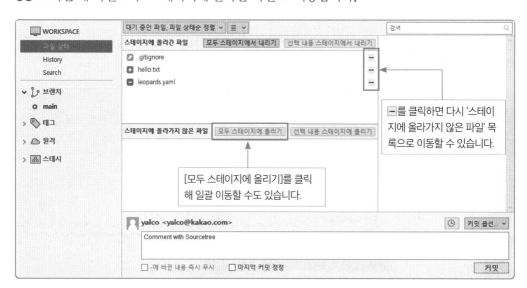

스테이지에 대해서는 다음 장에서 자세히 알아보기로 하고, 여기서는 터미널 창에서 git add 명령을 실행하는 것과 동일한 작업으로 작업 내역을 캡슐 안에 넣는 일이라고 이해하면 됩니다.

맥에서는 화면 하단에 파일 목록이 있고 파일 왼쪽의 체크 상자를 클릭하면 **스테이지에 올라간 파일**과 동일한 상태가 됩니다.

04 소스트리 상단의 도구 바에서 **커밋** 도구를 클릭합니다. 그런 다음 하단 입력 창에 **Comment with Sourcetree**라는 커밋 메시지를 입력하고 **커밋** 버튼을 클릭합니다.

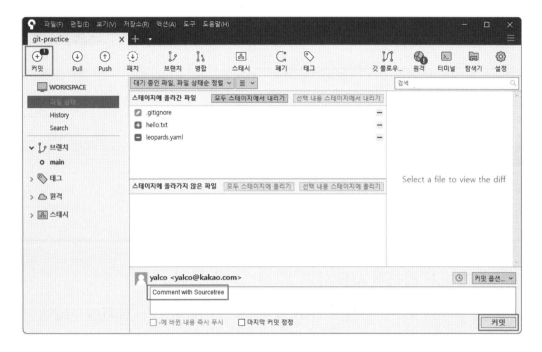

05 History를 클릭하면 작업 내역 맨 위에 앞서 추가한 커밋이 나타납니다. 화면 하단의 파일 목록에서 변경 내역을 확인할 수 있습니다.

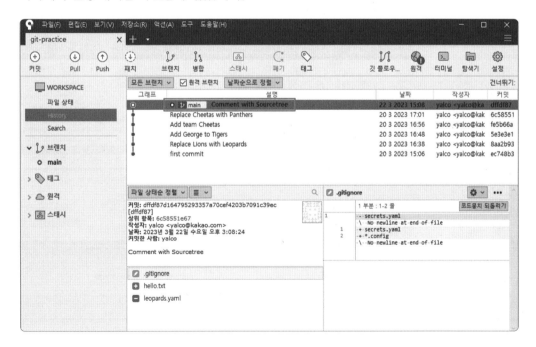

06 VS Code의 터미널 창에서 **git log** 명령을 실행해도 결과는 같습니다. **q**를 입력해서 VIM 모드를 종료합니다.

```
$ git log
```

```
commit dffdf87d164795293357a70cef4203b7091c39ec (HEAD -> main)
Author: yalco <yalco@kakao.com>
Date:   Wed Mar 22 15:08:24 2023 +0900

    Comment with Sourcetree

commit 6c58551e6772787c6c1e9a60be3940822e91f1dd
Author: yalco <yalco@kakao.com>
Date:   Mon Mar 20 17:01:51 2023 +0900

    Replace Cheetas with Panthers
:
```

소스트리에서 리버트 사용하기

변경 사항을 만들었으니 이제 리셋과 리버트를 실행해 볼 텐데, 여기서는 리버트를 먼저 해 보겠습니다. Add George to Tigers로 리버트를 해 보려고 합니다.

01 소스트리에서 **History**의 **Add George to Tigers**를 클릭하고 하단의 **tigers.yaml** 파일을 선택하면 members에 George를 추가한 내역이 나타납니다.

02 Add George to Tigers에서 마우스 오른쪽 버튼을 클릭하고 **커밋 되돌리기**를 선택합니다.

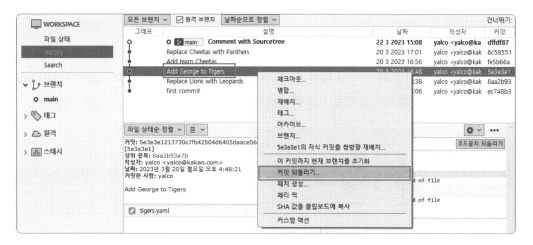

03 '정말 커밋을 되돌리시겠습니까?'라는 대화상자가 나타나면 **예** 버튼을 클릭합니다.

04 새로운 리버트 커밋이 추가됩니다. tigers.yaml 파일을 보면 members에 George가 없어진 것을 확인할 수 있습니다.

소스트리에서 리셋 사용하기

이번에는 현재 상태에서 Replace Cheetas with Panthers 커밋으로 리셋해 보겠습니다.

01 소스트리에서 History의 작업 내역 중 되돌아올 곳인 **Replace Cheetas with Panthers**을 마우스 오른쪽 버튼으로 클릭하고 **이 커밋까지 현재 브랜치를 초기화**를 선택합니다.

02 '커밋 초기화' 대화상자가 나타납니다. '사용 중인 모드'에서 **Hard - 모든 작업 상태 내 변경 사항을 버림**을 선택하고 **확인** 버튼을 클릭합니다.

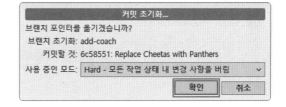

03 '경고: 파괴적인 작업' 대화상자가 나타나면 **예** 버튼을 클릭합니다.

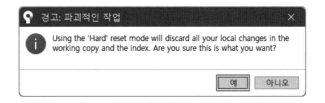

04 앞서 했던 작업이 모두 리셋된 것을 확인할 수 있습니다.

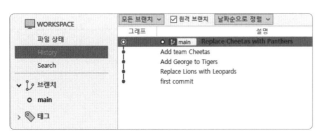

미로 퀴즈
깃에서 프로젝트를 과거로 되돌리는 방법 두 가지는?

정답 reset, revert

외워서 써먹는 깃 명령어

1 **프로젝트의 변경사항을 버전에 담기**

특정 파일 담기   `git   (1)   (파일 이름)`

모든 파일 담기   `git   (2)`

2 **변경 사항 커밋하기**

커밋하기   `git   (3)`

커밋 메시지와 함께 커밋하기   `git   (4)   "(커밋 메시지)"`

add와 커밋을 한꺼번에 하기   `git   (5)   "(커밋 메시지)"`

깃 커밋 내역 확인하기   `(6)`

3 **리셋과 리버트**

리셋하기   `git   (7)   (되돌릴 커밋 해시값)`

리버트해서 과거 커밋으로 되돌리기   `git   (8)   (되돌릴 커밋 해시값)`

커밋하지 않고 리버트하기   `git revert   (9)   (되돌릴 커밋 해시값)`

4 **VIM 명령어**

입력 시작 및 입력 종료   `(10)`

저장 없이 종료 및 강제 종료, 저장하고 종료   `(11)`

위로 스크롤 및 아래로 스크롤   `(12)`

(1) add (2) add . (3) commit (4) commit -m (5) commit -am (6) git log

(7) reset --hard (8) revert (9) --no-commit (10) i, Esc (11) :q, :q!, :wq (12) K, J

CHAPTER

03

차원 넘나들기

여러 브랜치 만들어 보기

학습
목표

이번 CHAPTER에서는 작업 내역의 차원을 여러 개 만들고 그 사이를 넘나들 거예요. 앞서
프로젝트 폴더 전체를 복사해서 백업하고 필요하면 다시 가져다 썼는데요. 깃 브랜치를 사
용하면 폴더를 백업하지 않아도 원하는 시점마다 차원을 나눠서 작업했다가, 필요하면 원
하는 차원으로 자유롭게 작업 내역을 되돌리거나 통합할 수 있습니다.

깃에서는 차원을 **브랜치**branch라고 합니다. 브랜치는 '가지'라는 뜻이죠. 나무의 가지가 갈라져
나오듯 작업 내역의 브랜치도 원하는 시점마다 여러 차원으로 나눠질 수 있습니다. 이것을 '브
랜치를 분기한다'라고 표현합니다. 이번에는 여러 브랜치를 만든 다음에 각각을 돌아다니면서
커밋을 만들고 또 브랜치를 수정하거나 삭제하는 방법도 알아보겠습니다.

브랜치로 차원 분기하기

다음 그림을 보면 가운데 줄기가 main 브랜치이고 여기서 갈라져 나온 줄기가 브랜치입니다.
이처럼 특정한 시점에 새로운 차원으로 갈라져 나올 수 있습니다.

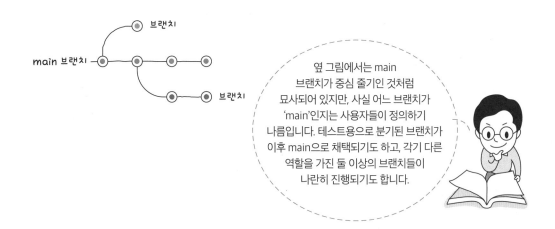

옆 그림에서는 main
브랜치가 중심 줄기인 것처럼
묘사되어 있지만, 사실 어느 브랜치가
'main'인지는 사용자들이 정의하기
나름입니다. 테스트용으로 분기된 브랜치가
이후 main으로 채택되기도 하고, 각기 다른
역할을 가진 둘 이상의 브랜치들이
나란히 진행되기도 합니다.

하나의 프로젝트에서 작업 내역을 여러 브랜치, 즉 여러 차원으로 나눌 필요가 있는 경우는 크게 두 가지가 있습니다.

첫째, 하나의 프로젝트를 여러 형태로 사용해야 될 때입니다. 예를 들어, 웹사이트의 한 프로젝트 안에서 개발자들이 서로 다른 페이지를 맡아 공동 작업을 하는 경우입니다. 사용자에게 전달되는 실제 제품인 **main 브랜치를 그대로 두고**, 새로운 기능을 실험적으로 적용하거나 디자인을 전반적으로 바꿔서 테스트용 서버에 올리는 **테스트 브랜치를 여러 개** 만들 수 있습니다. 굳이 프로젝트 폴더를 복사해서 작업할 필요 없이 또 다른 브랜치만 추가해서 테스트하는 거죠. **예** 실배포용, 테스트 서버용, 새로운 시도용 등

둘째, 현업에서 여러 개발자가 역할을 분담해서 프로그래밍할 때입니다. 사용자에게 전달되는 실제 배포용 버전을 가지고 새로운 기능마다 브랜치를 분기해서 여러 개발자가 각자 작업할 수 있습니다. 가령 **특정한 기능을 추가하는 브랜치, 오류를 개선하는 브랜치, 긴급한 수정 사항을 다루는 브랜치**가 있을 수 있죠. 각자 서로 다른 차원에서 작업한 뒤 적용이 확정된 것만 메인 작업에 통합해서 사용자에게 배포하면 됩니다. 브랜치가 없으면 불완전한 기능이 서로 충돌하면서 오류를 일으킬 수 있습니다. **예** 신기능1, 신기능2, 코드 개선, 긴급 수정 등

미로의 참:견

아직 현업에 있지 않다면 이것이 무슨 말인지 실감이 나지 않을 수도 있겠지만, 실제로는 정말 중요한 기능입니다.

브랜치 생성, 이동, 삭제하기

먼저 브랜치를 생성해 보겠습니다.

01 VS Code에서 터미널을 열어 보면 현재 열어 둔 프로젝트 폴더와 main 표시가 나타나 있습니다. 깃으로 프로젝트를 관리하면 기본적으로 한 브랜치에 커밋이 저장되는데 **main 브랜치가 기본값**입니다.

```
yalco@Desktop MINGW64 /d/_Coding/git-practice (main)
$ 
```

CHAPTER 01에서 브랜치 이름을 'master'에서 'main'으로 변경하였습니다(52쪽).

02 여기서 main 브랜치 말고 다른 브랜치를 만들어 보겠습니다. 앞에서 우리는 각 팀 정보를 담은 파일에 manager와 members를 입력했습니다. 여기에 coach를 더하는 **add-coach라는 브랜치**를 만들어 보겠습니다. 즉 팀 정보에 coach를 추가하는 실험적 기능을 하는 브랜치인 거죠. 브랜치를 추가하려면 **git branch** 명령을 사용하고 뒤에 **새 브랜치 이름**을 입력합니다.

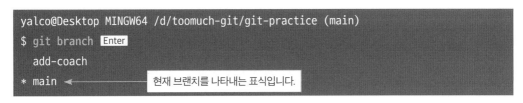

03 아직 터미널에는 'main'으로 표시되어 있습니다. 브랜치를 옮기지 않았기 때문입니다. **현재 가지고 있는 브랜치 목록**을 살펴보려면 **git branch** 명령을 입력합니다. 출력 결과를 보면 add-coach와 main 브랜치가 나타납니다. main 옆에 별표(*)가 있는데, 이것은 현재 브랜치가 main임을 나타냅니다.

```
yalco@Desktop MINGW64 /d/toomuch-git/git-practice (main)
$ git branch Enter
  add-coach
* main ◄──────   현재 브랜치를 나타내는 표식입니다.
```

눈치챘겠지만 **git branch**는 현재 브랜치 목록을, **git branch (브랜치 이름)**은 새 브랜치를 만듭니다.

04 **add-coach** 브랜치로 이동해 보겠습니다. **브랜치를 이동**할 때는 **git switch** 명령을 사용하고 뒤에 **이동할 브랜치 이름**을 입력합니다. 출력 결과를 보면 브랜치가 add-coach로 옮겨졌습니다.

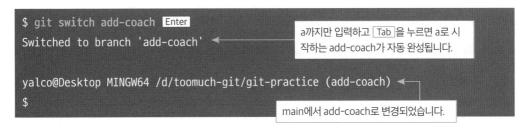

깃 2.23 버전부터 checkout 명령어가 switch와 restore로 분리되었습니다. 두 기능은 이후 CHAPTER 05에서 다시 살펴보겠습니다.

05 소스트리에서 브랜치를 확인해 보겠습니다(F5). 최근 작업 내역에 **add-coach와 main**이 **표시**되어 있기는 하지만 아직 브랜치가 갈라지지 않았습니다. 한쪽 가지 끝에서 main과 add-coach가 싹만 틔운 거예요. 왜냐하면 둘 다 같은 버전인 Replace Cheetas with Panthers에 위치해 있기 때문입니다.

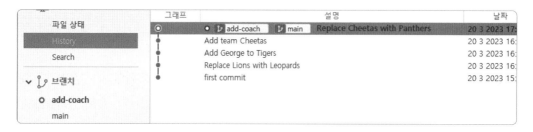

06 다시 VS Code에서 **git switch** 명령으로 **main** 브랜치로 돌아와 보겠습니다.

```
$ git switch main Enter
Switched to branch 'main'
```

브랜치 생성하고 동시에 이동하기

이번에는 브랜치를 생성하면서 동시에 해당 브랜치로 이동해 보겠습니다.

01 git switch 명령어 뒤에 **-c**와 **새 브랜치 이름**을 입력합니다. 새 브랜치 이름은 new-teams 입니다. 출력 결과를 보면 브랜치 이름이 new-teams로 바뀌었습니다.

```
$ git switch -c new-teams Enter
Switched to a new branch 'new-teams'
```

🐛 깃 2.23 버전 이전에는 **git checkout -b (새 브랜치 이름)**을 입력했습니다.

02 git branch 명령으로 현재 브랜치 목록을 확인해 보겠습니다. 이제 프로젝트에 세 개의 브랜치가 있고, 현재 브랜치는 new-teams임을 알 수 있습니다.

```
$ git branch Enter
  add-coach
  main
* new-teams
```

브랜치 이름 바꾸기/삭제하기

이번에는 브랜치 이름을 바꾸는 방법과 더불어 삭제하는 방법도 알아보겠습니다. **브랜치 이름을 바꾸려면 git branch** 명령어 뒤에 브랜치 이름을 바꾸는 옵션인 **-m**과 **기존 브랜치 이름** 및 **새 브랜치 이름**을 각각 입력합니다.

```
git branch -m (기존 브랜치 이름) (새 브랜치 이름)
```

브랜치를 삭제하려면 **git branch** 명령어 뒤에 **-d**와 **삭제할 브랜치 이름**을 입력합니다.

```
git branch -d (삭제할 브랜치 이름)
```

01 먼저 브랜치를 따로 만들어 보겠습니다. 브랜치 이름은 **to-delete**로 정했습니다. 그런 다음 **git branch** 명령으로 브랜치 목록을 나타내면 to-delete 브랜치를 확인할 수 있습니다.

```
$ git branch to-delete Enter

$ git branch Enter
  add-coach
  main
* new-teams
  to-delete
```

02 여기서는 **to-delete** 브랜치의 이름을 **to-erase**로 변경해 보겠습니다. 그런 다음 **git branch** 명령을 실행하면 변경된 브랜치 이름을 확인할 수 있습니다.

```
$ git branch -m to-delete to-erase Enter

$ git branch Enter
  add-coach
  main
* new-teams
  to-erase ◄──────── to-delete가 to-erase로 변경되었습니다.
```

03 소스트리에서도 변경된 브랜치 이름을 확인할 수 있습니다(F5). 이전과 마찬가지로 아직 브랜치는 분기하지 않고 싹만 틔운 상태입니다. 여기서 새로 커밋을 해야 각 브랜치에서 가지가 뻗어나갑니다.

04 to-erase 브랜치를 삭제해 보겠습니다.

```
$ git branch -d to-erase  Enter
Deleted branch to-erase (was 6c58551).
```

 브랜치 강제 삭제하기 ·····························

삭제할 브랜치에만 있는, 즉 다른 브랜치로 가져오지 않은 커밋이 있는 브랜치를 지울 때는 소문자 -d 대신 대문자 **-D**를 입력해 강제 삭제합니다. 소문자 -d로 삭제되지 않도록 한 것은 다른 브랜치에 작업해 둔 커밋을 실수로 날려버리지 않기 위함입니다.

```
git branch -D (강제로 삭제할 브랜치 이름)
```

··

각각의 브랜치에서 서로 다른 작업해 보기

이제 각각의 브랜치에서 상이한 작업을 해 보겠습니다. main, add-coach, new-teams 브랜치에서 각각 2~3개씩 커밋을 할 텐데요. 다음 CHAPTER의 실습에서 이어지는 내용이니 조금 길더라도 하나하나 수행해 보세요.

미토의 참:견

실습할 때 줄바꿈 등 세부 사항도 책에 나온 코드와 똑같이 입력해 주세요. 코드의 사소한 차이 때문에 나중에 실습할 때 충돌이 발생할 수 있습니다.

01 다시 **main** 브랜치로 돌아오겠습니다.

```
$ git switch main  Enter
Switched to branch 'main'
```

02 일단 **leopards.yaml**의 members에 **Olivia**를 추가하고 **저 장**한 뒤 main 브랜치에서 다음 명령으로 커밋합니다.

```
$ git commit -am 'Add Olivia to Leopards'  Enter
[main acfc2b7] Add Olivia to Leopards
 1 file changed, 2 insertions(+), 1 deletion(-)
```

leopards.yaml

```
team: Leopards

manager: Nora

members:
 - Linda
 - William
 - David
 - Olivia
```

03 **panthers.yaml**의 members에 **Freddie**를 추가하고 **저장** 한 뒤 역시 **git commit** 명령으로 커밋합니다.

```
$ git commit -am 'Add Freddie to Panthers'  Enter
[main 47d35df] Add Freddie to Panthers
 1 file changed, 2 insertions(+), 1 deletion(-)
```

panthers.yaml

```
team: Panthers

manager: Sebastian

members:
 - Violet
 - Stella
 - Anthony
 - Freddie
```

04 이 상태에서 소스트리를 확인해 보겠습니다(F5). new-teams와 add-coach 브랜치는 Replace Cheetas with Panthers에서 싹만 틔여 있고 지금 main 브랜치만 Add Olivia to Leopards와 Add Freddie to Panthers로 뻗어나갔습니다.

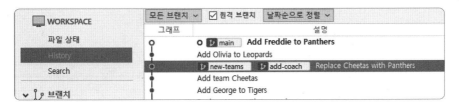

05 **add-coach** 브랜치로 넘어가서 작업해 보겠습니다.

```
$ git switch add-coach [Enter]
Switched to branch 'add-coach'
```

06 **tigers.yaml**에서 manager 아래쪽에 **coach: Grace** 내용을
추가하고 **저장**([Ctrl]+[S])한 뒤 커밋합니다.

```
$ git commit -am 'Add Coach Grace to Tigers' [Enter]
[add-coach 9094a9f] Add Coach Grace to Tigers
 1 file changed, 2 insertions(+)
```

tigers.yaml

. . .

manager: Donald

coach: Grace

members:

. . .

07 **leopards.yaml**에도 **coach: Oscar**를 추가하고 **저장**([Ctrl]
+[S])한 뒤 커밋합니다.

```
$ git commit -am 'Add Coach Oscar to Leopards' [Enter]
[add-coach a5f08e7] Add Coach Oscar to Leopards
 1 file changed, 2 insertions(+)
```

leopards.yaml

. . .

manager: Nora

coach: Oscar

members:

. . .

08 **panthers.yaml**에도 **coach: Teddy**를 추가하고 **저장**
([Ctrl]+[S]한 뒤 커밋합니다.

```
$ git commit -am 'Add Coach Teddy to Panthers' [Enter]
[add-coach 3e34f96] Add Coach Teddy to Panthers
 1 file changed, 2 insertions(+)
```

panthers.yaml

. . .

manager: Sebastian

coach: Teddy

members:

. . .

09 여기까지 진행한 내용을 소스트리에서 한번 볼까요(F5). 브랜치가 두 갈래로 갈라졌습니다. main 브랜치는 Replace Cheetas with Panthers 위치에서 Add Olivia to Leopards와 Add Freddie to Panthers 두 마디가 뻗어나갔습니다. 또 add-coach 브랜치는 Add Coach Grace to Tigers, Add Coach Oscar to Leopards, Add Coach Teddy to Panthers 세 마디가 뻗어나갔습니다.

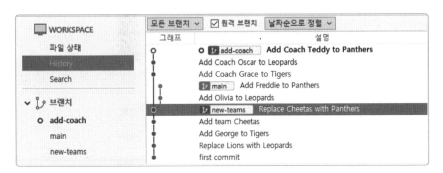

10 브랜치의 변경 사항을 확인해 보겠습니다. VS Code에서 leopards.yaml과 panthers.yaml 파일을 열어 보면 여기서 추가한 coach 정보는 있지만 그 전에 main 브랜치에서 members에 추가했던 Olivia와 Freddie는 보이지 않습니다.

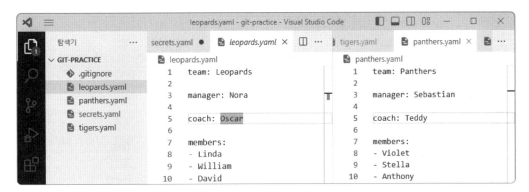

11 다시 main 브랜치로 돌아가겠습니다.

```
$ git switch main Enter
Switched to branch 'main'
```

12 VS Code에서 panthers.yaml, leopards.yaml, tigers.yaml을 각각 확인해 보면 이번에는 add-coach 브랜치에서 추가했던 coach가 나타나지 않습니다. 이처럼 동일한 프로젝트 폴더 안에서 어느 브랜치에 있는지에 따라 파일의 내용이 다릅니다.

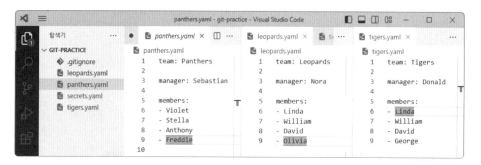

13 이번에는 new-teams 브랜치로 가 봅시다.

```
$ git switch new-teams Enter
Switched to branch 'new-teams'
```

14 tigers.yaml, leopards.yaml, panthers.yaml을 확인해 보면 앞서 main과 add-coach 브랜치에서 수정한 내역이 모두 없어졌습니다.

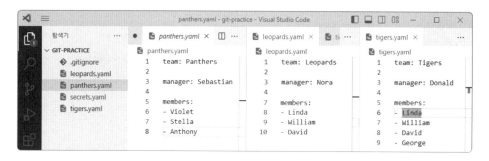

15 이제 **new-teams** 브랜치에서 새 파일 **pumas.yaml**을 추가하고 **저장**한 후 다음과 같이 커밋합니다.

```
$ git add . Enter
$ git commit -m 'Add team Pumas' Enter
[new-teams 73c36ae] Add team Pumas
 1 file changed, 8 insertions(+)
 create mode 100644 pumas.yaml
```

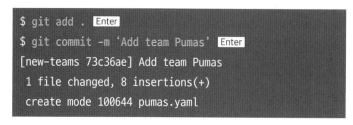

pumas.yaml

team: Pumas

manager: Jude

members:

- Ezra

- Carter

- Finn

16 새 파일 **jaguars.yaml**을 추가하고 **저장**한 후 다음과 같이 커밋합니다.

```
$ git add .  Enter
$ git commit -m 'Add team Jaguars'  Enter
[new-teams dc35fd3] Add team Jaguars
 1 file changed, 8 insertions(+)
 create mode 100644 jaguars.yaml
```

jaguars.yaml

```
team: Jaguars

manager: Stanley

members:
 - Caleb
 - Harvey
 - Myles
```

17 소스트리에서 확인해 보면(F5) 이제 브랜치가 main, add-coach, new-teams 세 갈래로 갈라졌습니다. main 브랜치에 두 마디, add-coach 브랜치에 세 마디, new-teams 브랜치에 두 마디가 있는데, 이 마디가 각 브랜치의 커밋을 나타냅니다.

18 앞서 작업 내역을 확인할 때 git log 명령을 사용했습니다. **git log**는 **현재 브랜치 내역**만 나타냅니다. 각 브랜치로 이동해서 git log 명령을 실행한 결과를 소스트리와 비교하면 다음과 같습니다.

❶ **main 브랜치의 작업 내역**

```
$ git switch main  Enter
Switched to branch 'main'


$ git log  Enter
```

main 브랜치

- Add Freddie to Panthers
- Add Olivia to Leopards
- Replace Cheetas with Panthers
- Add team Cheetas
- Add George to Tigers
- Replace Lions with Leopards
- first Commit

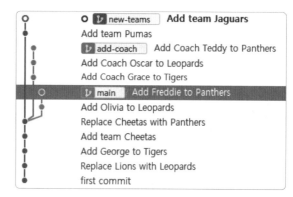

❷ add-coach 브랜치의 작업 내역

```
$ git switch add-coach Enter
Switched to branch 'add-coach'

$ git log Enter
```

add-coach 브랜치

- Add Coach Teddy to Panthers
- Add Coach Oscar to Leopards
- Add Coach Grace to Tigers
- Replace Cheetas with Panthers
- Add team Cheetas
- Add George to Tigers
- Replace Lions with Leopards
- first commit

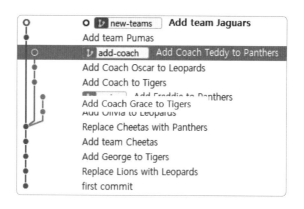

❸ new-teams 브랜치의 작업 내역

```
$ git switch new-teams Enter
Switched to branch 'new-teams'

$ git log Enter
```

Add team Jaguars

Add team Pumas

Replace Cheetas with Panthers

Add team Cheetas

Add George to Tigers

Replace Lions with Leopards

first commit

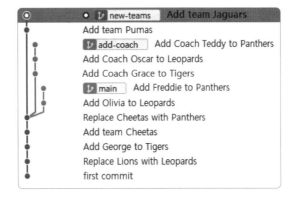

 터미널 창에서 브랜치 작업 내역을 시각적으로 보는 방법 ··········

터미널 창에서 모든 브랜치의 작업 내역을 좀 더 시각적으로 보고 싶다면 다음과 같이 명령어를 입력합니다.

```
$ git log --all --decorate --oneline --graph Enter
```

출력 결과를 보면 커밋이 아래부터 쭉 뻗어 나오다가 main 브랜치와 add-coach 브랜치가 각각 갈라지고 new-teams 브랜치가 맨 위에 표시되는 것을 볼 수 있습니다. 물론 분기 결과는 소스트리에서 더욱 보기 좋게 표현하고 있으므로 터미널에서 이런 옵션을 쓸 수 있다는 정도만 알아두고 실무에서는 소스트리에서 확인합니다.

브랜치를 합치는 두 가지 방법

학습 목표 main 브랜치로부터 생성된 브랜치는 수정한 내용이 모두 채택되면 main 브랜치로 합칩니다. 브랜치를 합치는 방법으로 머지는 두 가지를 이어 붙이는 것, 리베이스는 브랜치를 다른 브랜치로 옮겨 붙이는 것입니다. 이 둘의 차이점을 이해한 후 브랜치를 합칠 때 작업 환경이나 개발 흐름에 따라 머지와 리베이스 중 하나를 선택해서 사용해 보세요.

이전 LESSON까지 잘 따라 왔다면 여러분의 프로젝트는 깃의 시점에서 아래와 같은 모습을 하고 있을 겁니다. 프로젝트의 주요 작업은 main 브랜치에서 진행되고 실험적인 시도는 add-coach와 new-teams 브랜치 두 곳에서 진행되고 있습니다.

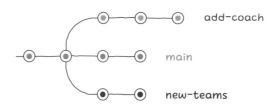

두 브랜치에서 수정한 내용이 모두 채택되어 이제 이들을 main 브랜치로 합치려고 합니다. add-coach에서 coach를 추가한 내용과 new-teams에서 추가한 새 팀 파일의 내용을 main 차원으로 가져온다는 뜻입니다.

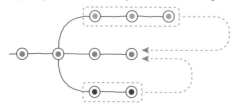

add-coach 브랜치
tigers.yaml, leopards.yaml, panthers.yaml 변경

new-teams 브랜치
pumas.yaml, jaguars.yaml 추가

브랜치를 합치는 데는 두 가지 방식이 있습니다. 바로 **머지**merge와 **리베이스**rebase입니다. 머지는 브랜치를 병합하여 하나의 새로운 커밋을 만들고, 리베이스는 현재 브랜치에서 다른 브랜치의 변경 사항을 가져와 커밋을 재정렬합니다. 각각을 살펴보겠습니다.

머지는 '**병합**'이라는 뜻입니다. 말 그대로 **두 가지를 이어 붙이는 것**입니다. 그 과정에서 커밋 하나가 더 생겨납니다. add-coach 브랜치를 머지 방식을 이용해 main 브랜치와 합쳐 보겠습니다.

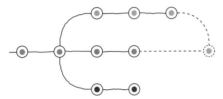

병합한 뒤에도 분기했던 흔적이 남습니다.

새로 추가되는 커밋에는 add-coach 브랜치와 main 브랜치의 변경 사항이 모두 적용됩니다.

리베이스는 브랜치를 다른 브랜치에 옮겨 붙이는 것입니다. 브랜치의 커밋을 대상 브랜치로 옮겨 붙이는 것이죠. 여기서는 new-teams 브랜치를 리베이스 방식으로 main 브랜치와 합쳐 보겠습니다. 그러면 마치 main 브랜치에 new-teams 브랜치의 커밋을 하나하나 추가한 것처럼 됩니다.

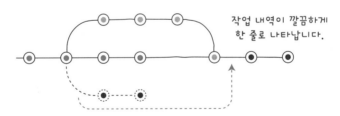

작업 내역이 깔끔하게 한 줄로 나타납니다.

new-teams 브랜치의 커밋을 하나씩 떼서 main 브랜치에 붙입니다.

그렇다면 머지나 리베이스나 작업 결과물이 합쳐지는 건 똑같은 데 어떤 차이가 있을까요?

첫째, 작업 내역이 다르게 처리됩니다. 리베이스 방식을 사용하면 작업 내역이 깔끔하게 한 줄로 정리되지만 머지는 브랜치의 흔적을 남깁니다. 머지의 경우 브랜치가 몇 개 되지 않으면 별 문제가 아니지만 많은 브랜치가 사용되는 프로젝트에서는 프로젝트의 진행 내역을 파악하기가 무척 복잡합니다.

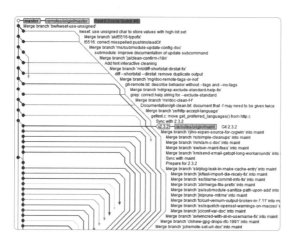

출처: URL https://seosh817.tistory.com/240

진행하는 프로젝트의 성격에 따라 **브랜치의 사용 내역을 남겨 둘 필요가 있다면 머지를 쓰는 것이 좋고**, 작업 내역을 깔끔하게 만드는 게 중요하다면 리베이스가 더 적절한 선택입니다.

둘째, 코드 충돌 여부입니다. 팀에서 협업하는 프로젝트의 경우 **이미 팀원들 간에 공유된 커밋에 대해서는 리베이스를 사용하지 않는 게 좋습니다.** 한 팀원이 임의로 다른 팀원의 작업 내역을 이어 붙이면 각자의 코드가 충돌할 수도 있습니다.

머지로 브랜치 병합하기

머지와 리베이스의 의미를 살펴봤으니 이제 직접 실습하며 이해해 보겠습니다. 먼저 add-coach 브랜치를 main 브랜치에 머지로 합쳐 보겠습니다. 머지를 사용하면 한 브랜치가 현재 브랜치로 이동해 합쳐집니다.

01 이번 작업의 주요 줄기는 main 브랜치이기 때문에 먼저 **main** 브랜치로 이동하겠습니다.

```
$ git switch main Enter
Switched to branch 'main'
```

02 git merge 명령어와 main 브랜치에 합칠 **대상 브랜치 이름**을 입력합니다. main 브랜치에서 추가한 것과 add-coach 브랜치에서 추가한 변경 사항이 다 같이 나타납니다.

```
$ git merge add-coach [Enter]
Auto-merging leopards.yaml
Auto-merging panthers.yaml
Merge made by the 'ort' strategy.
 leopards.yaml ¦ 2 ++
 panthers.yaml ¦ 2 ++
 tigers.yaml   ¦ 2 ++
 3 files changed, 6 insertions(+)
```

세 개의 파일이 변경되었다고 표시됩니다.
++, -- 표시는 해당 파일에서 몇 부분이 추가, 변경, 삭제되었는지를 나타냅니다.

맥OS에서는 커밋 메시지를 입력하고 **:wq**를 추가로 입력해 커밋 메시지를 저장한 후 마무리합니다.

03 main 브랜치에서도 add-coach 브랜치에 추가한 coach 내용을 확인할 수 있습니다.

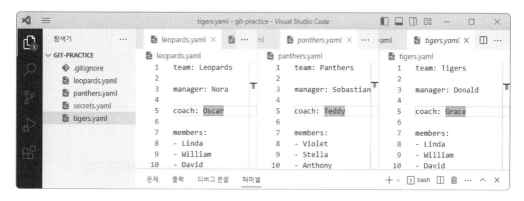

04 머지의 결과를 소스트리에서도 살펴보겠습니다. 작업 내역 맨 위에 main 브랜치와 add-coach 브랜치를 합치는 커밋이 하나 더 생겨났습니다.

05 이제 불필요해진 **add-coach** 브랜치를 삭제하겠습니다. VS Code의 터미널에서 다음과
같이 **git branch** 명령을 적용합니다.

```
$ git branch -d add-coach Enter
Deleted branch add-coach (was 3e34f96).
```

06 git branch 명령을 입력하면 main과 new-teams 브랜치만 남은 것이 보입니다.

```
$ git branch Enter
* main
  new-teams
```

07 소스트리에서도 작업 내역에 main과 new-teams 브랜치만 남아 있습니다.

 병합한 브랜치 리셋하기 ·····································

새로 추가된 Merge branch 'add-coach' 커밋도 리셋으로 되돌릴 수 있습니다. 즉, 머지로 병합하기 전 상태인 Add
Freddie to Panthers로 되돌아가는 거죠.

❶ 소스트리의 작업 내역에서 main 브랜치가 선
택된 상태에서 Add Freddie to Panthers를 마
우스 오른쪽 버튼으로 클릭하고 **이 커밋까지 현재
브랜치를 초기화**를 선택합니다.

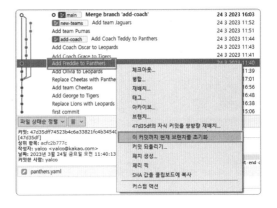

❷ '커밋 초기화' 대화상자가 나타나면 '사용 중인 모드'를 **Hard - 모든 작업 상태 내 변경 사항을 버림**으로 선택하고 **확인** 버튼을 클릭합니다.

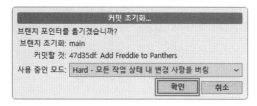

❸ 경고: 파괴적인 작업' 대화상자가 나타나면 **예** 버튼을 클릭합니다.

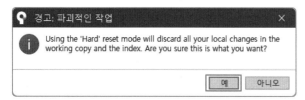

VS Code에서 파일을 확인해 보면 머지로 병합하기 전 상태로 돌아갑니다. 병합한 브랜치를 리셋했다면 다음 실습을 위해 다시 병합해 주세요.

. . . .

리베이스로 브랜치 병합하기

이번에는 리베이스 방식으로 new-teams 브랜치를 main 브랜치에 합쳐 보겠습니다. 머지를 사용할 때는 main 브랜치로 이동한 다음에 대상 브랜치를 합쳤는데, 리베이스는 머지와는 반대로 대상 브랜치에서 명령합니다.

01 합칠 대상 브랜치인 **new-teams** 브랜치로 이동합니다.

```
$ git switch new-teams Enter
Switched to branch 'new-teams'
```

02 리베이스를 사용하려면 **git rebase** 명령과 **main**, 즉 **대상 브랜치 이름**을 입력합니다.

```
$ git rebase main Enter
Successfully rebased and updated refs/heads/new-teams.
```

03 소스트리를 새로 고침(F5) 하고 작업 내역을 확인합니다. 분기해 있던 new-teams 브랜치의 두 마디가 main 브랜치의 커밋 위로 옮겨졌습니다. 그런데 new-teams 브랜치와 main 브랜치의 위치가 이전과 다릅니다. main 브랜치 다음 단계에 new-teams 브랜치가 있으므로, main 브랜치에는 아직 new-teams 브랜치의 변경 사항이 적용되어 있지 않다는 이야기입니다.

04 파일을 직접 확인해 볼까요? VS Code 터미널 창에서 **main** 브랜치로 변경합니다.

```
$ git switch main Enter
Switched to branch 'main'
```

05 VS Code 탐색기를 확인해 보니 앞서 new-teams 브랜치에서 추가했던 pumas.yaml과 jaguars.yaml 파일이 없습니다. 다시 말해, 현재 new-teams 브랜치에는 앞서 했던 모든 작업들이 반영된 단계에 와 있는데, main 브랜치는 리베이스를 해도 new-teams의 작업 이전 단계에 위치해 있는 것입니다.

06 main 브랜치를 new-teams 브랜치 위치로 옮겨야 합니다. 이때 머지가 필요합니다. 터미널에서 main 브랜치인지 확인하고 **git merge** 명령으로 **new-teams**를 병합합니다.

```
$ git merge new-teams Enter
Updating 315bd98..e9098d8
Fast-forward
 jaguars.yaml | 8 ++++++++
 pumas.yaml   | 8 ++++++++
 2 files changed, 16 insertions(+)
```

```
create mode 100644 jaguars.yaml
create mode 100644 pumas.yaml
```

07 탐색기를 보면 **pumas.yaml**과 **jaguars.yaml** 파일이 다시 나타
난 것이 보입니다.

08 소스트리에도 main 브랜치가 최상단에 올라와 있습니다. 이처럼 new-teams의 작업이
main 브랜치에도 적용된 겁니다.

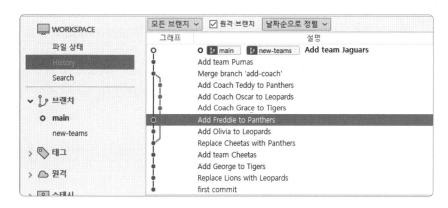

> 리베이스를
> 처음 학습할 때는 리베이스를 하다가 머지를 하는 과정이 좀 특이해
> 보이고 헷갈릴 수 있습니다. 자세한 설명은 다음 LESSON 11에서 다루겠습니다만, 일단
> 여기서는 리베이스할 대상 브랜치로 간 다음 해당 브랜치를 떼어 main 브랜치로 이어
> 붙이고, 그 다음에 main 브랜치의 위치를 맨 끝으로 옮긴다고 기억하면
> 되겠습니다.

09 new-teams라는 차원에서 했던 작업이 본 차원으로 전부 건너왔으니 이제 new-teams 차원은 닫겠습니다. **git branch -d** 명령어로 **new-teams** 브랜치를 삭제합니다.

```
$ git branch -d new-teams  Enter
Deleted branch new-teams (was e9098d8).
```

10 소스트리를 확인하면 이제 깔끔하게 main 브랜치 하나만 남았고, new-teams에서 추가한 파일 모두 프로젝트에 적용되어 있는 것을 볼 수 있습니다.

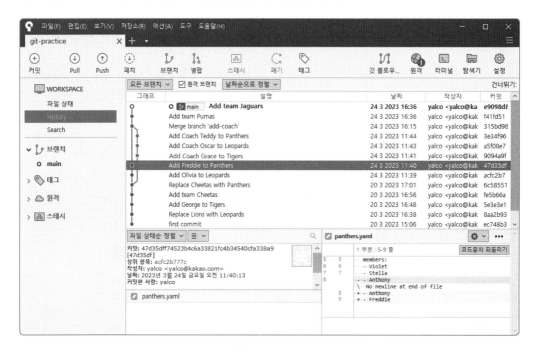

이처럼 실험적으로 추가 작업을 하거나 급한 오류 해결 작업을 각기 다른 브랜치에서 작업한 다음에 실제로 적용하려면 main 브랜치 등에 머지나 리베이스를 하고 그렇지 않으면 그냥 삭제하면 됩니다.

미로 퀴즈 두 브랜치를 한 커밋에 이어 붙이는 것으로, 브랜치 사용 내역을 남길 필요가 있을 때 할 수 있는 방법은?

정답 merge

브랜치 간 충돌 해결하기

이번에는 브랜치 간 충돌에 대해 알아보고 이를 어떻게 해결하는지 살펴보겠습니다. 먼저 한쪽 브랜치와 다른 쪽 브랜치에서 같은 파일의 같은 줄에 서로 다른 내용을 입력하고 병합하는 등과 같은 브랜치의 변경 사항이 서로 충돌하는 상황을 일부러 만들어 보고 충돌을 해결하는 방법을 살펴보겠습니다.

충돌 상황 만들기

이제까지는 각 브랜치에서 서로 다른 파일을 수정하거나 같은 파일이라도 다른 부분을 수정했기 때문에 머지나 리베이스를 할 때 별 문제가 발생하지 않았습니다. 그런데 **만약에 한쪽 브랜치와 다른 쪽 브랜치에서 같은 파일의 같은 줄에 서로 다른 내용을 입력하고 병합하면** 어떻게 될까요? 컴퓨터는 서로 다른 변경 사항 중에서 어떤 걸 채택해야 될지 모르기 때문에 **충돌이 발생**합니다. 브랜치의 변경 사항이 서로 충돌하는 상황을 만들어 이를 해결하는 방법을 찾아보겠습니다.

현재 main 브랜치만 있습니다. 여기에 conflict-1 브랜치와 conflict-2 브랜치를 각각 만듭니다. 그리고 각각의 브랜치에 다음과 같은 작업을 진행합니다.

main 브랜치

tigers.yaml의 manager를 Kenneth로 변경
leopards.yaml의 coach를 Nicolas로 변경
panthers.yaml의 coach를 Shirley로 변경
커밋 메시지: Edit Tigers, Leopards, Panthers

conflict-1 브랜치

tigers.yaml의 manager를 Deborah로 변경
커밋 메시지: Edit Tigers

각 브랜치의 tigers.yaml, leopards.yaml, panthers.yaml의 수정 사항이 서로 충돌합니다.

conflict-2 브랜치 1차 커밋

leopards.yaml의 coach를 Melissa로 변경
커밋 메시지: Edit Leopards

conflict-2 브랜치 2차 커밋

panthers.yaml의 coach를 Raymond로 변경
커밋 메시지: Edit Panthers

01 **git branch** 명령으로 **conflict-1** 브랜치와 **conflict-2** 브랜치를 만듭니다. **git branch** 명령을 실행해 보면 세 개의 브랜치를 확인할 수 있습니다.

```
$ git branch conflict-1 Enter
$ git branch conflict-2 Enter
$ git branch Enter
  conflict-1
  conflict-2
* main
```

02 각각의 브랜치에서 커밋을 진행해 보겠습니다. 먼저 **main** 브랜치에서 **tigers.yaml**의 manager를 Donald에서 **Kenneth**로 변경하고, **leopards.yaml**와 **panthers.yaml**의 Coach를 각각 **Nicholas**와 **Shirley**로 수정한 후 **저장**합니다. 커밋 메시지는 **Edit Tigers, Leopards, Panthers**라고 작성하고 커밋하겠습니다.

tigers.yaml	leopards.yaml	panthers.yaml
team: Tigers	team: Leopards	team: Panthers
manager: Kenneth	manager: Nora	manager: Sebastian
coach: Grace	coach: Nicolas	coach: Shirley
members:	members:	members:
- Linda	- Linda	- Violet
- William	- William	- Stella
- David	- David	- Anthony
- George	- Olivia	- Freddie

```
$ git commit -am 'Edit Tigers, Leopards, Panthers' Enter
[main 82f24ff] Edit Tigers, Leopards, Panthers
 3 files changed, 3 insertions(+), 3 deletions(-)
```

03 **conflict-1** 브랜치로 이동합니다.

```
$ git switch conflict-1 Enter
Switched to branch 'conflict-1'
```

04 tigers.yaml의 manager를 **Deborah**로 변경하고 **저장**합니다. 커밋 메시지는 **Edit Tigers**로 작성하고 커밋합니다. 이제 main 브랜치와 conflict-1 브랜치에서 manager 내용이 서로 달라졌습니다. 이제 둘을 병합하면 이 차이로 인해 충돌이 발생합니다.

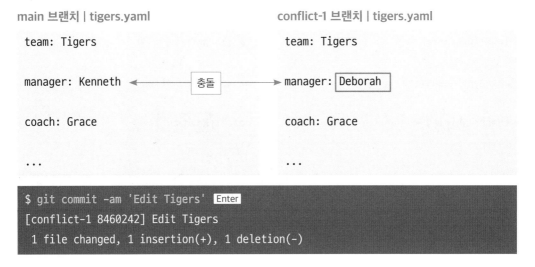

```
$ git commit -am 'Edit Tigers' Enter
[conflict-1 8460242] Edit Tigers
 1 file changed, 1 insertion(+), 1 deletion(-)
```

05 **conflict-2** 브랜치로 이동합니다.

```
$ git switch conflict-2 Enter
Switched to branch 'conflict-2'
```

06 이번에는 커밋을 두 번 합니다. **conflict-2** 브랜치의 첫 번째 커밋으로 **leopards.yaml**의 coach를 **Melissa**로 변경하고 **저장**합니다. main 브랜치의 leopards.yaml 파일에서 수정한 내역과 충돌합니다. 커밋 메시지는 **Edit Leopards**라고 작성하고 커밋합니다.

```
$ git commit -am 'Edit Leopards' Enter
[conflict-2 1cff177] Edit Leopards
 1 file changed, 1 insertion(+), 1 deletion(-)
```

07 두 번째 커밋으로 **panthers.yaml**의 coach를 **Raymond**로 변경하고 **저장**합니다. 이것
역시 main 브랜치의 변경 사항과 충돌할 수밖에 없습니다. 커밋 메시지는 **Edit Panthers**라고
작성하고 커밋합니다.

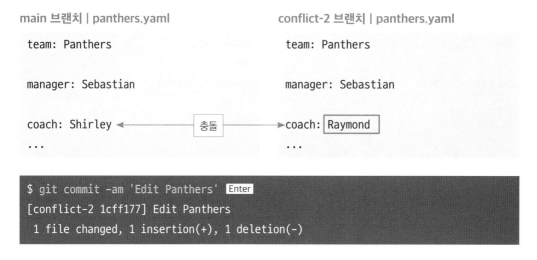

```
$ git commit -am 'Edit Panthers' Enter
[conflict-2 1cff177] Edit Panthers
 1 file changed, 1 insertion(+), 1 deletion(-)
```

08 소스트리에서 살펴보면 커밋이 다음과 같은
상태가 됩니다.

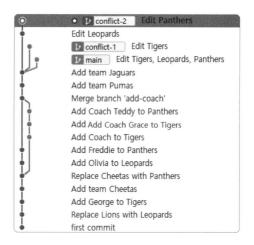

머지 충돌 해결하기

이 상태에서 머지를 하면 어떻게 되는지 살펴보겠습니다.

01 main 브랜치에서 conflict-1 브랜치를 머지하기 위해 **main** 브랜치로 이동합니다.

```
$ git switch main Enter
Switched to branch 'main'
```

02 conflict-1 브랜치를 머지합니다. 앞서 main 브랜치와 conflict-1 브랜치는 동일한 tigers.
yaml을 두고 서로 다르게 수정했습니다. 출력 결과를 보면 tigers.yaml에서 병합 충돌이 발생
했다는 안내문이 나옵니다.

```
$ git merge conflict-1 Enter
Auto-merging tigers.yaml
CONFLICT (content): Merge conflict in tigers.yaml
Automatic merge failed; fix conflicts and then commit the result.
```

03 여기서 문제가 되는 **tigers.yaml** 파일을 살펴보겠습니다. VS Code에서는 코드의 충돌이
발생할 때 **충돌하는 코드를 해결하는 방법을 제안**하고 선택할 수 있게 합니다. 여기서 선택 사
항으로 표시된 코드를 모두 삭제하고 새로 작성할 수도 있습니다. **현재 main 브랜치의 변경
사항을 고수하겠다면 현재 변경 사항 수락**을 클릭합니다.

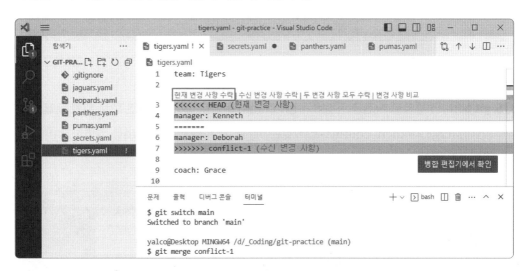

 VS Code에서의 변경 사항 선택 옵션 ··

변경 사항을 선택하는 옵션 네 가지는 다음과 같습니다.
- **현재 변경 사항 수락**: 현재 브랜치의 내용으로 유지됩니다.
- **수신 변경 사항 수락**: 상대 브랜치의 내용으로 변경됩니다.
- **두 변경 사항 모두 수락**: 현재 브랜치의 내용과 상대 브랜치의 내용이 위 아래로 동시에 입력됩니다.
- **변경 사항 비교**: 양쪽 브랜치의 수정 사항들을 비교해 주는 화면을 엽니다(고급 기능).

위의 기능들은 깃 고유의 기능이 아니라 VS Code의 편의 기능입니다. 이러한 기능이 제공되지 않는 에디터에서는
사용하지 않을 부분을 직접 지운 뒤 다음 단계로 넘어갑니다.

···

04 그러면 manager는 Kenneth로 변경됩니다. 파일을 **저장**하면 문제가 해결됩니다.

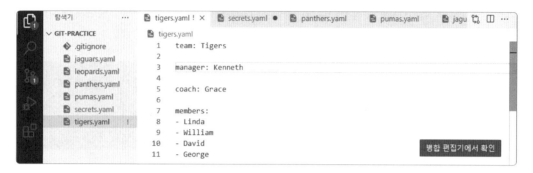

 **머지 중단하기** ···

지금은 충돌한 코드의 양이 적어서 문제를 쉽게 해결했습니다. 그런데 만약 충돌한 부분이 너무 많다면 당장 해결할 수 없기 때문에 머지를 중단해야 합니다. 머지를 중단하려면 **git merge --abort** 명령을 입력합니다. 그러면 머지가 중단되고 main 브랜치로 돌아갑니다.

```
$ git merge --abort Enter
```

···

05 **git add .** 명령으로 버전을 저장하고 **git commit** 명령으로 커밋하면 VIM 입력 모드로 전환되면서 **Merge branch 'conflict-1'**과 같은 메시지가 나타납니다. **:wq**를 입력하고 Enter 를 누르면 커밋이 완료됩니다.

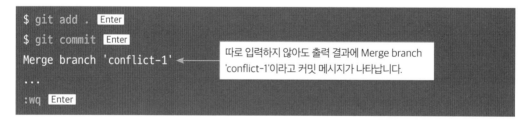

06 소스트리를 보면 conflict-1 브랜치가 main 브랜치에 합쳐진 것을 볼 수 있습니다.

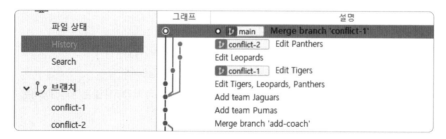

리베이스 충돌 해결하기

이번에는 conflict-2 브랜치를 리베이스해 보겠습니다. 앞서 리베이스할 커밋을 두 개로 만들었는데, 다 이유가 있었습니다. main 브랜치와 conflict-2 브랜치 모두 leopards.yaml 파일을 서로 다르게 수정했습니다. 그래서 두 커밋이 각각 main 브랜치와 충돌합니다.

머지는 브랜치에서 충돌하는 파일만 수정해서 하나의 커밋으로 해결했습니다. 하지만 **리베이스는 합칠 브랜치 안에 있는 모든 커밋마다 충돌을 하나씩 차례로 해결해 주어야** 합니다.

01 먼저 **conflict-2** 브랜치로 이동하고 **git rebase** 명령어로 **main** 브랜치와 합쳐 보겠습니다. 출력 결과를 보면 리베이스가 제대로 되지 않았으며, 오류 메시지에 leopards.yaml이 양쪽에서 수정되었다고 나타납니다.

```
$ git switch conflict-2 Enter
Switched to branch 'conflict-2'

$ git rebase main Enter
Auto-merging leopards.yaml
CONFLICT (content): Merge conflict in leopards.yaml
error: could not apply dd3d30d... Edit Leopards
hint: Resolve all conflicts manually, mark them as resolved with
...
Could not apply dd3d30d... Edit Leopards
```

02 leopards.yaml 파일을 열어 충돌이 발생한 부분을 찾아 해결해야 합니다. **수신 변경 사항 수락**을 클릭해 coach: Nicolas와 **coach: Melissa** 중에서 후자를 선택합니다. 충돌 문제를 해결했습니다. 파일을 **저장**합니다.

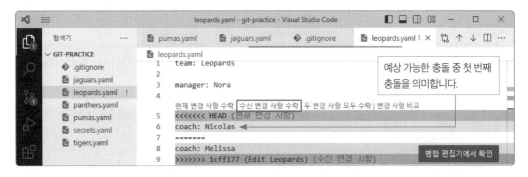

이 시점에서 당장 리베이스를 하는 게 곤란하다면 **git rebase --abort** 명령으로 리베이스를 중단할 수 있습니다.

03 **git add .**로 버전을 추가합니다. 리베이스하기 위해 **git rebase --continue** 명령을 입력합니다. VIM 입력 모드로 전환되면 커밋 메시지를 확인하고 **:wq**로 커밋합니다.

```
$ git add . Enter
$ git rebase --continue Enter
Edit Leopards
...
:wq Enter
```

🐰 여기서 **--continue**를 붙이는 이유는 다른 충돌이 발생할 수도 있기 때문입니다.

04 두 번째 충돌이 발생했습니다. 첫 번째 커밋은 leopards.yaml 파일을 수정해 main 브랜치에 이어 붙였는데, 다른 커밋이 하나 남은 거죠. 충돌이 발생한 **panthers.yaml** 파일을 열어봅니다. 여기서는 **현재 변경 사항 수락**을 클릭해 해결합니다. 파일을 **저장**합니다.

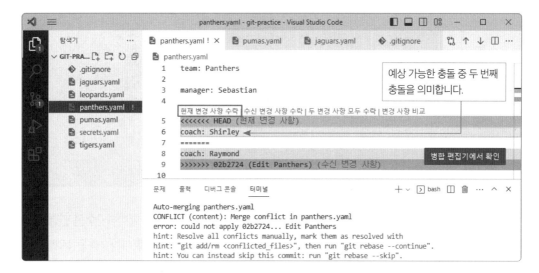

🐰 충돌이 발생했을 때 터미널에는 위와 같이 충돌을 알리는 로그와 함께 이를 해결하는 방법이 힌트로 안내됩니다.

05 **git add .**로 버전을 추가한 후 **git rebase --continue** 명령을 입력합니다. 리베이스가 성공적으로 수행됩니다.

```
$ git add . Enter
$ git rebase --continue Enter
Successfully rebased and updated refs/heads/conflict-2.
```

06 소스트리에서 작업 내역을 확인하면 conflict−2 브랜치가 main 브랜치에 합쳐진 것을 볼 수 있습니다.

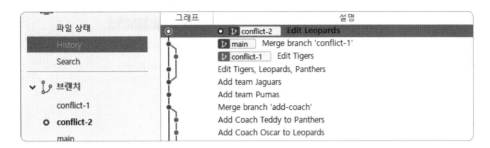

두 개의 커밋이 있는 브랜치(conflict-2)를 리베이스했는데 결과에는 Edit Leopards 커밋 하나만 추가되어 있는 것을 볼 수 있습니다. 앞서 두 번째 커밋의 충돌을 해결할 때 현재 변경 사항 수락을 선택해 conflict-2 브랜치의 수정 사항을 버리고 main 브랜치의 변경 사항을 선택했으므로 해당 커밋을 추가할 필요가 없어졌기 때문입니다.

07 아직 main 브랜치는 이전 단계에 뒤쳐져 있습니다. **main** 브랜치로 이동합니다.

```
$ git switch main Enter
Switched to branch 'main'
```

08 conflict-2 브랜치를 머지하겠습니다.

```
$ git merge conflict-2 Enter
Updating eea4047..ef854fb
Fast-forward
 leopards.yaml | 2 +-
 1 file changed, 1 insertion(+), 1 deletion(-)
```

09 이제 main 브랜치가 최신 위치에 자리를 잡습니다.

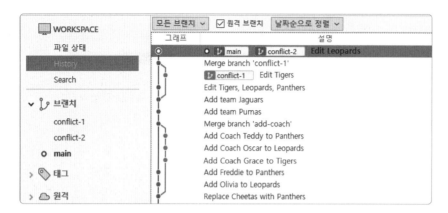

10 필요 없는 **conflict-1**, **conflict-2** 브랜치를 삭제합니다. 다 사용한 브랜치는 제때 지워야 나중에 쓸데없는 브랜치가 많아져서 헷갈리는 일을 겪지 않습니다.

```
$ git branch -d conflict-1 Enter
Deleted branch conflict-1 (was 8460242).

$ git branch -d conflict-2 Enter
Deleted branch conflict-2 (was ef854fb).
```

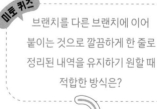

미로 퀴즈

브랜치를 다른 브랜치에 이어
붙이는 것으로 깔끔하게 한 줄로
정리된 내역을 유지하기 원할 때
적합한 방식은?

정답 rebase

LESSON 12 소스트리로 머지와 리베이스 실습하기

학습 목표

지금까지 CLI 환경에서 브랜치를 만들고 병합하고 충돌을 해결하는 등과 같은 작업을 진행했습니다. 이번에는 브랜치를 소스트리로 다뤄 보겠습니다. 소스트리에서 머지는 '병합', 리베이스는 '재배치'라고 표현합니다. 이번 LESSON을 마치면 이제 여러분은 깃으로 자신의 프로젝트에 시간뿐만 아니라 차원 또한 자유자재로 다룰 수 있습니다.

소스트리에서 브랜치 만들고 변경 사항 추가하기

머지와 리베이스를 실습하기 위해 to-merge와 to-rebase라는 이름으로 브랜치를 두 개 만들어 보겠습니다.

01 소스트리를 실행하고 작업 내역을 확인합니다. 상단의 **브랜치** 도구를 클릭합니다.

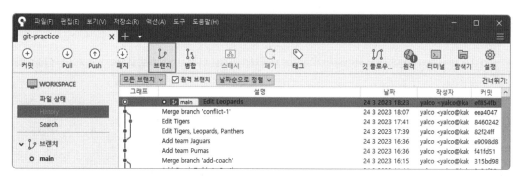

02 '브랜치' 대화상자에서 '새 브랜치'에 **to-merge**를 입력하고 **브랜치생성** 버튼을 클릭합니다.

03 같은 방식으로 **브랜치** 도구를 한 번 더 클릭한 후 '브랜치' 대화상자에서 '새 브랜치'에 **to-rebase**를 입력하고 **브랜치생성** 버튼을 클릭합니다.

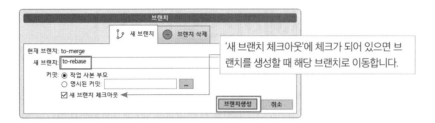

04 화면 왼쪽에 main을 비롯해 to-merge와 to-rebase 브랜치가 나열되어 있으며, 여기서 원하는 브랜치를 더블클릭하면 해당 브랜치로 이동할 수 있습니다. 이제 하나하나 바꿔보겠습니다. 화면 왼쪽의 **main** 브랜치를 더블클릭합니다.

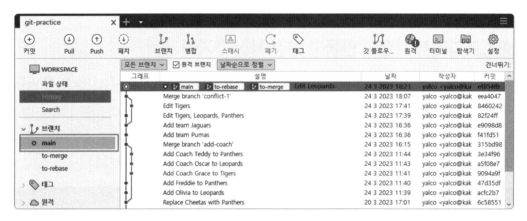

지금은 세 브랜치가 모두 같은 커밋에 있기 때문에 브랜치를 바꿔도 아직 프로젝트의 내용이 달라지지는 않습니다.

05 VS Code에서 **tigers.yaml** 파일을 선택하고 manager를 **Brenda**로 변경합니다. 파일을 **저장**합니다.

tigers.yaml

```
team: Tigers

manager: Brenda

coach: Grace

...
```

06 소스트리로 돌아와 **커밋** 도구를 클릭합니다.

07 화면 하단 '스테이지에 올라가지 않은 파일'에 tigers.yaml 파일이 보입니다. **tigers.yaml** 오른쪽의 ⊞ 버튼을 클릭합니다.

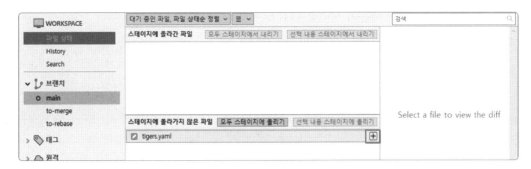

08 tigers.yaml 파일이 '스테이지에 올라간 파일'로 올라가면 그 아래에 있는 입력란에 **Edit Tigers manager**를 입력한 후 **커밋** 버튼을 클릭해 커밋합니다.

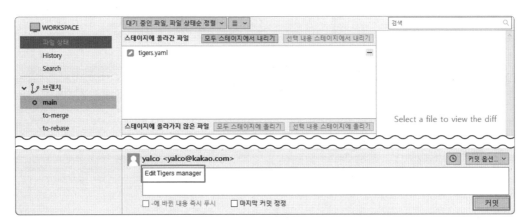

09 이번에는 **to-merge** 브랜치를 더블클릭해 브랜치를 이동합니다.

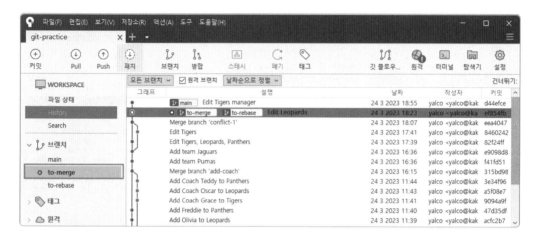

10 VS Code에서 **tigers.yaml** 파일을 선택하면 main 브랜치에서 작업한 내용이 사라졌습니다. 여기서는 coach를 **Ruth**로 바꾸겠습니다. 파일을 **저장**합니다.

tigers.yaml

team: Tigers

manager: Kenneth

coach: Ruth

...

11 소스트리로 돌아가 **커밋** 도구를 클릭합니다.

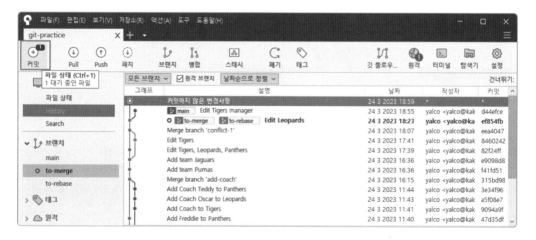

12 '스테이지에 올라가지 않은 파일'에 있는 **tigers.yaml** 오른쪽의 ⊞ 버튼을 클릭합니다.

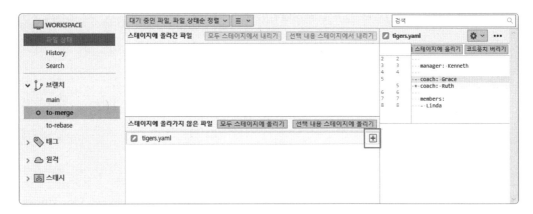

13 tigers.yaml 파일이 '스테이지에 올라간 파일'로 올라가면 화면 아래 커밋 메시지는 **Edit Tigers coach**라고 작성합니다. **커밋** 버튼을 클릭합니다.

14 to-rebase 브랜치를 더블클릭합니다.

15 VS Code에서 **tigers.yaml** 파일을 선택하고 members에 **Tyler**를 추가합니다. 파일을 **저장**합니다.

```
tigers.yaml
...

members:
 - Linda
 - William
 - David
 - George
 - Tyler
```

16 소스트리로 돌아가 **커밋** 도구를 클릭하고 '스테이지에 올라가지 않은 파일'에 있는 **tigers. yaml** 오른쪽의 ⊞ 버튼을 클릭합니다.

17 tigers.yaml 파일이 '스테이지에 올라간 파일'로 올라가면 화면 아래 커밋 메시지를 **Edit Tigers members**라고 작성합니다. **커밋** 버튼을 클릭합니다.

🐌 브랜치 목록을 더블클릭한 후 VS Code에서 파일을 선택하면 브랜치별로 내용이 다른 것을 알 수 있습니다.

소스트리에서 머지와 리베이스 실습하기

이제 to-merge 브랜치를 main 브랜치로 머지할 겁니다.

01 먼저 **main** 브랜치를 더블클릭해 이동합니다. **to-merge** 브랜치에서 마우스 오른쪽 버튼으로 클릭한 후 **현재 브랜치로 to-merge 병합**을 선택합니다.

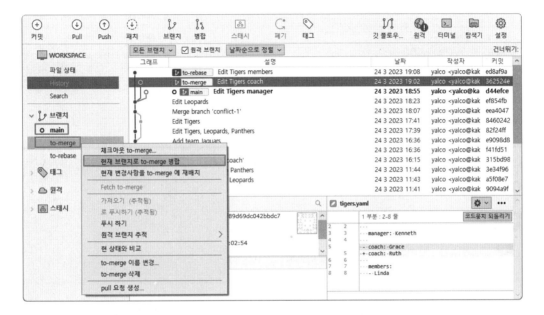

02 '병합 확정' 대화상자가 나타나면 **확인** 버튼을 클릭합니다.

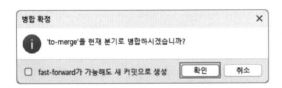

03 두 브랜치가 성공적으로 병합되었습니다.

04 이번에는 리베이스를 해 보겠습니다. 리베이스할 대상 브랜치인 **to-rebase** 브랜치를 더블클릭합니다. **main** 브랜치를 마우스 오른쪽 버튼으로 클릭하고 **현재 변경 사항을 main에 재배치**를 선택합니다.

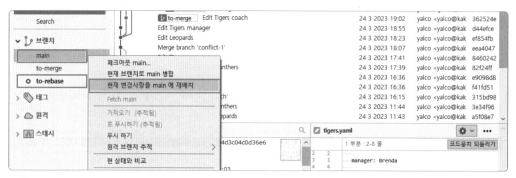

소스트리에서는 리베이스를 '재배치'라고 번역했습니다.

05 '재배치 확인' 대화상자에서 **확인** 버튼을 클릭합니다.

06 리베이스가 성공적으로 수행됩니다.

07 리베이스만 하면 main 브랜치가 이전 단계로 뒤쳐져 있으므로 최신 브랜치와 병합해야 합니다. main 브랜치에서 to-rebase 브랜치를 병합하기 위해 먼저 **main** 브랜치를 더블클릭합니다. 그런 다음 **to-rebase** 브랜치를 마우스 오른쪽 버튼으로 클릭하고 **현재 브랜치로 to-rebase 병합**을 선택합니다.

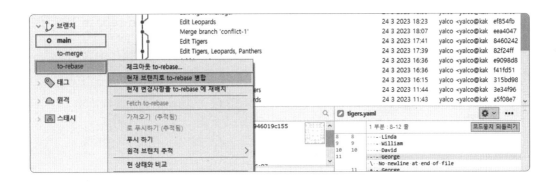

08 '병합 확정' 대화상자에서 **확인** 버튼을 클릭합니다.

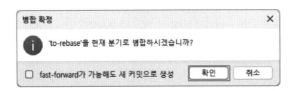

09 main 브랜치가 최신 브랜치로 이동했습니다.

10 이제 to-merge와 to-rebase 브랜치는 필요하지 않죠. 먼저 **to-merge** 브랜치를 마우스 오른쪽 버튼으로 클릭하고 **to-merge 삭제**를 선택합니다.

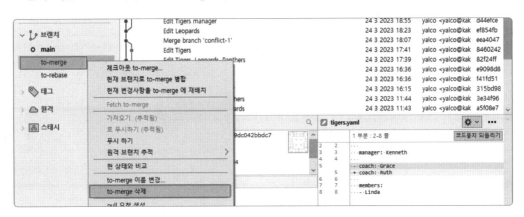

11 '브랜치 삭제' 대화상자에서 **확인** 버튼을 클릭합니다. 같은 방식으로 **to-rebase** 브랜치도 삭제하세요.

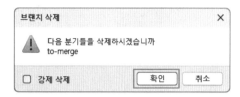

 브랜치 강제 삭제하기 ···

현재 실습에서는 to-merge와 to-rebase 브랜치의 모든 변경 사항을 main 브랜치에 합쳐서 반영했기 때문에 두 브랜치를 삭제해도 별다른 안내가 나오지 않습니다. 하지만 다른 브랜치에 합쳐지지 않은 변경 사항이 있는 브랜치를 삭제하는 경우 경고 문구가 나타납니다. 이럴 때는 **강제 삭제**를 체크하고 **확인**을 클릭해 삭제하면 됩니다. CLI에서 강제 삭제를 할 때는 **git branch -D (브랜치 이름)**으로 진행합니다.

···

소스트리에서 충돌 해결하기

이번에는 충돌을 해결해 보겠습니다. 여기서는 머지에서 발생하는 충돌을 해결하려고 합니다. 리베이스에서 충돌이 발생하면 소스트리에서 해결하기가 더 복잡하므로 CLI에서 처리하기를 권장합니다.

01 소스트리 화면 상단의 **브랜치** 도구를 클릭합니다. '브랜치' 대화상자가 나타나면 '새 브랜치'에 **conflict**를 입력하고 **브랜치생성** 버튼을 클릭합니다.

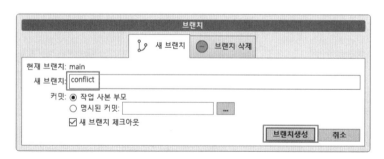

02 main 브랜치를 더블클릭해 이동합니다.

03 VS Code 탐색기에서 **tigers.yaml** 파일을 선택
합니다. members에 **Kim**을 추가하고 **저장**합니다.

tigers.yaml

```
...
members:
- Linda
- William
- David
- George
- Tyler
- Kim
```

04 소스트리로 돌아와 **커밋** 도구를 클릭합니다. '스테이지에 올라가지 않은 파일'에서 **tigers.
yaml** 파일의 ⊞ 버튼을 클릭해 '스테이지에 올라갈 파일'로 올립니다. 입력란에 커밋 메시지로
Add Kim to Tigers를 작성한 후 **커밋** 버튼을 클릭합니다.

05 이번에는 **conflict** 브랜치를 더블클릭해서 이동합니다.

06 VS Code의 탐색기에서 **tigers.yaml** 파일을 선택합니다. members에 **Park**를 추가하고 **저장**합니다. 이렇게 하면 members의 마지막 줄에서 main 브랜치와 conflict 브랜치가 충돌하겠죠.

```
tigers.yaml
...

members:
- Linda
- William
- David
- George
- Tyler
- Park
```

07 소스트리로 돌아와 **커밋** 도구를 클릭합니다. '스테이지에 올라가지 않은 파일'에서 **tigers.yaml** 파일의 ⊞ 버튼을 클릭해 '스테이지에 올라갈 파일'로 올립니다. 입력란에 커밋 메시지로 **Add Park to Tigers**를 작성하고 **커밋** 버튼을 클릭합니다.

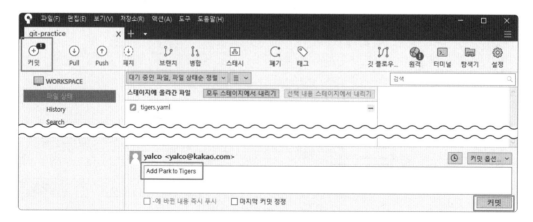

08 main 브랜치를 더블클릭해 이동하고, **conflict** 브랜치를 마우스 오른쪽 버튼으로 클릭한 후 **현재 브랜치로 conflict 병합**을 선택합니다.

09 '병합 확정' 대화상자에서 **확인** 버튼을 클릭합니다.

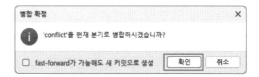

10 그러면 '충돌 병합' 대화상자에서 충돌이 발생했다는 경고 문구가 나타납니다. **닫기** 버튼을 클릭합니다.

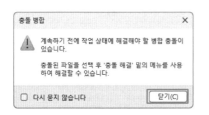

작업 내역을 보면 '커밋하지 않은 변경 사항'이라는 커밋이 나와 있죠. 충돌이 있기 때문에 여기서 바로 커밋하지 않고 충돌이 해결될 때까지 기다리는 겁니다.

11 VS Code의 **tigers.yaml**로 돌아가 충돌이 발생하는 지점을 확인합니다. 여기서는 **현재 변경 사항 수락**을 클릭합니다. 파일을 **저장**합니다.

12 소스트리 상단에서 **커밋** 도구를 클릭합니다. '스테이지에 올라가지 않은 파일'에서 **tigers.yaml**의 ⊞ 버튼을 클릭해 '스테이지에 올라간 파일'에 올린 후 하단의 **커밋** 버튼을 클릭합니다.

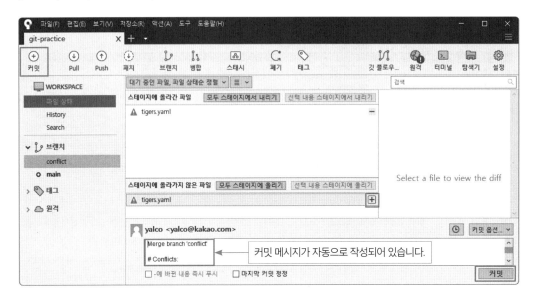

13 충돌이 해결되었습니다.

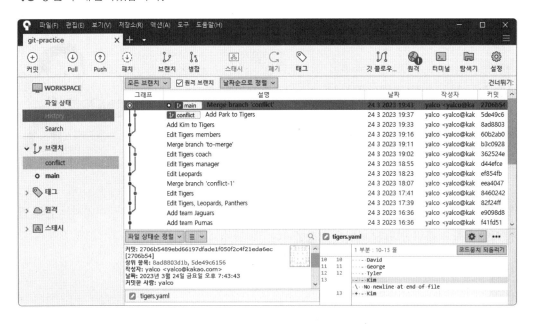

외워서 써먹는 깃 명령어

1 브랜치 생성, 이동, 삭제하기

새 브랜치 생성하기　　　　　　git 　(1)　 (새 브랜치 이름)

브랜치로 이동하기　　　　　　　git 　(2)　 (브랜치 이름)

브랜치 생성과 동시에 이동하기　git 　(3)　 (새 브랜치 이름)

브랜치 삭제하기　　　　　　　　git 　(4)　 (삭제할 브랜치 이름)

2 머지와 리베이스

브랜치 병합하기　　　　　　　　git 　(5)　 (브랜치 이름)

브랜치 리베이스하기　　　　　　git 　(6)　 (브랜치 이름)

머지 중단하기　　　　　　　　　git 　　(7)

리베이스 중단하기　　　　　　　git 　　(8)

충돌 해결 후 리베이스하기　　　git rebase 　(9)

(1) branch (2) switch (3) switch -c (4) branch -d (5) merge (6) rebase (7) git merge --abort
(8) git rebase --abort (9) --continue

CHAPTER
04

깃허브 사용하기

깃허브 시작하기

이제 깃으로 여러 버전을 만들고 시간과 차원을 제어하는 방법을 알게 되었습니다. 이번에는 깃으로 팀원들과 협업하기 위한 방법으로 깃허브를 사용해 보겠습니다. 깃허브는 여러 개발자가 협업하여 프로젝트를 개발하고 관리하기 위한 플랫폼이며, 원격 저장소에서 코드나 문서 등을 공유하고 이를 다른 사용자들이 참고하고 기여할 수 있게 도와줍니다.

깃허브는 왜 사용하나요?

깃허브GitHub는 개발자라면 이메일보다도 더 많이 접속하게 될 서비스입니다. 깃허브 말고도 깃랩GitLab이나 비트버킷Bitbucket 등의 동종 서비스가 있고 이런 툴 대신 자체 서버를 사용하는 곳도 많지만 대중적으로는 깃허브가 **가장 널리 쓰이는 코드 공유 및 협업 서비스**입니다. 깃허브는 깃으로 관리하는 모든 프로젝트를 온라인 공간에 공유해서 프로젝트 구성원들이 함께 소프트웨어를 만들어 갈 수 있도록 도와줍니다.

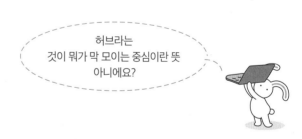

허브라는 것이 뭔가 막 모이는 중심이란 뜻 아니에요?

그런데 드롭박스나 구글 드라이브처럼 일반적인 **클라우드 서비스도 많은데 왜 깃허브와 같은 별도의 서비스를 사용**할까요? 일반 클라우드에 프로젝트 폴더를 공유하고 구성원들이 협업하는 상황을 생각해 봅시다. 이 경우 구성원 중 한 사람이 클라우드에 있는 파일을 다운로드해 작업하고 업로드한 뒤 다른 사람이 그 파일을 다운로드해서 작업 후 업로드하고, 이를 다 마치고 나면 다음 사람도 같은 과정을 반복하는 식으로 작업한다면 문제는 없습니다. 그런데 이처럼 한

번에 한 명씩만 프로젝트에 접근할 수 있다면 많은 팀원이 협업하는 게 큰 의미가 없습니다. 또한 A가 작업하고 업로드한 파일을 C가 들어와 수정하고 업로드해 버리면 앞서 A가 작업한 내용은 복원할 방법도 없이 모두 덮어 씌워지기 때문에 문제가 발생할 수도 있습니다. 즉 프로젝트 폴더 내에서 같은 파일을 여럿이 수정해야 하는 상황이라면 일반적인 공유 방법으로는 정말 답이 없어 보입니다.

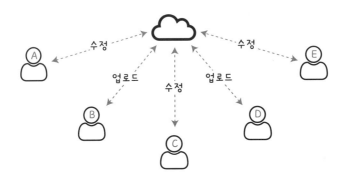

그런데 **깃허브 같은 온라인 깃 저장소는 모든 업로드와 다운로드를 커밋 단위로 주고 받습니다.** 한 사람이 먼저 작업하고 커밋해서 버전을 만들고 업로드하면 깃허브상의 프로젝트는 해당 버전으로 최신화됩니다. 다음 사람이 완료한 작업을 커밋해서 올리기 위해서는 반드시 깃허브의 최신 커밋을 먼저 다운로드해서 자기 컴퓨터에 있는 프로젝트에 적용하도록 강제됩니다.

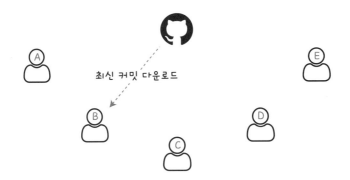

커밋에서 충돌 사항이 있다면 본인 컴퓨터에서 병합하든 해결한 뒤에 비로소 자신이 작업한 커밋을 공유 공간에 올릴 수 있습니다. 그다음 사람도 마찬가지입니다. 먼저 공유된 최신 버전으로 자기 프로젝트를 업데이트하고 나서야 깃허브에다 작업물을 업로드할 수 있습니다. 이처럼 **구성원이 각자 동시에 작업하되 각자의 작업을 공유 공간에 올릴 때는 깃허브가 중간에서 교통 정리를 하는 셈이죠. 그러므로 다른 사람의 작업을 덮어씌우거나 충돌할 걱정 없이 편하게 협업할 수 있습니다.**

여기서는 협업 관점에서만 깃허브의 필요성을 이야기했는데, 이후에는 깃허브를 직접 사용하면서 깃허브의 다른 유용함도 알아보겠습니다.

깃허브 시작하기

깃허브는 여러분이 **깃으로 관리하는 프로젝트를 저장할 수 있는 온라인 공간입니다.** 또한 깃허브는 오픈 소스의 성지라고도 불릴 정도로 **전 세계 수많은 사람들이 오픈 소스 프로젝트에 참여하고 깃허브에 공유**하고 있습니다.

깃허브 가입하기

이제 깃허브를 직접 사용해 보겠습니다. 먼저 깃허브에 가입하여 계정을 만들어 보겠습니다.

01 깃허브 웹사이트에 접속합니다. 화면 오른쪽 상단의 **Sign up** 버튼을 클릭합니다.

URL https://github.com/

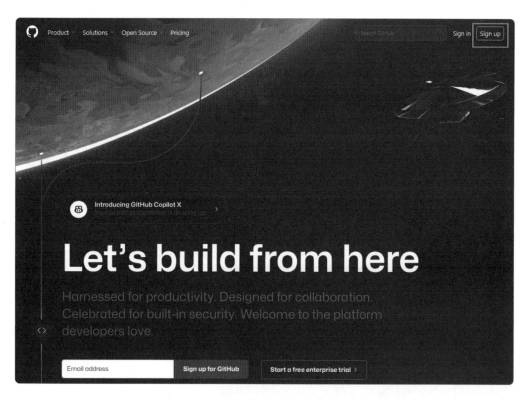

02 이메일 주소, 비밀번호, 사용자 이름, 업데이트 이메일 수신 여부(n)를 각각 입력합니다. 로봇인지 사람인지를 확인하기 위한 **퍼즐**을 풉니다.

03 **Create account** 버튼을 클릭합니다.

04 앞서 입력한 이메일 주소로 인증 번호를 발송합니다. 이메일에 접속하여 확인한 **인증 번호** 여덟 자리를 입력합니다.

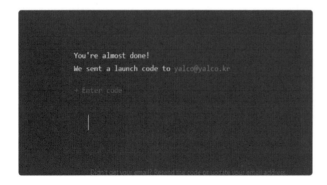

05 팀 멤버 수 및 학생 여부를 묻는 질문에 **Just me**와 **Student**를 선택한 후 **Continue** 버튼을 클릭합니다. 그러면 깃허브 작업 화면이 나타납니다.

깃허브 토큰 만들기

깃허브에 가입하면 저장 공간을 만들기 전에 **개인용 접근 토큰**Personal access token이라는 것을 만들어야 합니다. 이 토큰이 있어야 여러분의 **프로젝트를 깃허브에 연동**할 수 있습니다.

01 깃허브 화면 오른쪽 상단의 **프로필** 아이콘을 클릭한 후 **Settings**를 선택합니다.

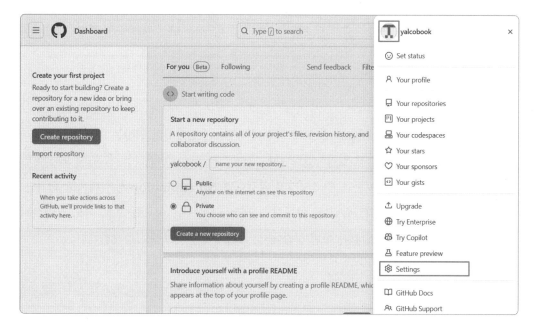

02 왼쪽 메뉴에서 **Developer settings**를 클릭합니다.

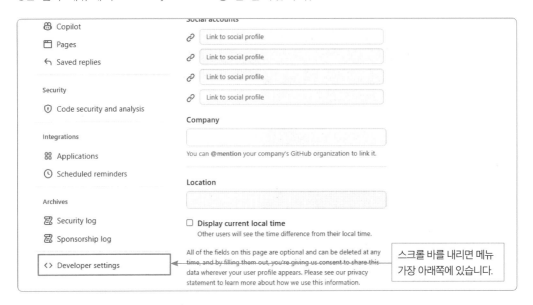

03 화면 왼쪽에서 **Personal access tokens - Tokens(classic)**를 클릭합니다. 그런 다음 **Generate a personal access token**을 클릭하세요.

04 New personal access token (classic) 화면에서 'Note'에 자신이 **원하는 메모**를 입력합니다. 여기서는 **my token**이라고 입력하겠습니다. 그리고 'Expiration'은 보안을 위해 **토큰의 만료 기한**을 정합니다. 굳이 토큰을 만료시키지 않겠다면 **No expiration**을 선택해도 되지만, 여기서는 **30 days**를 선택하겠습니다. 이어서 'Select scopes'는 이 토큰으로 어느 작업까지 **권한을 허용**할지 정하는 곳입니다. 이번 실습에서는 **repo**에만 체크해도 충분합니다.

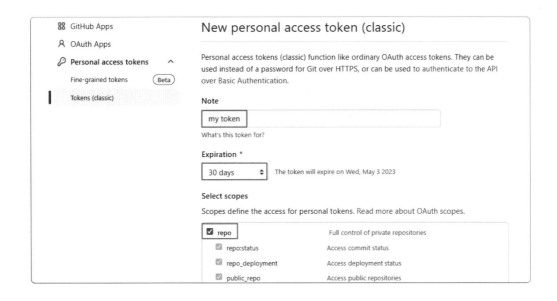

05 맨 아래로 내려가 **Generate token** 버튼을 클릭합니다.

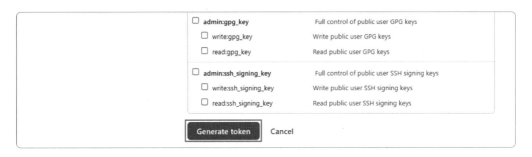

06 새로 생성된 **토큰 비밀 번호**가 나타납니다. 이 비밀 번호는 현재 화면을 벗어나면 **다시 확인할 수 없으므로** 반드시 복사해서 메모장 등 다른 곳에 붙여 넣어 두세요.

07 앞으로 여러분의 컴퓨터에서 깃허브에 버전을 올릴 때마다 토큰 비밀 번호가 필요합니다. 그때마다 일일이 비밀번호를 붙여 넣으면 불편할 테니 비밀번호를 저장해 두는 게 좋습니다. 여기서는 윈도우를 기준으로 설명하겠습니다. 윈도우 화면에서 **시작**을 클릭하고 **자격 증명 관리자**를 입력해 검색합니다. 제어판의 **자격 증명 관리자**를 엽니다.

🐌 맥 사용자들은 161쪽의 <맥에서 토큰 비밀 번호 저장하기> 부분을 참고하세요.

08 Windows **자격 증명**을 클릭한 후 **일반 자격 증명 추가**를 클릭합니다.

09 '인터넷 또는 네트워크 주소'를 **git.https://github.com**으로 입력합니다. '사용자 이름'에
는 깃허브에 등록한 **사용자 이름**(yalcobook)을 입력하고, '암호'에는 앞서 복사해 둔 **토큰 비밀
번호**를 붙여 넣습니다. **확인** 버튼을 클릭합니다.

'사용자 이름'은 깃허브에 로그인한 후 **프로필 아이콘**을 클릭하면 프로필 이미지 바로 아래에 표시되어 있습니다.

 맥에서 토큰 비밀 번호 저장하기 ·······························

맥에서 토큰 비밀 번호를 저장하려면 **키체인 접근**(Keychain Access) 앱을 이용합니다. 키체인 접근 앱을 실행한
후 왼쪽 탭에서 시스템을 선택합니다. 그런 다음 목록에서 **github.com**의 **인터넷 암호**를 더블클릭하고 **사용자 이
름**과 **토큰 비밀 번호**를 입력해 저장합니다. 만약 github 항목이 없다면 이 부분을 넘기고 다음 과정으로 진행합니
다. 이 과정을 진행하는 데 어려움이 있다면 아래 링크에서 <맥 가이드> 항목을 참조하세요.

URL https://www.yalco.kr/@git-github/4-2

··

소스트리에 깃허브 계정 추가하기

이번에는 소스트리에도 여러분의 깃허브 계정을 추가해 보겠습니다.

01 소스트리를 실행하고 화면 상단 메뉴의 **도구 - 옵션**을 선택합니다.

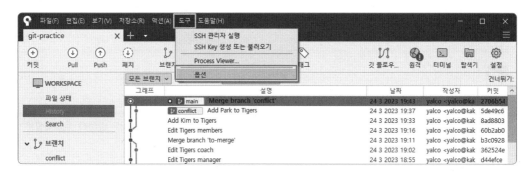

맥에서 소스트리에 깃허브 계정을 추가하는 방법은 162쪽 <맥에서 소스트리에 깃허브 계정 추가하기>를 참고하세요.

02 '옵션' 대화상자의 **인증** 탭에서 **git.https://github.com**을 선택하고 **편집**을 클릭합니다.

03 '비밀번호 수정' 대화상자에서 **토큰 비밀 번호**를 붙여 넣고 **확인** 버튼을 클릭합니다.

04 '옵션' 대화상자의 **확인** 버튼을 클릭합니다.

 맥에서 소스트리에 깃허브 계정 추가하기 ·······································

소스트리에서 [설정]을 열고 **계정** 탭으로 들어간 다음 [추가] 버튼을 클릭합니다. 인증 방식은 베이직, 프로토콜은
HTTPS로 설정합니다. 사용자 이름(깃허브 아이디)과 암호(토큰)를 설정합니다.

이 과정을 진행하는 데 어려움이 있다면 아래 링크의 <소스트리에도 추가> 항목을 확인하세요.

URL https://www.yalco.kr/@git-github/4-2

· ·

원격 저장소 만들기

이제 본격적으로 **저장소**repository를 생성하고 팀원을 추가해 보겠습니다.

새 저장소 생성하기

새 저장소를 만들기 위해 깃허브에 접속합니다.

01 깃허브로 돌아가서 **Create repository** 버튼을 클릭합니다.

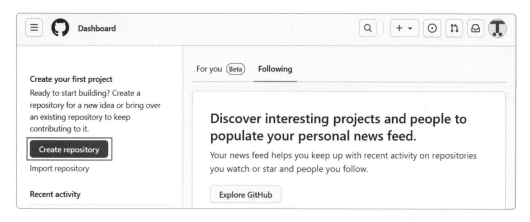

02 Create a new repository 화면에서 'Repository name'에 **프로젝트 이름**을 입력합니다. 여기서는 로컬에 생성한 프로젝트 폴더와 같은 이름으로 **git-practice**라고 입력합니다. **Public**과 **Private**은 해당 **프로젝트 공개 여부**를 설정하는 **옵션**입니다. **Public**을 선택하면 전 세계 누구든지 이 프로젝트를 볼 수 있는 오픈 소스가 됩니다. 반대로 **Private**은 나와 내가 선택한 사람(팀원 등)만 프로젝트를 볼 수 있습니다. 여기서는 **Public**을 선택하겠습니다.

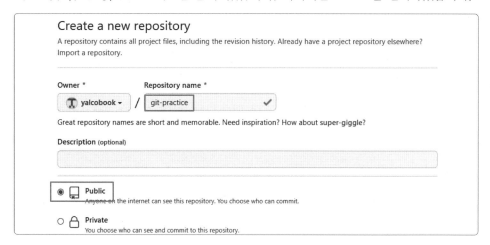

03 그런 다음 맨 아래쪽으로 스크롤 바를 내려 **Create repository** 버튼을 클릭합니다.

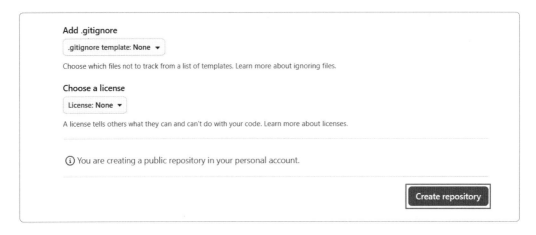

04 다음과 같이 여러분의 프로젝트를 담은 깃허브 저장소 공간이 만들어졌습니다.

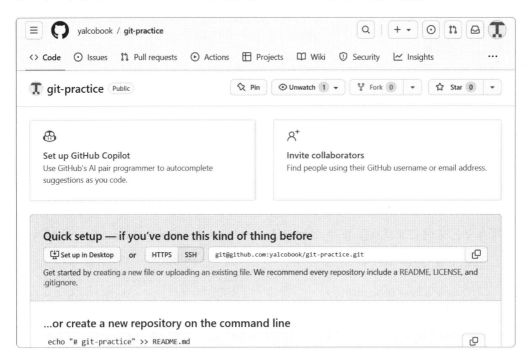

새로운 프로젝트를 추가하려면 화면 왼쪽 상단에 있는 여러분의 사용자 이름을 클릭한 후 **Repositories**를 클릭해 저장소로 들어간 다음 **new** 버튼을 클릭합니다.

저장소에 팀원 추가하기

이 프로젝트를 다른 사람과 공유하려면 접근 권한을 설정해야 합니다.

01 깃허브 내 저장소 상단의 **Settings** 탭을 클릭합니다. 왼쪽 메뉴에서 **Collaborators**를 클릭한 후 오른쪽 Manage access에서 **Add people** 버튼을 클릭합니다.

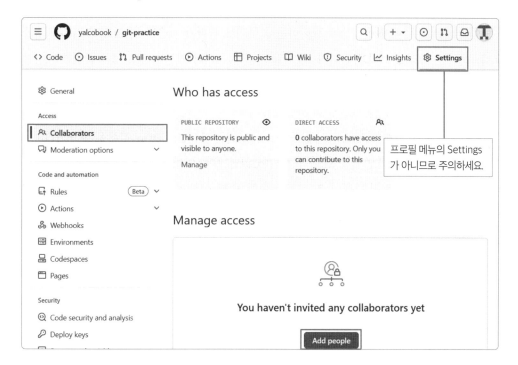

02 대화상자에서 협업할 사람의 **깃허브 사용자 이름**이나 **이메일 주소**를 입력하고 목록에서 사용자 이름을 선택한 후 **Add (사용자 이름) to this repository** 버튼을 클릭해 추가합니다. 이렇게 추가된 팀원은 이 프로젝트에 함께 접속하고 커밋을 올리거나 내릴 수 있습니다.

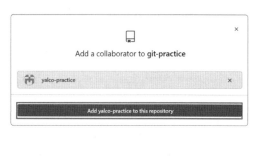

원격 저장소 사용하기

깃으로 관리하는 실습 프로젝트를 깃허브 저장소와 연동해 본격적으로 여러분의 코드를 깃허브에 올리고 내리는 작업을 해 보겠습니다.

저장소 푸시 설정하기

우리는 이미 로컬 컴퓨터에서 깃으로 관리하는 프로젝트 폴더가 있습니다. 그래서 기존 저장소를 **푸시**push하는 작업을 하려고 합니다. 푸시란 로컬 컴퓨터에 있는 저장소에서 작업한 내용을 원격 저장소로 전송하는 것을 의미합니다.

01 깃허브 프로젝트 화면(yalcobook/git-practice)에서 Quick setup 부분을 보면 HTTPS와 SSH가 있고 깃허브 저장소의 URL이 표시되어 있습니다. 여기서 일단 **HTTPS**를 클릭합니다. 아래쪽에 세 가지 명령어 항목이 있는데 그중 **두 번째 항목의 복사** 아이콘(⧉)을 클릭합니다. 앞으로 여기서 다른 개발자와 협업하면서 **git push 명령을 사용해 자신이 만든 변경 사항을 원격 저장소에 업로드**해야 합니다.

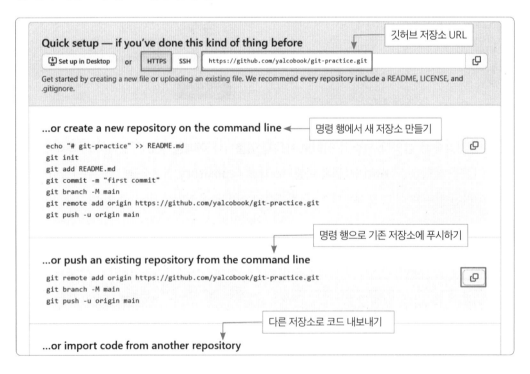

02 복사한 명령어를 VS Code 터미널 창에 붙여 넣습니다.

```
$ git remote add origin https://github.com/yalcobook/git-practice.git ❶
git branch -M main ❷
git push -u origin main ❸
```

복사한 세 명령어를 하나씩 살펴보겠습니다.

❶ **git remote** 명령은 **원격 저장소를 추가**한다는 뜻이에요. 여기서 원격 저장소는 깃허브가
될 수도 있고 깃랩이나 비트버킷과 같은 다른 서비스 혹은 여러분이 직접 설정한 커스텀 서버
가 될 수도 있습니다. 일단 우리는 깃허브를 사용하기 때문에 원격 저장소 주소에 깃허브 저장
소 주소가 들어갑니다. 그리고 **origin**은 **원격 저장소의 이름**입니다. 내비게이션에서 자택 주
소를 '우리집'으로 등록하는 것처럼 즐겨찾기 이름이라고 생각하면 되겠습니다. 원격 저장소 이
름 origin은 사용자가 원하는 대로 바꿀 수 있습니다.

```
git remote add origin https://github.com/yalcobook/git-practice.git
```

❷ **git branch** 명령어는 **프로젝트의 기본 브랜치 이름을 main으로 바꿔 주는 것**입니다. 우리
는 이미 앞서 브랜치 이름을 바꿔 놓았기 때문에 별 의미는 없습니다.

```
git branch -M main
```

❸ **git push** 명령은 **현재 브랜치가 원격 저장소의 어떤 브랜치와 연동될지를 지정**합니다. 깃
에서 **푸시**란 **내 컴퓨터에 있는 커밋 내역 중에서 아직 원격 저장소에 없는 커밋을 업로드한다**
는 뜻입니다. git push -u origin main은 현재 내가 속한
main 브랜치에서 푸시할 때 어느 원격 저장소(origin)의
어느 브랜치(main)에 푸시할지를 기본값으로 설정한다는
뜻입니다. 앞으로 git push만 입력해도 origin/main 브랜
치로 푸시됩니다.

```
git push -u origin main
```

미토의
참:견

여기서 푸시할 원격 저장소와
브랜치를 명시해 두는 이유는 한
프로젝트의 여러 원격 저장소를
두는 경우를 대비하기 위함입니다.

03 Enter 를 눌러 명령어를 실행합니다. 앞서 개인용 접근 토큰 비밀번호를 제대로 입력해 놓았다면 다음과 같은 결과가 나타납니다.

```
$ git remote add origin https://github.com/yalcobook/git-practice.git
git branch -M main
git push -u origin main Enter
Enumerating objects: 77, done.
Counting objects: 100% (77/77), done.
Delta compression using up to 12 threads
Compressing objects: 100% (76/76), done.
Writing objects: 100% (77/77), 6.85 KiB ¦ 389.00 KiB/s, done.
Total 77 (delta 29), reused 0 (delta 0), pack-reused 0
remote: Resolving deltas: 100% (29/29), done.
To https://github.com/yalcobook/git-practice.git
 * [new branch]      main -> main
branch 'main' set up to track 'origin/main'.
```

04 여기서 **git remote** 명령을 실행해 보면 **해당 프로젝트와 연결된 원격 저장소의 목록**을 볼 수 있습니다. **git remote -v**를 입력하면 **저장소 주소도** 확인할 수 있습니다.

```
$ git remote Enter
origin
$ git remote -v Enter
origin  https://github.com/yalcobook/git-practice.git (fetch)
origin  https://github.com/yalcobook/git-practice.git (push)
```

05 깃허브 화면을 새로 고침 하면 여러분의 프로젝트에 있는 파일들이 표시됩니다. 각 파일 오른쪽에는 가장 마지막으로 수정한 커밋 메시지가 나타나며, 파일을 클릭해서 세부 내용을 살펴볼 수도 있습니다. 파일 목록 상단에 있는 **commits**를 클릭합니다.

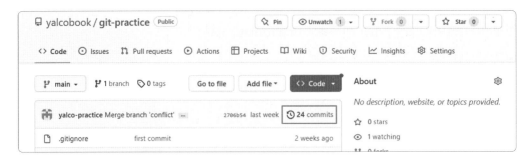

06 이 프로젝트에 어떤 변화가 있었는지 상세하게 확인할 수 있습니다.

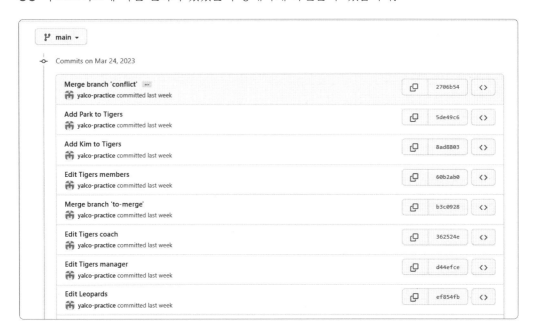

 원격 저장소 연결 삭제하기 ·····························

프로젝트의 깃에서 원격 저장소를 삭제하려면 **remove** 명령어를 사용합니다. 이것은 즐겨찾기 삭제처럼 원격 저장소와 로컬 프로젝트의 연결만 없애는 것으로 깃허브의 저장소는 삭제되지 않습니다.

```
git remote remove (origin 등 원격 저장소 이름)
```

깃허브의 저장소를 삭제하려면 깃허브 해당 저장소에서 **Settings** 탭을 클릭한 후 화면 가장 아래쪽에 있는 **Delete this repository** 버튼을 클릭합니다. 삭제 확인 절차가 많으니 그만큼 신중하게 실행하라는 의미로 생각됩니다.

···

깃허브에서 프로젝트 다운로드하기

앞에서는 프로젝트를 저장소에 처음 올리는 작업을 해 봤습니다. 반대로 동료가 작업한 프로젝트를 저장소 공간에서 다운로드해 여러분의 컴퓨터에 설치하는 방법을 살펴보겠습니다. 협업을 하는 상황에서는 프로젝트 파일뿐 아니라 깃의 관리 내역까지 모두 로컬 컴퓨터에 복사해야 하는데, 이를 **클론**clone이라고 합니다.

⬇ 프로젝트를 다운로드하기 위해서는 임의의 폴더를 만든 후 이동합니다. 여기서는 'clone-practice'라는 폴더를 만들고 이동하겠습니다.

01 깃허브 프로젝트 파일 목록 오른쪽 상단에 있는 **Code** 버튼을 클릭합니다. 'Clone' 항목 아래에 **HTTPS** 탭이 선택된 상태에서 저장소 주소의 **복사** 아이콘(⟦🗗⟧)을 클릭합니다.

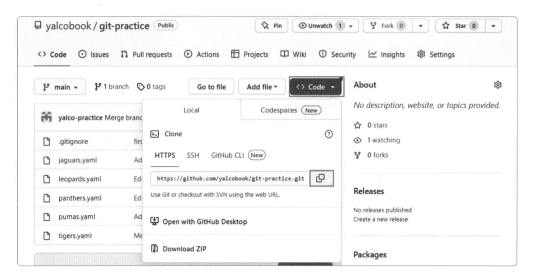

 ZIP 파일로 다운로드하기 ···

Download ZIP은 프로젝트 파일만 다운로드할 수 있습니다. Download ZIP으로 다운로드한 압축 파일에는 깃의 관리 내역이 포함되지 않았으므로 협업할 때 사용하면 안 됩니다. 압축 파일을 확인하면 관리 내역이 담긴 .git 폴더가 없습니다.

···

02 여러 사람이 함께 작업할 수 있도록 프로젝트 파일과 깃 관리 내역까지 다운로드하려면 앞서 만들어 놓은 프로젝트를 다운로드할 폴더인 **clone-practice**로 이동합니다. 빈 폴더에서 마우스 오른쪽 버튼으로 클릭하고 **더 많은 옵션 표시 - Git Bash Here**를 선택합니다.

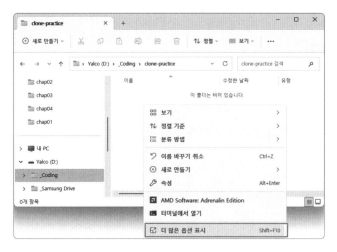

03 깃 배시에 해당 폴더가 표시된 상태로 열립니다. **git clone** 명령을 입력하고 **복사한 저장소 주소**를 붙여 넣습니다.

```
git clone (원격 저장소 주소)
```

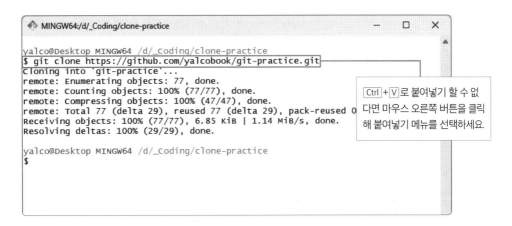

🦻 맥에서는 터미널 또는 iTerm2 앱을 열어 해당 폴더로 접근합니다. 이 과정이 어렵다면 VS Code에서 **파일 - 폴더 열기**로 해당 폴더를 연 다음 **터미널** 탭에서 명령어를 입력해도 됩니다.

04 VS Code에서 **파일 - 폴더 열기**를 선택합니다. clone-practice 폴더 하위에 새로 생긴 **git-practice**를 선택하고 **폴더 선택** 버튼을 클릭합니다.

05 VS Code 탐색기에 파일 목록이 나타납니다. 터미널 창에서 **git log** 명령을 입력하면 지금까지 작업한 모든 커밋 내역을 볼 수 있습니다.

```
$ git log  Enter
```

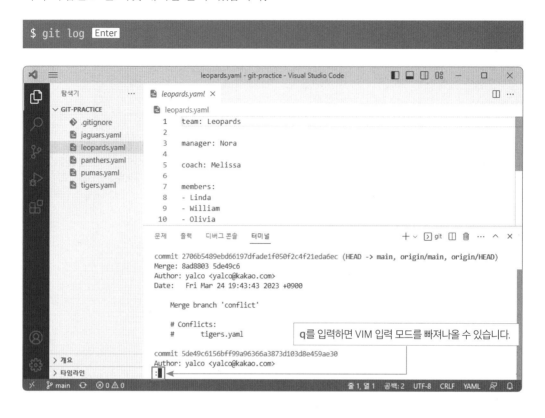

이와 같이 프로젝트를 여러분의 로컬 컴퓨터에 다운로드하고 깃허브를 통해서 커밋 내역을 주고받으면서 협업할 수 있습니다.

LESSON 14 푸시와 풀

학습 목표 앞서 우리는 로컬 깃 저장소를 깃허브 원격 저장소와 연결했습니다. 이제 로컬 저장소에서 작업한 내용을 원격 저장소로, 원격 저장소에서 변경한 내용을 로컬 저장소로 주고받는 작업을 해 보겠습니다. 이것이 깃의 가장 대표적인 명령인 푸시와 풀인데, 이 작업으로 깃허브 저장소를 공유하는 구성원들과의 본격적인 협업이 이루어지는 것입니다.

원격 저장소로 커밋 푸시하기

이제 본격적으로 푸시push와 풀pull 작업을 해 보려고 합니다. **푸시는 로컬 저장소에서 작업한 내용을 원격 저장소로 전송하는 것**이고, **풀은 원격 저장소에서 변경한 내용을 로컬 저장소로 가져오는 것**입니다. 먼저 로컬에서 변화를 일으킨 후 이를 원격 저장소로 **푸시**push해 보겠습니다.

01 먼저 로컬에서 파일에 변화를 일으켜 보겠습니다. **leopards.yaml**를 선택하고 members에 **Evie**를 추가한 후 **저장**합니다.

leopards.yaml

```
team: Leopards

...

members:
- Linda
- William
- David
- Olivia
- Evie
```

02 터미널에서 **git commit** 명령으로 커밋합니다.

```
$ git commit -am 'Add Evie to Leopards' Enter
[main 8a048ab] Add Evie to Leopards
 1 file changed, 1 insertion(+)
```

03 소스트리의 작업 내역을 보면 내 로컬 컴퓨터에는 커밋 내역이 추가되어 있습니다. 그런데 그 아래 **origin/main**은 변경 사항이 반영되지 않아 커밋이 한 단계 뒤처져 있습니다. 이 origin/main은 원격의 깃허브에 만들어진 저장소를 뜻합니다. 즉 내 컴퓨터에서 만들어진 변경 사항이 깃허브에는 반영되지 않은 것입니다.

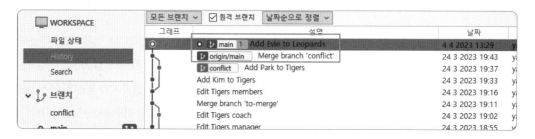

04 깃허브의 파일 목록에서 **leopards.yaml** 파일에 마지막으로 적용된 커밋은 아직 Edit Leopards입니다. **로컬의 변경 사항을 원격 저장소로 밀어 올려서 업데이트**하겠습니다. 이것을 **푸시한다**고 표현합니다.

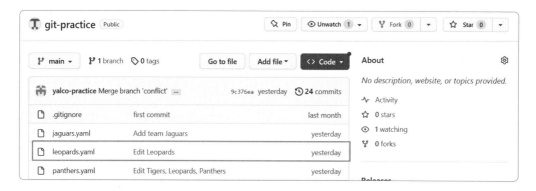

05 VS Code의 터미널에서 **git push** 명령을 입력합니다.

```
$ git push [Enter]
Enumerating objects: 5, done.
Counting objects: 100% (5/5), done.
...
remote: Resolving deltas: 100% (2/2), completed with 2 local objects.
To https://github.com/yalcobook/git-practice.git
   2706b54..8a048ab  main -> main
```

168쪽에서 **git push -u origin main** 명령으로 현재 브랜치에서 기본값으로 푸시할 원격 저장소와 브랜치를 설정했기 때문에 여기서는 **push** 명령만 써도 자동으로 해당 저장소의 브랜치에 커밋이 업로드됩니다.

06 깃허브 화면을 새로 고침해 보면 커밋 하나가 추가되었습니다. **leopards.yaml**에 적용된 마지막 커밋 메시지를 볼 수 있습니다. 오른쪽 상단의 **commits**를 클릭해 보겠습니다.

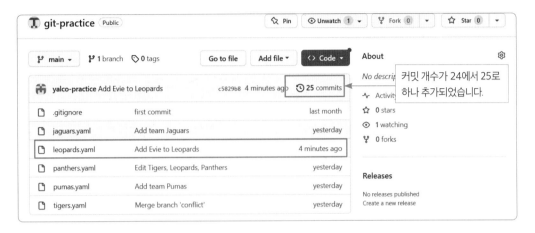

07 전체 커밋 내역에서도 최근 커밋이 표시됩니다.

원격 저장소에서 커밋 풀하기

이번에는 **깃허브 원격 저장소의 커밋을 내 로컬 컴퓨터로 당겨오는 풀**pull 작업을 해 보겠습니다. 즉, 나와 깃허브 저장소를 공유하는 다른 구성원의 컴퓨터에서 깃허브로 올린 프로젝트 폴더를 내 컴퓨터로 다운로드한다는 뜻입니다. 여기서는 깃허브 자체에서 변화를 만들고 커밋한 다음 풀하는 작업을 해 보겠습니다.

01 깃허브의 파일 목록에서 **leopards.yaml**를 클릭합니다.

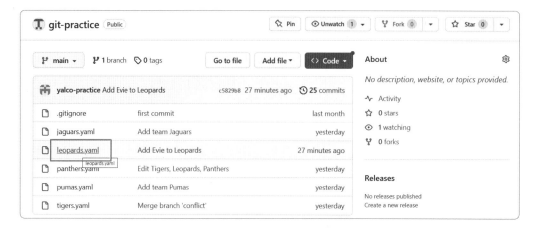

02 코드를 수정하기 위해 코드 창 오른쪽 상단의 **Edit this file** 아이콘(✏️)을 클릭합니다.

03 members에 **Dongho**를 추가하겠습니다. **Commit changes**를 클릭합니다.

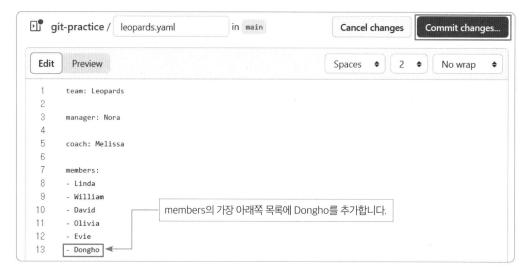

members의 가장 아래쪽 목록에 Dongho를 추가합니다.

04 커밋 메시지로 **Add Dongho to Leopards**를 입력하고 아래 **Commit changes** 버튼을 클릭합니다.

이로써 깃허브의 저장소에 Add Dongho to Leopards 커밋이 새로 생겼습니다. 이는 다른 구성원이 로컬에서 작업한 것을 푸시한 것과 같은 결과입니다.

🐌 지금은 협업할 상대가 없기 때문에 여기서는 다른 구성원이 작업을 커밋하여 푸시하는 상황을 이처럼 깃허브에 직접 작업을 하는 것으로 대신합니다.

05 현재 상태에서는 깃허브 저장소에 새 커밋이 추가되었지만, 내 로컬 컴퓨터에는 변경 사항이 적용되지 않은 상태입니다. 이 커밋을 내 컴퓨터로 다운로드합니다. VS Code 터미널 창에서 **git pull** 명령어를 실행합니다.

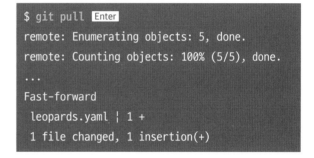

```
$ git pull  Enter
remote: Enumerating objects: 5, done.
remote: Counting objects: 100% (5/5), done.
...
Fast-forward
 leopards.yaml | 1 +
 1 file changed, 1 insertion(+)
```

06 탐색 창의 **leopards.yaml** 파일을 확인해 보면 변경 사항인 Dongho가 추가되어 있습니다.

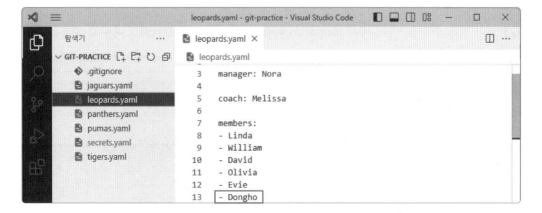

07 소스트리를 새로 고침(F5) 하면 작업 내역에 커밋이 추가되어 있으며, 로컬 컴퓨터의 main 브랜치와 깃허브 origin 원격 저장소의 main 브랜치에 모두 커밋이 위치한 것을 알 수 있습니다.

풀할 것이 있는데 푸시한다면?

앞의 실습을 통해 **내가 로컬 컴퓨터에서 작업한 건 원격 저장소에 푸시로 밀어올리고, 원격 저장소에서 다른 동료가 작업한 건 풀로 당겨온다**는 것을 이해했습니다. 그런데 나는 내 컴퓨터에서 어떤 작업을 했고 다른 팀원도 작업을 했는데, 내 커밋은 아직 깃허브에 올라가지 않은 상태에서 다른 팀원의 커밋이 깃허브에 올라간 상황을 가정해 봅시다. 내 컴퓨터에는 상대방이 올린 작업, 즉 깃허브상의 최신 버전이 반영되지 않은 상태입니다. 이럴 때 어떻게 되는지를 로컬 컴퓨터와 깃허브에서 각각 변경 사항을 만들어 실습해 보겠습니다.

01 로컬 컴퓨터의 VS Code에서 **leopards.yaml**의 manager를 **Dooli**로 바꾸고 파일을 **저장**합니다. **git commit** 명령어로 커밋합니다. 커밋 메시지는 **Edit Leopards manager**입니다.

leopards.yaml

```
team: Leopards

manager: Dooli

coach: Melissa

...
```

```
$ git commit -am 'Edit Leopards manager'  Enter
[main ff9e64e] Edit Leopards manager
 1 file changed, 1 insertion(+), 1 deletion(-)
```

02 이번에는 동료가 작업한 상황을 가정해 보겠습니다. 먼저 깃허브 파일 목록에서 **leopards. yaml**을 클릭합니다.

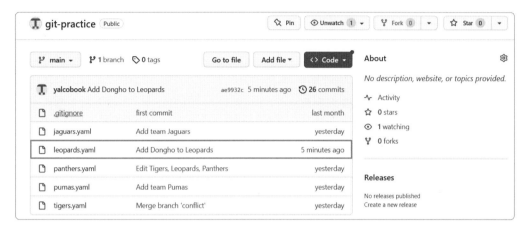

03 Edit this file 아이콘(✏️)을 클릭합니다.

04 코드에서 coach를 **Lupi**로 변경합니다. **Commit changes** 버튼을 클릭합니다.

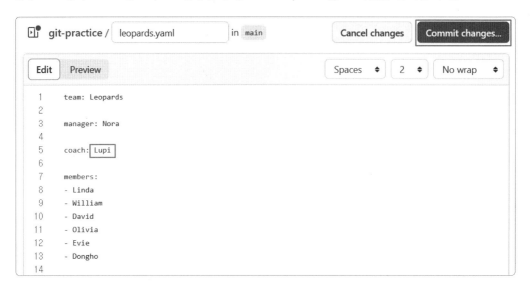

05 커밋 메시지는 **Edit Leopards coach**라고 입력하고 **Commit changes** 버튼을 클릭합니다.

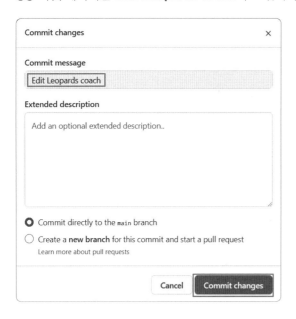

이렇게 되면 다른 팀원이 자기 컴퓨터에서 커밋을 한 다음 깃허브로 푸시한 것과 동일한 상황이 됩니다. 작업을 누가 먼저 했는지는 상관 없고, 나보다 다른 팀원이 먼저 푸시했다는 점이 중요합니다. 이 상태를 보면 **내 입장에서는 내 로컬 컴퓨터에서 깃허브로 푸시할 것도 있고, 또 깃허브에서 받아올 것도 있는 상태입니다.**

06 이 상태에서 VS Code 터미널 창에 **git push** 명령을 실행하면 오류가 발생합니다. 왜냐하면 현재 여러분의 깃 저장소는 원격 저장소보다 작업 내역이 뒤처져 있기 때문입니다.

```
$ git push  Enter
To https://github.com/yalcobook/git-practice.git
 ! [rejected]        main -> main (fetch first)
error: failed to push some refs to 'https://github.com/yalcobook/git-practice.git'
...
hint: See the 'Note about fast-forwards' in 'git push --help' for details.
```

리베이스와 머지로 풀을 하는 두 가지 방법

앞서의 오류 메시지는 **자신의 원격 저장소에서 무언가를 푸시하려면 내 작업 내역이 원격 저장소의 최신 내역과 동일하게 맞춰져 있어야 한다**는 내용입니다. 그럼 먼저 풀을 실행합니다. 그런데 문제가 있을 수 있습니다. 지금 여러분의 로컬 저장소에는 Add Dongho to Leopards 다음에 Edit Leopards manager 커밋이 있습니다.

그런데 깃허브에는 Edit Leopards coach 다음에 Add Dongho to Leopards 커밋이 있습니다. Dongho를 추가한 시점부터 내 컴퓨터의 타임라인에서는 manager를 수정했고 깃허브의 타임라인에서는 coach를 수정한 것이죠. 이 분기된 시간대를 다음 둘 중 하나의 방법으로 정리해 주어야 합니다.

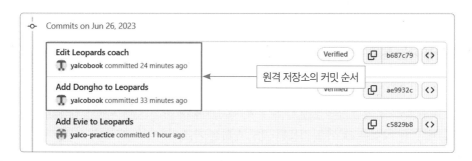

머지 방식으로 병합하는 방법

이처럼 푸시가 안 될 때는 풀을 먼저 해야 합니다. 어느 순서에 맞출지에 따라 두 가지 옵션이 사용됩니다. **첫째, 머지 방식으로 병합하는 방법**이 있습니다.

01 VS Code 터미널 창에서 **git pull** 명령에 **--no-rebase** 옵션을 붙여 줍니다.

```
$ git pull --no-rebase  Enter
Auto-merging leopards.yaml
Merge made by the 'ort' strategy.
 leopards.yaml ¦ 2 +-
 1 file changed, 1 insertion(+), 1 deletion(-)
```

🐰 맥에서는 출력 결과에서 :wq를 입력해 저장해야 합니다.

02 소스트리에서 새로 고침 한 다음 작업 내역을 살펴봅니다. Add Dongho to Leopards에서 로컬의 main 브랜치와 원격의 origin/main 브랜치가 두 갈래로 분기되는 것을 볼 수 있습니다. 그리고 머지 커밋에서 병합됩니다. 이렇게 **분기된 내역을 합치면 로컬 컴퓨터와 원격 저장소의 작업 내역이 동기화되므로 푸시를 할 수 있는 상태가 됩니다.**

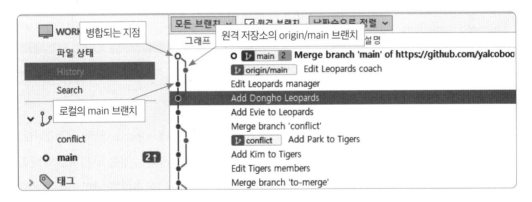

🐰 이 방법은 두 사건이 서로 다른 타임라인에서 진행되었다가 통합된 것으로 정리하는 것입니다.

리베이스를 사용하는 방법

둘째, 리베이스를 사용하는 방법입니다. 이 경우는 원격 저장소의 타임라인을 유지하고 로컬 컴퓨터의 내 작업을 떼다가 원격 저장소의 커밋에 붙이는 것입니다. 즉 원격에서의 변화가 먼저 발생한 것으로 하고, 내 작업은 그 이후 적용된 것으로 하는 거죠.

01 리베이스 방법을 사용하기 전에 앞서 작업 내역을 리셋해 보겠습니다. **Edit Leopards manager** 시점에서 마우스 오른쪽 버튼을 클릭하고 **이 커밋까지 현재 브랜치를 초기화**를 선택합니다.

02 '커밋 초기화' 대화상자에서 **Hard - 모든 작업 상태 내 변경 사항을 버림**을 선택하고 **확인** 버튼을 클릭합니다.

03 '경고: 파괴적인 작업' 대화상자에서 **예** 버튼을 클릭합니다.

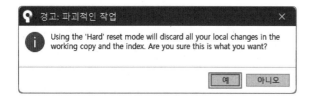

04 다시 작업이 분기한 시점으로 돌아왔습니다.

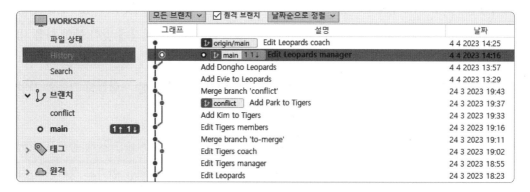

05 터미널 창에서 **git pull** 명령을 입력하고 **--rebase** 옵션을 붙입니다.

```
$ git pull --rebase  Enter
Successfully rebased and updated refs/heads/main.
```

06 소스트리에서 새로 고침(F5)을 하면 다음과 같은 작업 내역이 나타납니다. Add Dongho to Leopards 커밋 다음에 깃허브에서 진행한 Edit Leopards coach 커밋이 붙고 그다음에 내가 작업한 Edit Leopards manager를 붙여서 타임라인을 깃과 동기화합니다.

	그래프	설명	날짜	작성자	커밋
		main 1 Edit Leopards manager	5 4 2023 13:07	yalco <yalco@ka	3722912
		origin/main Edit Leopards coach	5 4 2023 12:48	yalcobook <1297	ca8889d
		Add Dongho to Leopards	5 4 2023 10:52	yalcobook <1297	e6b729d
		Add Evie to Leopards	5 4 2023 10:45	yalco <yalco@kak	17cd66d
		Merge branch 'conflict'	24 3 2023 19:43	yalco <yalco@kak	2706b54
		conflict Add Park to Tigers	24 3 2023 19:37	yalco <yalco@kak	5de49c6
		Add Kim to Tigers	24 3 2023 19:33	yalco <yalco@kak	8ad8803
		Edit Tigers members	24 3 2023 19:16	yalco <yalco@kak	60b2ab0
		Merge branch 'to-merge'	24 3 2023 19:11	yalco <yalco@kak	b3c0928
		Edit Tigers coach	24 3 2023 19:02	yalco <yalco@kak	362524e
		Edit Tigers manager	24 3 2023 18:55	yalco <yalco@kak	d44efce

WORKSPACE / 파일 상태 / History / Search / 브랜치 / conflict / main 1↑ / 태그

07 이제 **git push** 명령을 실행하면 성공적으로 푸시됩니다. 로컬 컴퓨터에서 작업한 Edit Leopards manager가 깃허브의 최신 작업 내역으로 추가됩니다.

```
$ git push  Enter
Enumerating objects: 5, done.
Counting objects: 100% (5/5), done.
...
remote: Resolving deltas: 100% (1/1), completed with 1 local object.
To https://github.com/yalcobook/git-practice.git
   3105898..dc5312b  main -> main
```

이처럼 **git pull --no-rebase** 방식은 **로컬 컴퓨터와 원격 저장소의 어긋난 타임라인을 한군데로 모아 주는 방식**입니다. **git --rebase** 방식은 일단 **타임라인을 원격에 맞춰 붙인 다음 내 작업을 그다음에 잘라 붙이는 것**입니다. 그래서 푸시하면 내 컴퓨터에 있는 프로젝트와 다른 사람들에게 공유될 원격 저장소의 프로젝트가 동기화됩니다. 이제 다른 사람들이 그들의 작업을 푸시하려면 먼저 내가 추가한 커밋을 풀해서 받습니다.

이렇게 깃이라는 시스템은 여러 사람들이 깃허브 공간에 공유하는 순서를 조율해 줌으로써 서로의 작업을 덮어 씌우지 않게 교통 정리를 하는 겁니다. 여러분도 협업을 한다고 생각하고 자

신의 컴퓨터에서 여러 변화를 일으켜 보기도 하고 또 원격 저장소에서 여러분의 가상 동료가 되어서 다른 변화를 일으킨 다음 푸시와 풀을 해 보세요.

협업상 충돌 발생 해결하기

이번에는 내가 한 작업과 다른 동료가 한 작업이 충돌하는 상황을 가정해 보겠습니다.

01 먼저 로컬 컴퓨터의 **panthers.yaml** 파일을 수정해 보겠습니다. VS code에서 members에 **Maruchi**를 추가하고 **저장**합니다. **Add Maruchi to Panthers**라는 커밋 메시지로 커밋합니다.

```
team: Panthers

manager: Sebastian

coach: Shirley

members:
- Violet
- Stella
- Anthony
- Freddie
- Maruchi
```

```
$ git commit -am 'Add Maruchi to Panthers' [Enter]
[main fd75489] Add Maruchi to Panthers
 1 file changed, 1 insertion(+)
```

02 이번에는 원격 저장소에서 같은 파일을 수정해 보겠습니다. **panthers.yaml** 파일을 클릭합니다.

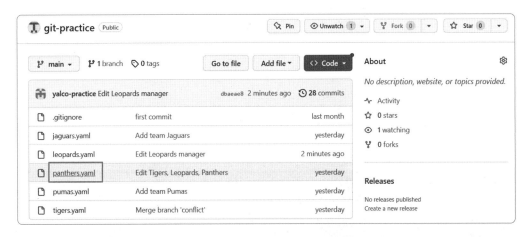

03 **Edit this file** 아이콘(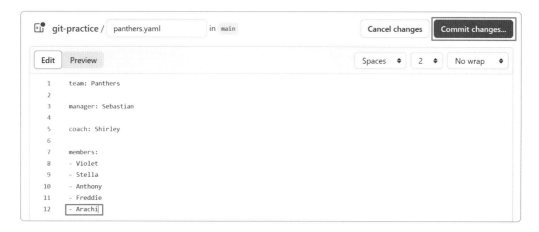)을 클릭하고 members에 **Arachi**를 추가합니다. **Commit changes** 버튼을 클릭합니다.

04 커밋 메시지는 **Add Arachi to Panthers**라고 입력하고 **Commit changes** 버튼을 클릭합니다.

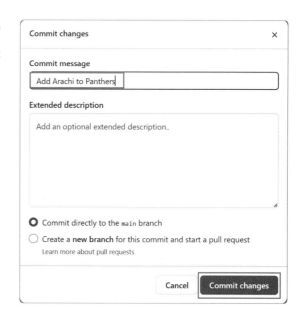

05 같은 파일에 다른 작업을 한 상태이므로 내 작업을 푸시하는 건 당연히 안 됩니다. 그러면 풀을 해야 되는데 리베이스와 머지로 충돌을 해결할 수 있습니다. **머지**부터 해 보겠습니다.

```
$ git pull --no-rebase  Enter
remote: Enumerating objects: 5, done.
remote: Counting objects: 100% (5/5), done.
...
From https://github.com/yalcobook/git-practice
```

```
   dc5312b..4624524  main          -> origin/main
Auto-merging panthers.yaml
CONFLICT (content): Merge conflict in panthers.yaml
Automatic merge failed; fix conflicts and then commit the result.
```

06 panthers.yaml 파일을 보면 수정 사항을 선택하는 옵션이 나타납니다. 여기서는 두 가지 모두 삭제하고 **Maruchi**를 새로 입력하고 **저장**합니다.

```
📄 panthers.yaml
  7     members:
  8     - Violet
  9     - Stella
 10     - Anthony
 11     - Freddie
        현재 변경 사항 수락 | 수신 변경 사항 수락 | 두 변경 사항 모두 수락 | 변경 사항 비교
 12     <<<<<<< HEAD (현재 변경 사항)
 13     - Maruchi
 14     =======
 15     - Arachi
 16     >>>>>>> 46245246f9ef1436ff20be9ef2baecad918656f1 (수신 변경    병합 편집기에서 확인
 17
```

```
📄 panthers.yaml
  2
  3     manager: Sebastian
  4
  5     coach: Shirley
  6
  7     members:
  8     - Violet
  9     - Stella
 10     - Anthony
 11     - Freddie
 12     - Maruchi
```

07 그런 다음 **git add .**와 **git commit** 명령을 실행합니다. 출력 결과를 보면 충돌이 해결되었다고 나타납니다. **:wq**를 입력해 저장합니다. Enter를 누릅니다.

```
$ git add . Enter
$ git commit Enter
```

```
# Conflicts:
#       panthers.yaml
#
# It looks like you may be committing a merge.
# If this is not correct, please run
#       git update-ref -d MERGE_HEAD
# and try again.
.git/COMMIT_EDITMSG [unix] (13:23 05/04/2023)                    1,1 꼭대기
:wq
```

08 소스트리의 최신 커밋을 선택하면 변경 사항이 나타나고 분기한 브랜치가 합쳐진 것도 확인할 수 있습니다.

09 이제 리베이스 방식을 적용해 보기 위해 **Add Maruchi to Panthers** 커밋에서 마우스 오른쪽 버튼을 클릭하고 **이 커밋까지 현재 브랜치를 초기화**를 선택해 리셋합니다. 작업 내역이 분기된 시점으로 돌아갑니다.

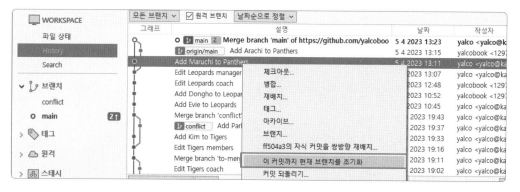

'커밋 초기화' 대화상자에서 **Hard - 모든 작업 상태 내 변경 사항을 버림**을 선택하고 확인 버튼을 클릭한 후 '경고: 파괴적인 작업' 대화상자에서 **예** 버튼을 클릭합니다.

10 리베이스 명령을 입력하니 역시 충돌 오류 메시지가 나타납니다.

```
$ git pull --rebase Enter
Auto-merging panthers.yaml
CONFLICT (content): Merge conflict in panthers.yaml
error: could not apply ff504a3... Add Maruchi to Panthers
hint: Resolve all conflicts manually, mark them as resolved with
...
hint: To abort and get back to the state before "git rebase", run "git rebase --abort".
Could not apply ff504a3... Add Maruchi to Panthers
```

11 풀해서 리베이스할 때는 상대방의 작업을 먼저 붙인다고 했습니다. 코드에서 **현재 변경 사항 수락**을 클릭해서 원격 저장소에서 작업했던 Arachi 부분을 받아들입니다. 파일을 **저장**합니다.

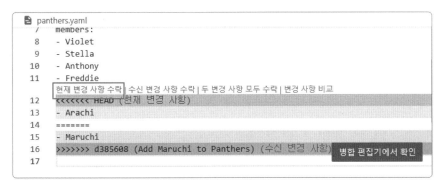

12 다음 명령을 실행합니다.

```
$ git add . Enter
$ git rebase --continue Enter
Successfully rebased and updated refs/heads/main.
```

13 커밋이 두 개가 아닌 하나만 추가됩니다. 왜냐하면 로컬의 main 브랜치에서 Maruchi로 바꾸는 작업은 앞서 없애 버렸기 때문에 원격 저장소에 새로 추가할 필요가 없는 거죠.

🐿️ 만약 따라하기 11에서 로컬 저장소의 Maruchi를 받아들이고 커밋했다면 최종으로 추가되는 커밋은 두 개가 됩니다. 이처럼 리베이스는 어떤 작업을 선택하는지에 따라 커밋의 개수가 달라질 수 있습니다.

협업 상황에서 리베이스를 써도 괜찮을까요?

협업 상황에서 리베이스를 쓰지 말라고 했는데 앞에서 리베이스란 말이 나와 혼란스러울 수 있습니다. 이 말은 로컬에서 작업할 때 이미 공유된 작업을 리베이스해서 올리지 말라는 뜻입니다. 원격 저장소의 작업을 풀해서 받는 상황에서의 리베이스는 성격이 다른 것이므로 괜찮습니다.

로컬의 작업 내역을 강제로 푸시하기

앞서 살펴봤듯 로컬 컴퓨터의 작업 내역이 원격 저장소의 내역보다 뒤처져 있으면 푸시를 할 수 없습니다. 그런데 원격 저장소에 올라가 있는 작업 내역이 뭔가 잘못되어 로컬 컴퓨터의 작업 내역을 기준으로 강제로 맞춰야 할 때가 있습니다.

이때 로컬 컴퓨터의 작업 내역을 원격 저장소에 강제로 푸시하면 원격 저장소에 있는 다른 커밋들은 사라집니다. 그렇기 때문에 협업할 때는 이 기능을 반드시 합의하고 써야 합니다.

01 먼저 로컬 컴퓨터에서 Edit Leopards manager 상태로 리셋해 보겠습니다. **Edit Leopards manager**에서 마우스 오른쪽 버튼을 클릭하고 **이 커밋까지 현재 브랜치를 초기화**를 선택합니다. '커밋 초기화' 대화상자에서 **Hard - 모든 작업 상태 내 변경 사항을 버림**을 선택하고 **확인** 버튼을 클릭한 후 '경고: 파괴적인 작업' 대화상자에서 **예** 버튼을 클릭합니다.

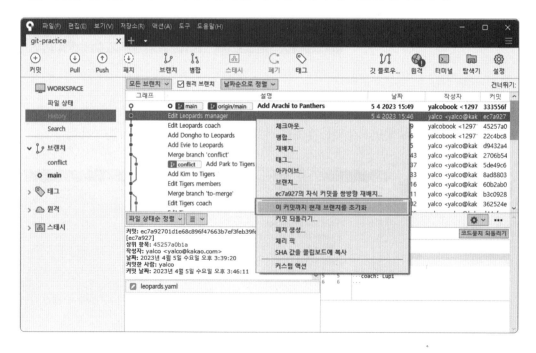

02 그러면 로컬 컴퓨터의 상태는 원격 저장소보다 작업 순서가 뒤처졌습니다. 깃허브에서 커밋 개수를 확인해 보면 29개로 나와 있습니다.

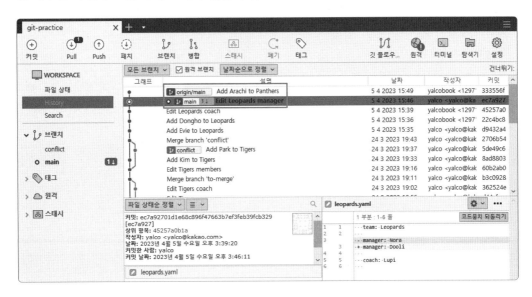

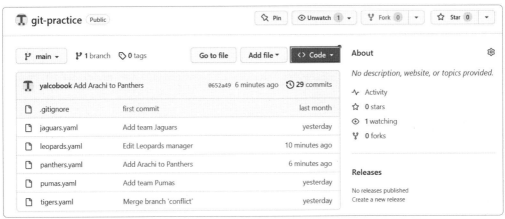

🐰 이전 LESSON의 실습에 따라 커밋 개수가 책과 다를 수 있습니다.

03 로컬 컴퓨터에서 과거 작업으로 돌아간 상태에서 다음 명령어를 실행합니다.

```
$ git push --force Enter
Total 0 (delta 0), reused 0 (delta 0), pack-reused 0
To https://github.com/yalcobook/git-practice.git
 + 333556f...ec7a927 main -> main (forced update)
```

04 깃허브로 확인하면 커밋의 개수가 28개로 줄어들었습니다. **panthers.yaml** 파일을 확인하면 members에 Arachi를 추가하기 전 상태로 돌아갔습니다. 강제로 로컬 컴퓨터와 동기화한 것입니다.

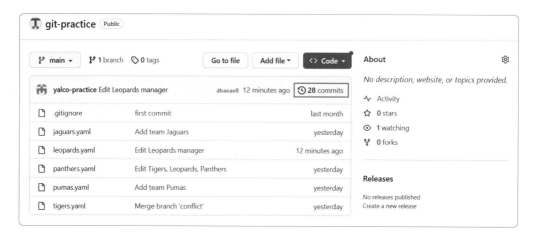

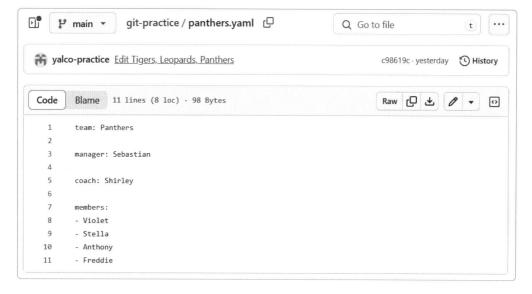

다시 강조하지만, 남들과 같이 작업하는 도중에 강제 푸시를 하면 다른 사람의 작업이 날아갈 수 있습니다. 그러므로 강제 푸시는 혼자 프로젝트 작업을 하거나 혹은 협업하면서 원격 저장소에 있는 게 뭔가 잘못됐다고 **서로 합의가 된 상태에서 한쪽 로컬 컴퓨터에 있는 작업 내역대로 원격 저장소의 작업을 맞출 때** 진행합니다.

원격 저장소의 브랜치 다루기

원격 저장소에서 브랜치를 다루는 방법을 배워 보겠습니다. 먼저 로컬 컴퓨터에서 브랜치를 만들어 이를 원격 저장소에 푸시해 봅니다. 그리고 깃허브와 같은 원격 저장소에서 새 브랜치를 추가한 후에 이를 로컬 저장소로 가져와 보겠습니다. 그런 다음 로컬 및 원격 저장소에서 브랜치를 삭제하는 방법도 살펴봅니다.

로컬 컴퓨터에서 브랜치 만들어 원격 저장소에 푸시하기

일단 로컬 컴퓨터에서 브랜치를 만들고 원격 저장소에 보내는 작업을 해 보겠습니다.

01 VS Code 터미널 창에서 **from-local**이라는 이름으로 브랜치를 만든 후 이동합니다.

```
$ git branch from-local  Enter
$ git switch from-local  Enter
Switched to branch 'from-local'
```

git switch 명령에 **-c**(create) 옵션을 사용해서 **git switch -c from-local**이라고 입력해도 됩니다.

02 현재 from-local 브랜치에 와 있습니다. **git push** 명령을 실행해 보겠습니다. 출력 결과를 보면 푸시가 되지 않았습니다. from-local 브랜치를 어디에 푸시해야 할지 모르니까 origin이라는 원격 저장소에 from-local 브랜치를 만들라고 나옵니다. 명령하는 방법까지 친절하게 안내해 주네요.

```
$ git push  Enter
fatal: The current branch from-local has no upstream branch.
To push the current branch and set the remote as upstream, use

    git push --set-upstream origin from-local
...
```

03 원격 저장소의 대상 브랜치를 from-local로 명시하고 푸시하기 위해 다음 명령을 실행합니다.

```
$ git push --set-upstream origin from-local  Enter
Total 0 (delta 0), reused 0 (delta 0), pack-reused 0
remote:
...
To https://github.com/yalcobook/git-practice.git
 * [new branch]       from-local -> from-local
branch 'from-local' set up to track 'origin/from-local'.
```

🐌 --set-upstream은 -u로 축약해서 쓸 수 있습니다.

04 깃허브로 넘어가 **git-practice** 저장소를 새로 고침 합니다. 왼쪽 상단의 **main**을 클릭해 보면 main 브랜치와 from-local 브랜치를 확인할 수 있습니다. **from-local**을 클릭합니다.

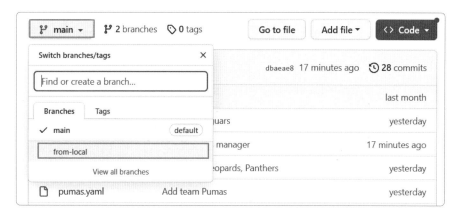

05 from-local에서 임의로 커밋을 해 보겠습니다. 파일 목록에서 **jaguars.yaml**을 클릭합니다.

06 **Edit this file** 아이콘(✎)을 클릭합니다.

07 파일 내용 중 manager를 Stanley에서 **Cheolsu**로 변경해 볼게요. **Commit changes** 버튼을 클릭합니다.

08 커밋 메시지는 **Edit Jaguars Manager**라고 입력하고 **Commit changes** 버튼을 클릭합니다.

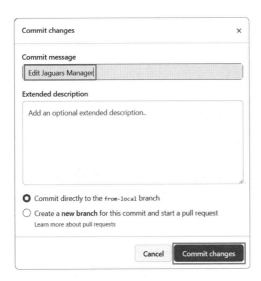

09 다시 **from-local** 브랜치로 가면 변경 사항이 적용된 것이 보입니다. 이것은 원격 저장소에서만 일어난 변화입니다.

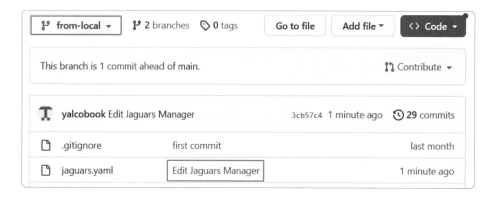

10 화면 상단의 **from-local**을 클릭해 **main** 브랜치로 이동하면 두 브랜치의 내용이 다른 것을 확인할 수 있습니다.

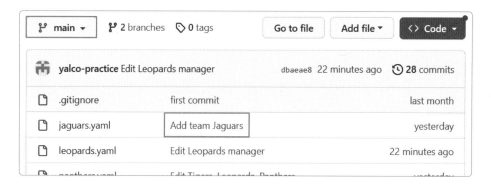

11 이제 로컬 컴퓨터에서 브랜치 목록을 살펴보겠습니다. 로컬 컴퓨터와 원격 저장소의 브랜치를 모두 확인하려면 VS Code 터미널 창으로 이동해 **git branch** 명령에 **--all** 혹은 **-a** 옵션을 붙입니다. **q**를 입력해 빠져나옵니다.

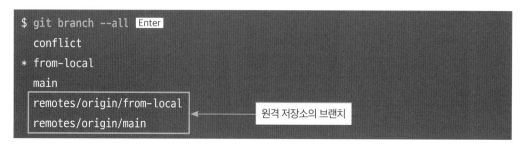

🐰 **git branch**만 쓰면 로컬의 브랜치 목록만 나타냅니다.

 **소스트리에서 브랜치 확인하기** ·

소스트리 왼쪽 메뉴 하단의 **원격**을 클릭하면 원격 저장소의 브랜치를 확인할 수 있습니다. 지금은 origin이라는 원격 저장소에 from-local과 main 브랜치가 표시되어 있습니다.

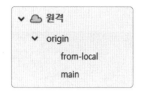

· ·

원격 저장소의 브랜치를 로컬에서 풀하기

이번에는 깃허브에서 from-remote라는 브랜치를 추가하고 로컬 저장소에서 받아보겠습니다.

01 깃허브에서 왼쪽 상단의 **main**을 클릭합니다. 'Switch branches/tags' 입력 창에 **from-remote**를 입력하면 바로 아래 **Branches** 탭에 **Create branch: from-remote**가 나타납니다. 현재 선택된 main 브랜치로부터 from-remote라는 브랜치로 분기한다는 뜻입니다. 이 부분을 클릭합니다.

02 from-remote 브랜치가 추가됩니다.

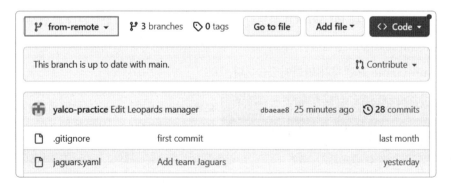

main 브랜치를 선택한 상태에서 새 브랜치를 추가했으므로 main 브랜치를 기준으로 분기합니다.

03 VS Code 터미널에서 **git branch -a**를 입력합니다. 아직 원격에 추가된 브랜치가 나타나지 않습니다. 왜냐하면 현재 로컬의 깃은 원격 저장소의 변화를 업데이트받지 않았기 때문입니다.

```
$ git branch -a Enter
  conflict
* from-local
  main
  remotes/origin/from-local
  remotes/origin/main
```

04 이번에는 **git fetch** 명령을 실행한 후에 다시 **git branch -a** 명령을 실행해 보세요. 출력 결과를 보면 원격 저장소에 추가된 from-remote 브랜치도 나타납니다.

```
$ git fetch Enter
...
From https://github.com/yalcobook/git-practice
 * [new branch]      from-remote -> origin/from-remote
$ git branch -a Enter
  conflict
* from-local
  main
  remotes/origin/from-local
  remotes/origin/from-remote
  remotes/origin/main
```

05 이제 from-remote 브랜치의 변화를 로컬에 받아오려고 합니다. 로컬에도 같은 이름의 브랜치를 복사해서 연결하기 위해 **git switch** 명령을 적용합니다. **-t** 옵션은 해당 원격 브랜치와 연결되어 이를 추적(track)하고 전담하는 브랜치를 로컬에 만든다는 의미입니다. 출력 결과를 보면 로컬에 from-remote 브랜치가 만들어졌습니다.

> 로컬에 from-remote 브랜치를 복사해서 이후로도 계속 로컬의 from-remote 브랜치와 원격 저장소의 from-remote 브랜치를 연결합니다.

```
$ git switch -t origin/from-remote Enter
Switched to a new branch 'from-remote'
branch 'from-remote' set up to track 'origin/from-remote'.
```

git branch 명령을 실행해도 같은 결과를 확인할 수 있습니다.

06 소스트리에서도(F5) **from-remote** 브랜치가 추가된 것을 확인할 수 있습니다.

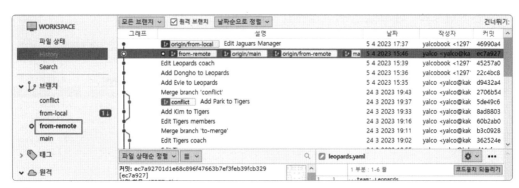

왼쪽 메뉴 **원격**에서도 세 개의 브랜치를 확인할 수 있습니다.

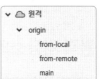

07 앞서 깃허브 origin/from-local 브랜치에서 jaguars.yaml 파일을 수정(Edit Jaguars Manager)한 것 기억하죠? 이 변경 사항을 로컬에도 풀해 보겠습니다. VS Code 터미널 창에서 **git switch** 명령을 사용해 **from-local** 브랜치로 이동하고 **git pull** 명령을 실행합니다.

```
$ git switch from-local  Enter
Switched to branch 'from-local'
Your branch is behind 'origin/from-local' by 1 commit, and can be fast-forwarded.
  (use "git pull" to update your local branch)


$ git pull  Enter
Updating ec7a927..46990a4
Fast-forward
 jaguars.yaml | 2 +-
 1 file changed, 1 insertion(+), 1 deletion(-)
```

08 jaguars.yaml 파일을 확인하면 변경 사항이 적용된 것을 알 수 있습니다.

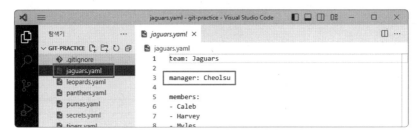

09 소스트리에서도 새로 고침(F5) 하고 작업 내역을 보면 from-local과 origin/from-local 이 다른 브랜치보다 한 발 앞선 최신 상태인 것을 알 수 있습니다.

원격 저장소의 브랜치 삭제하기

로컬과 원격 저장소의 브랜치를 각각 삭제해 보겠습니다. 로컬에서 브랜치를 삭제하려면 **git branch** 명령에 **-d** 옵션(delete)을 사용합니다. 원격의 브랜치를 삭제하려면 **git push** 명령에 **--delete** 옵션을 사용합니다.

```
git branch -d (브랜치 이름)
```

```
git push (원격 저장소 이름) --delete (원격 저장소의 브랜치 이름)
```

01 먼저 VS Code 터미널 창에서 **main** 브랜치로 돌아와서 다른 브랜치를 다 삭제하겠습니다.

```
$ git switch main Enter
Switched to branch 'main'
Your branch is up to date with 'origin/main'.

$ git branch -d from-local Enter
warning: deleting branch 'from-local' that has been merged to
        'refs/remotes/origin/from-local', but not yet merged to HEAD.
Deleted branch from-local (was 46990a4).

$ git branch -d from-remote Enter
Deleted branch from-remote (was ec7a927).

$ git branch -d conflict Enter
Deleted branch conflict (was 5de49c6).
```

02 이제 **git push** 명령을 이용해 원격 저장소의 from-local과 from-remote 브랜치도 삭제해 보겠습니다.

```
$ git push origin --delete from-local  Enter
To https://github.com/yalcobook/git-practice.git
 - [deleted]             from-local

$ git push origin --delete from-remote  Enter
To https://github.com/yalcobook/git-practice.git
 - [deleted]             from-remote
```

03 소스트리에서 작업 내역을 보면 로컬의 main과 원격 저장소의 origin/main 브랜치만 남아 있는 것을 확인할 수 있습니다.

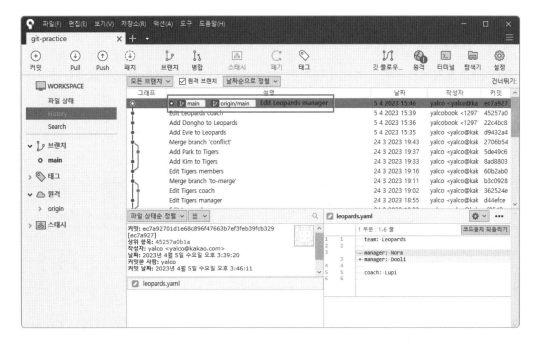

LESSON 16 소스트리로 원격 저장소의 브랜치 다루기

학습 목표 이번에는 소스트리에서 원격 저장소의 브랜치를 다뤄 보겠습니다. 먼저 새로운 원격 저장소를 추가하고 기존의 원격 저장소인 origin에 변경 사항을 푸시해 볼 것입니다. 그런 다음 로컬 컴퓨터에서 변경 사항을 만들고 소스트리에서 확인한 후 브랜치 작업을 수행해 보겠습니다.

원격 저장소 추가하기

원격 저장소를 새로 추가하고 기존의 원격 저장소(origin)의 작업 내역을 푸시해 보겠습니다.

01 깃허브의 메인 화면으로 이동합니다. 화면 왼쪽의 **New** 버튼을 클릭합니다.

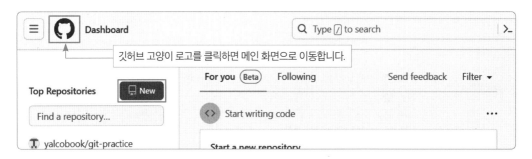

02 'Repository name'은 **git-another-practice**로 입력하고 아래로 쭉 내려와 **Create repository** 버튼을 클릭합니다.

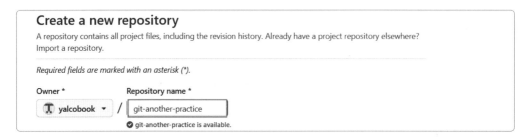

03 Quick setup에서 원격 저장소 URL 오른쪽에 있는 **복사** 아이콘(⧉)을 클릭해 URL을 복사합니다.

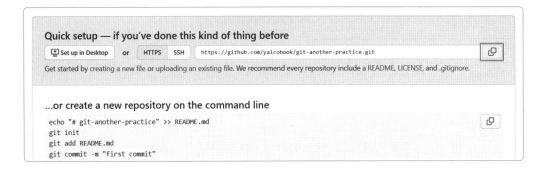

04 소스트리로 이동해서 상단 메뉴에서 **저장소 - 원격 저장소 추가**를 선택합니다.

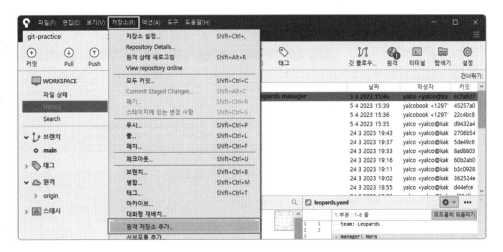

🐌 맥의 경우 왼쪽 메뉴 **원격**에서 마우스 오른쪽 버튼을 클릭한 후 **원격 추가**를 선택하면 됩니다.

05 '저장소 설정' 대화상자에서 **추가** 버튼을 클릭합니다.

06 '원격 저장소 정보' 대화상자에서 '원격 이름'을 **origin2**로 입력합니다. 'URL / 경로'에는 복사해 둔 URL을 붙여 넣습니다. **확인** 버튼을 클릭합니다.

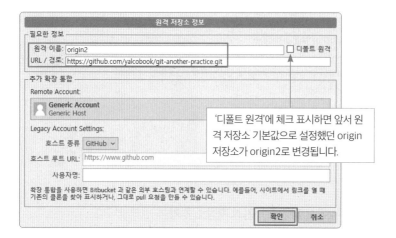

'디폴트 원격'에 체크 표시하면 앞서 원격 저장소 기본값으로 설정했던 origin 저장소가 origin2로 변경됩니다.

07 '저장소 설정' 대화상자에 origin2 저장소가 나타납니다. **확인** 버튼을 클릭합니다.

08 왼쪽 메뉴의 '원격'에 origin2 저장소가 추가된 것을 확인할 수 있습니다. 현재 브랜치를 origin2 저장소에도 푸시해 보겠습니다. 화면 상단 도구 모음에서 **Push** 도구를 클릭합니다.

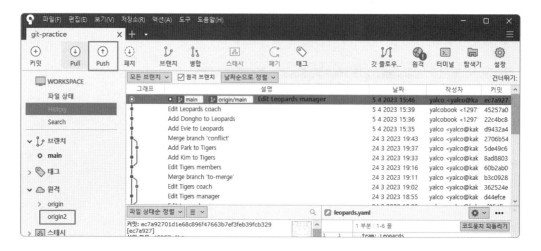

09 '다음 저장소에 푸시'를 **origin2**로 변경하고 **Push** 버튼을 클릭합니다.

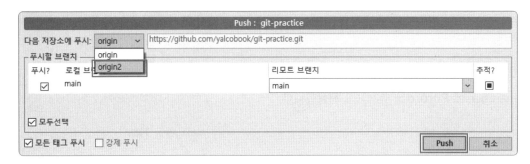

10 깃허브로 돌아가면 git-another-practice에도 작업 내역이 푸시된 것을 확인할 수 있습니다. 이처럼 원격 저장소를 여러 군데에 둘 수 있습니다.

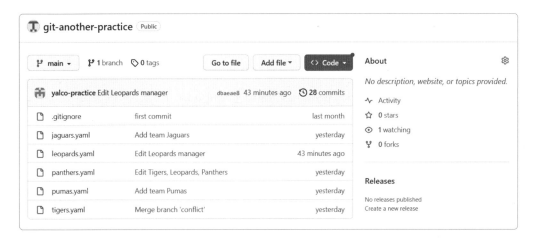

 소스트리에서 원격 저장소 연결 끊는 법 ....

소스트리에서 원격 저장소와의 연결을 끊으려면 왼쪽 메뉴의 **원격**에서 해당 저장소를 마우스 오른쪽 버튼으로 클릭한 후 **(원격 저장소 이름) 삭제**를 선택합니다. 이는 내 깃 저장소에서 깃허브 저장소와의 연결 정보를 지우는 것일 뿐 실제로 저장소를 삭제하는 것은 아닙니다.

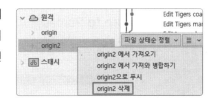

푸시 및 풀하기

이번에는 로컬 컴퓨터에 변경 사항을 만든 다음 소스트리에서 표시해 보겠습니다.

01 VS Code로 돌아가 **pumas.yaml** 파일에서 members에 **Pororo**를 추가하고 **저장**합니다.

pumas.yaml

```
team: Pumas

manager: Jude

members:
- Ezra
- Carter
- Finn
- Pororo
```

02 소스트리로 돌아가 작업 내역에서 **커밋하지 않은 변경 사항**을 선택합니다. 그런 다음 '스테이지에 올라가지 않은 파일'에 있는 **pumas.yaml**을 선택하고 ⊞ 버튼을 클릭합니다.

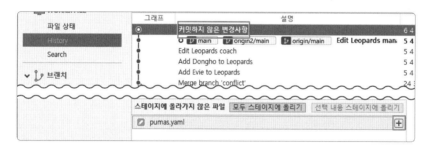

03 pumas.yaml가 '스테이지에 올라간 파일'로 이동하면 **커밋** 도구를 클릭합니다. 커밋 메시지로 **Add Pororo to Pumas**를 입력하고 커밋과 동시에 푸시하기 위해 **origin/main에 바뀐 내용 즉시 푸시**를 체크 표시합니다. **커밋** 버튼을 클릭합니다.

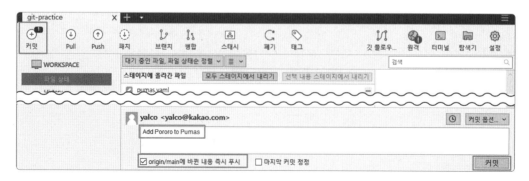

04 이번에는 원격 저장소에서 변경 사항을 만들어 보겠습니다. 깃허브의 **git-practice**로 가서 **jaguars.yaml** 파일을 선택합니다.

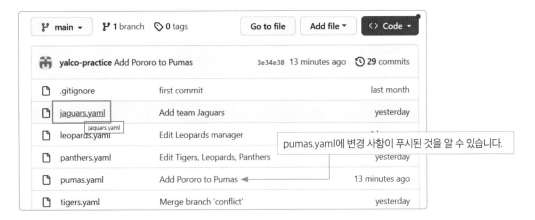

05 Edit this file 아이콘( )을 클릭합니다.

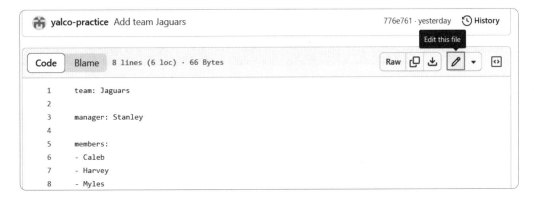

06 members에 **Pinkfong**을 추가합니다. **Commit changes** 버튼을 클릭합니다.

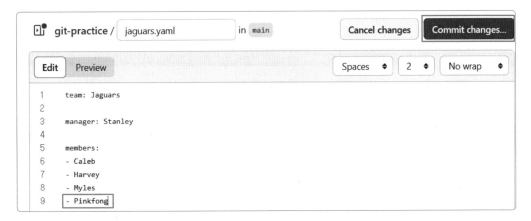

07 커밋 메시지는 **Add Pinkfong to Jaguars**로 입력하고 **Commit changes** 버튼을 클릭합니다.

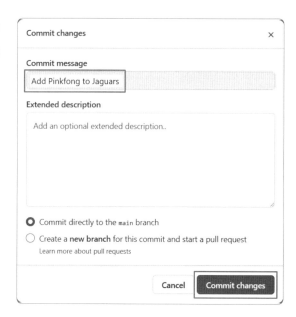

08 소스트리에서 화면 상단의 **패치** 도구를 클릭합니다. '패치' 대화상자에서 **확인** 버튼을 클릭합니다.

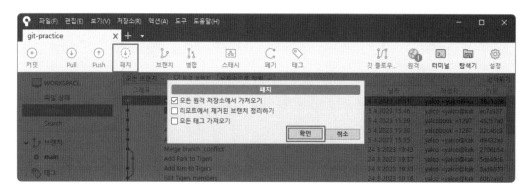

09 작업 내역을 보면 원격 저장소에 로컬보다 앞선 커밋 하나가 보입니다. 화면 상단의 **Pull** 도구를 클릭합니다.

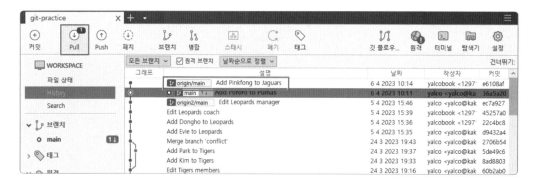

10 'Pull' 대화상자에서 **Pull** 버튼을 클릭합니다.

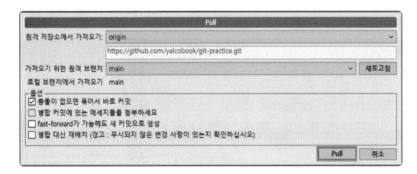

11 VS Code에서 jaguars.yaml을 확인하면 Pinkfong이 추가된 것을 확인할 수 있습니다.

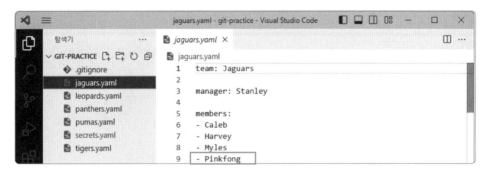

브랜치 다루기

마지막으로 소스트리에서 브랜치를 다뤄 보겠습니다.

01 소스트리 상단의 도구 모음에서 **브랜치**를 클릭합니다. '브랜치' 대화상자에서 '새 브랜치'에 **from-local**을 입력한 후 **브랜치생성** 버튼을 클릭합니다.

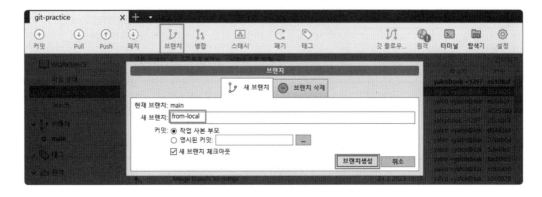

02 왼쪽 메뉴의 '브랜치'를 보면 아래에 from-local 브랜치가 생성된 것을 알 수 있습니다. 상단의 도구 모음에서 **Push**를 클릭합니다.

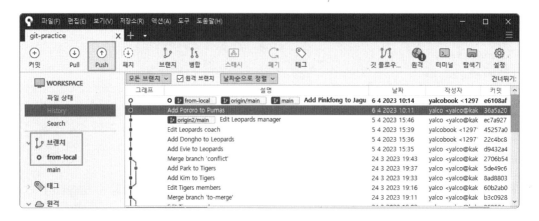

03 'Push' 대화상자에서 **main**과 **from-local**에 체크 표시한 후 **Push** 버튼을 클릭합니다.

04 깃허브 화면으로 이동해 새로 고침 한 후 왼쪽 상단에 있는 **main**을 클릭하면 **Branches** 탭에 from-local 브랜치가 추가된 것을 확인할 수 있습니다.

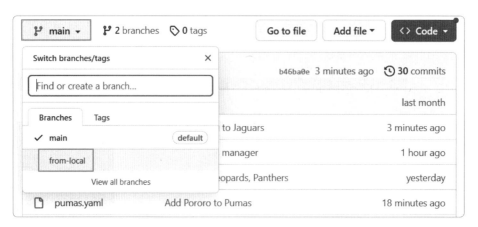

05 이번에는 반대로 원격 저장소에서 from-remote라는 브랜치를 만들고 소스트리에서 확인해 보겠습니다. 같은 화면에서 추가할 브랜치 이름으로 **from-remote**를 입력하고 **Create branch: from-remote**를 클릭합니다.

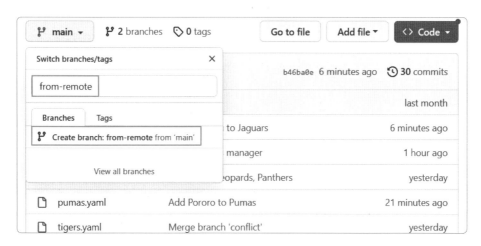

06 소스트리 도구 모음에서 **패치**를 클릭합니다. '패치' 대화상자에서 **확인** 버튼을 클릭합니다.

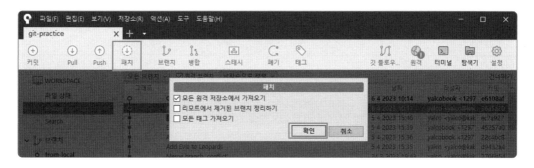

07 왼쪽 메뉴의 **원격 - origin** 하위에 **from-remote**가 추가된 것을 확인할 수 있습니다. main 브랜치의 작업 내역을 from-remote 브랜치로 가져오려면 **from-remote**에서 마우스 오른쪽 버튼을 클릭하고 **체크아웃 origin/from-remote**를 선택합니다.

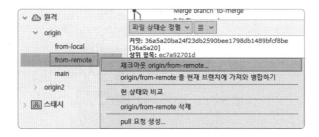

08 '체크아웃' 대화상자에서 **확인** 버튼을 클릭합니다.

원격 저장소의 from-remote 브랜치를 로컬에
도 같은 이름의 브랜치로 추가합니다.

09 from-remote 브랜치에도 작업 내역이 포함되었습니다.

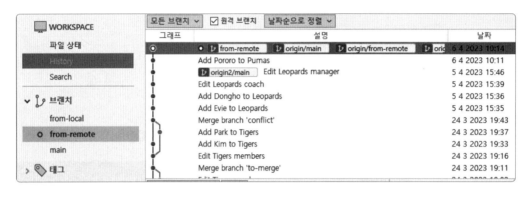

미로 퀴즈

원격 저장소의 타임라인을
유지하고 로컬 컴퓨터의 내 작업을
떼다가 원격 저장소의 커밋에
붙이는 협업 방법은?

정답 리베이스

외워서 써먹는 깃 명령어

1 **깃허브 시작하기**

원격 저장소 목록 보기   `git   (1)`

원격 저장소 연결 삭제하기   `git   (2)   (origin 등 원격 이름)`

깃 저장소 복제하기   `git   (3)   (원격 저장소 주소)`

2 **푸시와 풀**

로컬에서 원격 저장소로 푸시하기   `git   (4)`

원격 저장소에서 로컬로 풀하기   `git   (5)`

머지 방식으로 병합하기   `git pull   (6)`

원격 저장소에 맞춰 리베이스하기   `git push   (7)`

로컬의 작업 내역을 강제로 푸시하기   `git push   (8)`

3 **원격 저장소의 브랜치 다루기**

로컬과 원격 저장소의 브랜치 확인하기   `git branch   (9)`

원격 저장소의 변경 사항 확인하기   `git   (10)`

(1) remote (2) remote remove (3) clone (4) push (5) pull (6) --no-rebase (7) --rebase (8) --force (9) --all (10) fetch

PART 02

실전을 위한 깃 연습하기

PART 02에서는 깃의 주요 기능을 배우고, 저장소 생성, 변경 사항 커밋, 브랜치 생성 등
핵심 기능을 연습하며, 체크아웃과 페치 개념에 대해서도 다루고, 다른 브랜치로 전환하거나
원격 저장소의 최신 변경 사항을 가져오는 방법을 배웁니다. 또한 깃허브의 추가 기능을 배워
프로젝트와 폴더에 대한 문서 작성, 풀 리퀘스트와 이슈 관리를 통해 개발 협업의 편의성을 높일
수 있습니다. 깃허브 보안과 자동화를 위한 고급 기능도 소개합니다.

이렇게까지
설명한다고?

CHAPTER
05

깃을 더 깊게
이해하기

LESSON 17 깃의 특징과 기능의 기술적 이해

학습 목표

깃은 파일의 스냅샷을 저장하여 변화를 관리하고, 중앙 서버에 의존하지 않고 로컬에서 자유롭게 작업할 수 있는 분산 버전 관리 시스템입니다. 작업 디렉터리에서 파일을 추가, 변경, 삭제하고, 스테이지 영역에서 커밋하여 저장소에 버전을 저장합니다. 이를 통해 구성원은 각자 작업하며 협업할 수 있습니다.

깃이 특별한 이유

많은 버전 관리 시스템이 있지만 깃이 특별한 이유에는 다음과 같은 특징이 있습니다.

첫째, 스냅샷을 사용합니다. 다음은 깃 공식 사이트 가이드 문서에 있는 내용으로, 깃의 특징을 잘 설명하고 있습니다. 위쪽이 SVN Subversion; 버전 관리 툴 등에서 사용하는 **델타 방식**이고 아래쪽이 깃에서 사용하는 **스냅샷 방식**입니다.

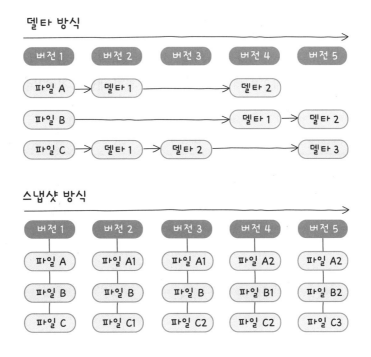

프로젝트 진행 사항은 둘 다 똑같습니다. 버전 1에서 세 개의 파일(파일 A, 파일 B, 파일 C)이 만들어졌고, 버전 2에서는 파일 A와 C, 버전 3에서는 파일 C, 버전 4에서는 파일 A와 B, 버전 5는 파일 B와 C에 수정 사항들이 생기는 모습입니다.

먼저 **델타 방식**은 **파일이 수정되면 그 변경점들이 저장되는 방식**입니다. 각 파일이 생겨난 버전에 해당 파일 전체가 저장되고 이후 파일이 수정되면 그 변경점들이 저장됩니다. 예를 들어, 버전 5 시점에서 파일 C 내용은 버전 1의 원본으로부터 델타 1, 델타 2, 델타 3의 변화가 누적된 것으로 계산됩니다.

스냅샷 방식은 **새로운 버전이 만들어질 때 해당 버전의 각 파일이 최종 상태 그대로 저장되는 방식**입니다. 버전 5에 있는 파일 A는 버전 4 이후 변화가 없으니까 버전 4의 파일 A를 그대로 연결해서 가져오고, 변화가 있는 파일 B와 C는 각각 최종 파일 내용이 그대로 저장되어 있는 겁니다.

만약 커밋이 몇만 개가 있는 저장소를 델타 방식으로 다뤄야 한다면 어떨까요?

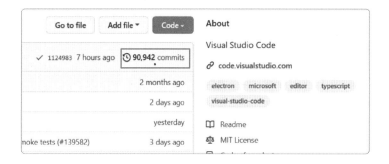

어떤 변경 사항이 발생하건 간에 **델타 방식**은 각 파일이 처음 만들어진 시점부터 변경 사항들을 하나하나 다 더해서 현재 내용을 계산해 내야 하므로 관리 내역이 길어질수록 느려집니다.

파일 C → 델타 1 → 델타 2 → ··· ──→ 델타 n

반면에 스냅샷 방식은 현 시점의 파일이 저장되어 있으니까 최종 결과물을 훨씬 더 빨리 확인할 수 있습니다.

파일 C → C1 → C2 → C2 → C3

둘째, 깃은 분산 버전 관리 시스템입니다. 깃은 중앙집중식 버전 관리가 아닌 분산 버전 관리 시스템입니다. CVSConcurrent Versions System(동시 버전 시스템)나 SVNSubVersion같은 VCSVersion Control System는 원격 서버에 모든 내역을 저장합니다. 여기에 참여하는 로컬 컴퓨터에서는 중앙 서버에서 현 버전의 파일을 다운로드해야 작업할 수 있습니다. 이처럼 원격 저장소에 의존하는 방식이라서 중앙 서버 또는 인터넷 연결에 문제가 생기면 로컬에서 작업하는 데 제한이 생깁니다.

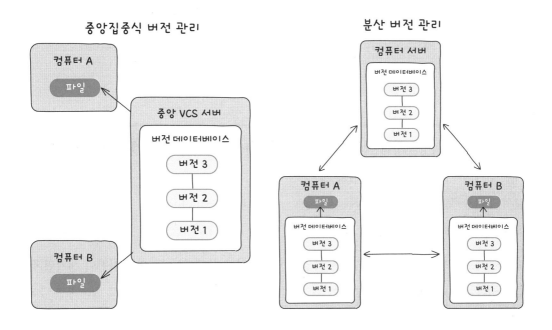

반면 깃은 원격 저장소에서 전체 깃 커밋과 브랜치까지 받아 로컬에서 자유롭게 작업할 수 있습니다. 이처럼 모든 구성원들이 자신의 컴퓨터에 깃의 작업 내역들을 모두 갖고 있기 때문에 각자 편한 대로 작업하다가 원하는 때에 프로젝트를 푸시와 풀로 동기화하면서 협업을 할 수 있습니다.

깃의 세 가지 공간: 작업 디렉터리, 스테이지 영역, 저장소

CHAPTER 01에서는 이해하기 쉽게 깃을 타임 캡슐에 비유해서 설명했습니다. 그래서 ❶ 작업 파일들이 새로 만들어지거나 어떤 변화가 생기면 ❷ git add 명령으로 타임 캡슐 안에 넣고 ❸ git commit 명령으로 캡슐을 묻는다고 했습니다. 그렇게 묻힌 타임 캡슐이 하나의 **버전**이자 **커밋**이라고 설명했습니다.

이제 깃에서 제공하는 공식적인 기술로 이해해 보겠습니다. 깃에서는 파일의 상태를 작업 디렉터리, 스테이지 영역, 저장소 등 세 가지로 분류합니다.

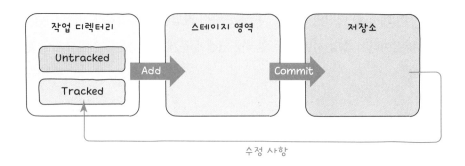

VS Code의 탐색기를 보면 작업한 프로젝트 파일들이 있죠?

이 파일은 모두 커밋된 상태입니다. 이처럼 이미 **커밋이 저장되어 어떤 버전 안에 들어 있는 공간**을 **저장소**repository(리포지토리)라고 합니다. 앞서 우리가 깃허브에서 만든 공유 공간 git-practice, git-another-practice가 저장소입니다.

여기서 **새로 파일이 추가되거나 기존 파일이 변경되거나 삭제되는 등 수정 사항이 생기면 작업 디렉터리**working directory에 위치합니다. 가령 VS Code에서 파일을 수정하고 저장하면 탐색기에 해당 파일 이름 색상이 바뀌는데, 이것은 지금 작업 디렉터리 안에 있다는 겁니다.

작업 디렉터리는 tracked와 untracked라는 두 가지 상태로 나눌 수 있습니다. **tracked**는 깃의 관리 대상에 정식으로 등록되는 것을 말합니다. **untracked**는 .gitignore 파일에 추가되어 있어서 깃이 무시하는 파일 혹은 프로젝트 폴더에 새로 만들었지만 **아직 관리되어 본 적이 없는 파일**, 즉 **git add 명령을 적용하지 않은 파일**이 해당됩니다.

- tracked: 깃의 관리 대상에 정식으로 등록된 파일
- untracked: 깃이 무시하는 파일 혹은 아직 관리되어 본 적이 없는 파일

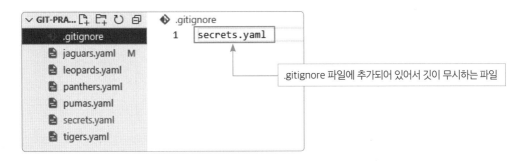

.gitignore 파일에 추가되어 있어서 깃이 무시하는 파일

hello.txt라는 새 파일을 만들어 저장했다고 가정해 보겠습니다. **저장과 동시에 이 파일은 작업 디렉터리에 untracked 파일로 존재**합니다. 다음은 터미널 창에 **git status**를 입력했을 때 나타나는 메시지의 일부입니다. 여기서 'Untracked files'는 깃이 관리해 본 적이 없는 파일, 즉 add가 된 적이 없는 파일을 의미합니다.

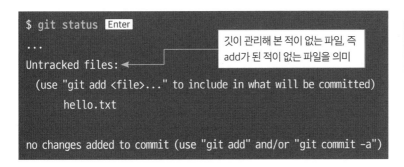

깃이 관리해 본 적이 없는 파일, 즉 add가 된 적이 없는 파일을 의미

이제 작업 디렉터리에 있는 hello.txt에 **git add** 명령을 적용하면 **스테이지 영역으로 이동**합니다. 스테이지 영역은 저장소에 들어가기 전 준비 단계라고 보면 돼요. CHAPTER 01에서 설명한 캡슐에 담긴 상태입니다.

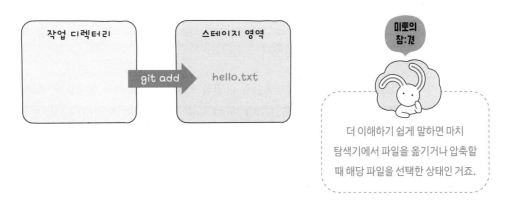

더 이해하기 쉽게 말하면 마치 탐색기에서 파일을 옮기거나 압축할 때 해당 파일을 선택한 상태인 거죠.

그런 다음 **git commit** 명령을 실행해 **저장소의 커밋 상태로 옮깁니다.** 이때 파일이 커밋되는 저장소를 **.git directory**라고 부르기도 합니다.

계속 저장소에 존재하다가 파일을 수정하면 다시 작업 디렉터리로 들어갑니다.

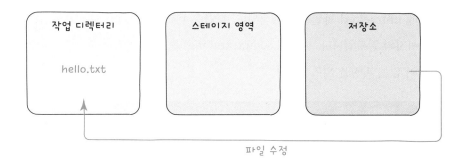

정리하면,

❶ 파일을 만듭니다.

❷ 작업 디렉터리에 들어갑니다.

❸ 그것을 git add하면 스테이지 영역에 들어갑니다.

❹ git commit을 하면 저장소에 들어갑니다.

❺ 파일을 수정하면 다시 작업 디렉터리로 들어갑니다.

git rm 명령으로 파일 삭제하기

이어서 깃에서 **파일을 삭제하는 git rm** 명령과 **파일을 이동하는 git mv** 명령을 알아보겠습니다. 이 기능을 쓰지 않고 직접 삭제하거나 이동한 뒤 git add 등으로 처리하는 사람들도 있지만, 여기서는 git rm과 git mv 명령 같은 기능이 깃의 구조와 어떻게 연결되는지 짧은 실습을 통해 알아보겠습니다. 먼저 git rm 명령을 사용해 보겠습니다.

VS Code에서 파일 삭제하고 커밋하기

먼저 VS Code에서 파일을 삭제한 후 삭제한 파일이 깃의 세 공간에서 어떻게 움직이는지 변화를 살펴보겠습니다.

CHAPTER 04에서 실습을 끝낸 상태라면 현재의 브랜치가 **from-remote**입니다. 동일한 환경에서의 실습을 위해 **git switch main**을 실행해 main 브랜치로 변경해 주세요.

01 VS Code에서 **tigers.yaml**을 마우스 오른쪽 버튼으로 클릭하고 **삭제**를 선택해 삭제합니다. 삭제를 확인하는 대화상자가 나타나면 **휴지통으로 이동**을 클릭해 삭제합니다.

02 **git status** 명령으로 상태를 확인합니다. 그러면 tigers.yaml이 지워진 상태가 빨간색으로 나타납니다. 이것은 파일이 삭제되었는데 변경 사항이 아직 add되지 않았다는 뜻입니다. 즉 삭제된 상태이지만 여전히 작업 디렉터리에 있다는 의미입니다.

```
$ git status Enter
On branch main
Your branch is up to date with 'origin/main'.

Changes not staged for commit:
  (use "git add/rm <file>..." to update what will be committed)
  (use "git restore <file>..." to discard changes in working directory)
        deleted:    tigers.yaml

no changes added to commit (use "git add" and/or "git commit -a")
```

03 삭제 내역을 커밋해서 버전에 저장하려면 **git add .** 명령을 실행해야 합니다. 다시 **git status** 명령을 실행하면 tigers.yaml 파일이 deleted로 처리되는 것을 확인할 수 있습니다.

```
$ git add .  Enter
$ git status  Enter
On branch main
Your branch is up to date with 'origin/main'.

Changes to be committed:
  (use "git restore --staged <file>..." to unstage)
        deleted:    tigers.yaml
```

04 다음 실습을 위해 **git reset --hard** 명령으로 앞의 작업을 되돌립니다. tigers.yaml이 다시 생겼습니다.

```
$ git reset --hard  Enter
HEAD is now at e6108af Add Pinkfong to Jaguars
```

git rm 명령으로 파일 삭제하면서 바로 커밋하기

앞서 따라하기 **01~02**에서 tigers.yaml 파일은 삭제된 상태이지만 아직 add되기 전이므로 작업 디렉터리에 있었습니다. 그래서 삭제 내역을 커밋해서 버전에 저장하기 위해 add를 실행해 주었죠. **git rm** 명령을 사용하면 어떤 파일을 삭제하면서 동시에 삭제되었다는 변경 사항을 스테이지 영역에 넘겨서 바로 커밋할 수 있습니다. **git rm** 명령과 **파일 이름**을 입력합니다.

```
git rm (파일 이름)
```

01 **git rm** 명령으로 tigers.yaml 파일을 삭제하고 바로 커밋합니다.

```
$ git rm tigers.yaml  Enter
rm 'tigers.yaml'
```

02 **git status** 명령으로 상태를 확인해 보겠습니다. tigers.yaml이 삭제된 상태가 바로 스테이지 영역까지 간다는 뜻입니다.

```
$ git status  Enter
On branch main
Your branch is up to date with 'origin/main'.

Changes to be committed:
  (use "git restore --staged <file>..." to unstage)
        deleted:    tigers.yaml
```

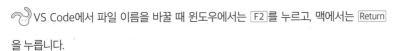 이제 **git commit** 명령으로 깃 메시지를 입력하고 실행하면 변경 사항이 바로 저장소에 커밋됩니다.

03 다음 실습을 위해 **git reset** 명령으로 앞의 작업을 되돌리겠습니다.

```
$ git reset --hard  Enter
HEAD is now at e6108af Add Pinkfong to Jaguars
```

git mv 명령으로 파일 이동하기

이번에는 git mv 명령의 기능을 알아보겠습니다.

VS Code에서 파일 이름 변경하기

VS Code에서 tigers.yaml 파일 이름을 변경해 보겠습니다.

01 VS Code의 탐색기에서 tigers.yaml 파일을 선택하고 F2 를 눌러 파일 이름을 zzamtigers.yaml로 바꿔 보겠습니다.

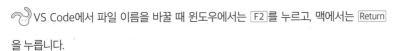 VS Code에서 파일 이름을 바꿀 때 윈도우에서는 F2 를 누르고, 맥에서는 Return 을 누릅니다.

02 **git status** 명령으로 상태를 확인합니다. 그러면 두 가지 변화가 감지됩니다. 일단 tigers. yaml이 삭제됐다는 것과 zzamtigers.yaml이 새로 생겨났다는 거죠.

```
$ git status  Enter
On branch main
Your branch is up to date with 'origin/main'.

Changes not staged for commit:
  (use "git add/rm <file>..." to update what will be committed)
  (use "git restore <file>..." to discard changes in working directory)
        deleted:    tigers.yaml

Untracked files:
  (use "git add <file>..." to include in what will be committed)
        zzamtigers.yaml

no changes added to commit (use "git add" and/or "git commit -a")
```

03 **git add** . 명령을 적용하고 다시 **git status** 명령을 실행합니다. 출력 결과를 보면 이제서야 파일 이름이 변경된 것이라고 깃이 제대로 인식합니다.

```
$ git add .  Enter
$ git status  Enter
On branch main
Your branch is up to date with 'origin/main'.

Changes to be committed:
  (use "git restore --staged <file>..." to unstage)
        renamed:    tigers.yaml -> zzamtigers.yaml
```

04 다음 실습을 위해 **git reset** 명령으로 앞의 작업을 되돌립니다.

```
$ git reset --hard  Enter
HEAD is now at e6108af Add Pinkfong to Jaguars
```

git mv 명령으로 파일 이름 변경하기

이번에는 tigers.yaml 파일에 git mv 명령을 적용해 zzamtigers.yaml로 바꿔 보겠습니다.

git mv 명령과 **원래 파일 이름**, **변경 파일 이름**을 차례로 입력합니다.

```
git mv (원래 파일 이름) (변경 파일 이름)
```

01 아래와 같이 명령을 입력합니다. 탐색기를 보면 바로 파일 이름이 변경된 것을 볼 수 있습니다.

```
$ git mv tigers.yaml zzamtigers.yaml Enter
```

02 git status 명령을 실행해 보면 tigers.yaml이 zzamtigers.yaml로 이름이 바뀌어 수정 사항이 스테이지 영역에 올라간 것을 확인할 수 있습니다. 즉 커밋할 준비가 된 것입니다.

```
$ git status Enter
On branch main
Your branch is up to date with 'origin/main'.

Changes to be committed:
  (use "git restore --staged <file>..." to unstage)
        renamed:    tigers.yaml -> zzamtigers.yaml
```

03 다음 실습을 위해 **git reset --hard** 명령으로 tigers.yaml 파일로 되돌립니다.

```
$ git reset --hard Enter
HEAD is now at e6108af Add Pinkfong to Jaguars
```

restore 명령으로 파일을 작업 디렉터리로 되돌리기

우리가 파일의 어떤 변화를 add해서 작업 디렉터리에서 스테이지 영역으로 옮겨 놓았는데, 이 것을 **다시 작업 디렉터리로 돌려 놓으려고** 합니다.

예를 들어, 파일 몇 개를 스테이지 영역에 올렸는데 그중에서 특정 파일을 이번 커밋 말고 별도의 커밋에서 처리하고 싶다고 가정해 보겠습니다. 이때 소스트리를 쓰면 '스테이지에 올라간 파일'에 있는 파일에서 ■를 클릭해 빼면 되겠지만, CLI에서는 **restore** 명령을 사용합니다.

01 **tigers.yaml**, **pumas.yaml**, **panthers.yaml** 파일에 다음과 같이 내용을 추가한 후 각각 저장합니다. **git add** . 명령과 **git status** 명령을 실행합니다. 출력 결과를 보면 세 파일이 초록색으로 표시되어 스테이지 영역에 있는 것을 볼 수 있습니다.

tigers.yaml	pumas.yaml	panthers.yaml
team: Tigers	team: Pumas	team: Panthers
manager: Brenda	manager: Jude	manager: Sebastian
coach: Ruth	members:	coach: Shirley
	- Ezra	
members:	- Carter	members:
- Linda	- Finn	- Violet
- William	- Pororo	- Stella
- David	- .	- Anthony
- George		- Freddie
- Tyler		- .
- Kim		
- .		

```
$ git add .  Enter
$ git status  Enter
On branch main
Your branch is up to date with 'origin/main'.

Changes to be committed:
  (use "git restore --staged <file>..." to unstage)
        modified:   panthers.yaml
        modified:   pumas.yaml
        modified:   tigers.yaml
```

02 변경된 tigers.yaml, pumas.yaml, panthers.yaml 파일 중에서 pumas.yaml은 커밋에 포함하고 싶지 않으면 어떻게 해야 할까요? 가령 세 파일 중에서 pumas.yaml은 다른 성질의 작업이어서 다음 커밋에 넣으려고 합니다. 그러면 pumas.yaml 파일을 스테이지 영역에서 빼고 작업 디렉터리로 되돌립니다. 이때 restore를 사용합니다. **git restore --staged** 명령과 **파일 이름**을 입력합니다.

```
pumas.yaml
 1    team: Pumas
 2
 3    manager: Jude
 4
 5    members:
 6    - Ezra
 7    - Carter
 8    - Finn
 9    - Pororo
10
```

```
$ git restore --staged pumas.yaml  Enter
```

03 **git status** 명령을 실행합니다.

```
$ git status  Enter
On branch main
Your branch is up to date with 'origin/main'.

Changes to be committed:
  (use "git restore --staged <file>..." to unstage)
        modified:   panthers.yaml
        modified:   tigers.yaml

Changes not staged for commit:
  (use "git add <file>..." to update what will be committed)
  (use "git restore <file>..." to discard changes in working directory)
        modified:   pumas.yaml
```

 소스트리에서 실행하는 간단한 방법 ······························

소스트리를 실행해 History에서 **커밋하지 않은 변경 사항**을 선택하면 pumas.yaml만 '스테이지에 올라가지 않은 파일' 상태에 있는 것을 확인할 수 있습니다. ⊞를 클릭하면 다시 스테이지로 올릴 수 있고, 스테이지에 있는 파일도 ⊟를 클릭하면 내릴 수 있습니다.

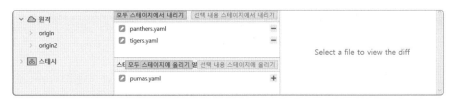

04 아예 변경 사항을 작업 디렉터리에서 뺄 수도 있습니다. 이 말은 변화 상태 자체를 되돌리 겠다는 겁니다. **pumas.yaml** 파일에 **git restore** 명령을 적용하고 파일 내용을 확인해 보면 수정 사항이 사라집니다.

```
$ git restore pumas.yaml Enter
```

즉 **git restore --staged**는 스테이지 영역에서 작업 디렉터리(파일이 수정되어 저장만 된 상 태)로 되돌리는 것이고, add가 되지 않은 작업 디렉터리에 있는 파일을 restore하면 수정하 기 이전의 커밋 상태로 되돌립니다.

05 **git reset --hard** 명령을 입력해 나머지 tigers.yaml과 panthers.yaml도 원래 상태로 되 돌립니다.

```
$ git reset --hard Enter
HEAD is now at e6108af Add Pinkfong to Jaguars
```

git reset 명령으로 작업 되돌리기

87쪽에서 작업을 되돌릴 때 reset 명령을 사용했습니다. 지금까지는 수정 사항을 완전히 되 돌리는 **git reset --hard** 명령만 사용했는데, 여기서는 **reset 명령의 세 가지 옵션 --hard, --mixed, --soft**를 알아보겠습니다.

- **git reset --hard: 작업 내역 자체를 지웁니다.** 어떤 변경 사항을 작업 디렉터리에서도 없애 는 가장 급진적인 방법입니다.
- **git reset --mixed**: 변경 사항을 작업 디렉터리에는 남겨 두지만, 파일 자체는 변경하지 않습 니다. 즉 **변경 사항을 스테이지 영역에서만 제거하는 명령입니다.** --mixed 옵션은 reset 명 령의 기본값이라서 따로 옵션을 입력하지 않고 git reset만 입력해도 동일하게 적용됩니다.
- **git reset --soft**: 변경 사항을 저장소에서만 제거하고 스테이지 영역에 남겨 둡니다. 그러니 까 커밋은 되지 않았지만 add가 된 상태로 두는 것입니다.

01 VS Code에서 **tigers.yaml** 파일에 다음 내용을 추가하고 **저장**합니다.

tigers.yaml

```
team: Tigers
    ⋮
- George
- Tyler
- Kim
- reset
```

02 해당 변경 사항을 바로 커밋해 보겠습니다.

```
$ git commit -am 'reset this'  Enter
[main d713314] reset this
 1 file changed, 1 insertion(+)
```

03 소스트리에서 작업 내역을 보면 새로 커밋이 하나 추가되어 있습니다. 바로 앞 단계의 시점으로 리셋해 보겠습니다. 앞 단계 커밋의 해시값을 복사합니다.

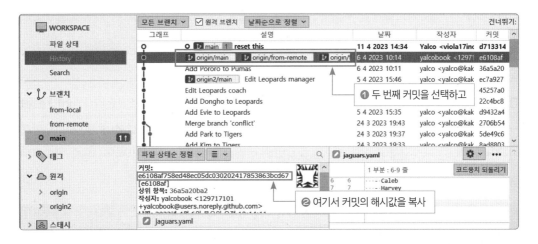

04 VS Code 터미널 창으로 돌아와 **git reset --mixed** 명령을 입력하고 복사한 커밋 해시값을 붙여 넣습니다.

```
$ git reset --mixed e6108af758ed48ec05dc030202417853863bcd67  Enter
Unstaged changes after reset:
M       tigers.yaml
```

05 코드 창에서 tigers.yaml 파일을 보면 변경된 부분이 그대로 남아 있습니다. 그런데 **git status** 명령으로 확인하면 add되기 전 작업 디렉터리로 돌아가 있는 것을 알 수 있습니다.

```
$ git status Enter
On branch main
Your branch is up to date with 'origin/main'.

Changes not staged for commit:
  (use "git add <file>..." to update what will be committed)
  (use "git restore <file>..." to discard changes in working directory)
        modified:   tigers.yaml

no changes added to commit (use "git add" and/or "git commit -a")
```

🐚 현재 커밋에서 여러 파일에 변화가 있을 때 그중 내가 원하는 것만 골라서 커밋하고 싶다면 **git reset** 명령으로 불필요한 변경 사항은 제외하고 커밋하면 됩니다.

06 일단 여기서 다시 커밋을 하겠습니다.

```
$ git commit -am 'reset options' Enter
[main 1d67fec] reset options
 1 file changed, 1 insertion(+)
```

07 이번에는 --soft 옵션을 적용해 바로 앞 단계의 커밋으로 되돌려 보겠습니다. **git reset --soft** 명령을 입력하고 앞서 **복사한 커밋 해시값**을 붙여넣습니다. **git status** 명령으로 상태를 확인하면 tigers.yaml이 초록색으로 표시되어 있습니다. 이것은 변경 사항이 아직 지워지지 않았고 스테이지 영역에 add되어 있는 상태라는 뜻입니다.

```
$ git reset --soft e6108af758ed48ec05dc030202417853863bcd67 Enter
$ git status Enter
On branch main
Your branch is up to date with 'origin/main'.

Changes to be committed:
  (use "git restore --staged <file>..." to unstage)
        modified:   tigers.yaml
```

🐚 다음 실습을 위해 **git reset --hard** 명령으로 변경 사항을 리셋합니다.

LESSON 18 체크아웃과 페치

학습 목표

지금까지 오면서 깃은 여러 브랜치를 생성하며 작업을 진행한다는 것을 알았습니다. 각 브랜치는 서로 다른 커밋을 가질 수 있고요. 이번에는 브랜치에서 가장 최신의 커밋을 나타내는 포인터인 헤드에 대해 알아보고 헤드를 이동해 이전 커밋으로 돌아가는 체크아웃에 대해 알아보겠습니다.

헤드 개념 이해하기

깃에서 **헤드**HEAD는 현재 작업 중인 브랜치의 가장 최신 커밋을 나타내는 포인터입니다. 말하자면 작업 중인 브랜치의 현재 상태를 나타내는 것이죠.

보통 깃에서는 여러 브랜치를 생성하여 작업을 진행합니다. 각 브랜치는 서로 다른 커밋을 가질 수 있습니다. 이때 헤드는 현재 작업 중인 브랜치를 가리키고 있으며, 그 브랜치에서 가장 마지막 커밋입니다. **체크아웃**checkout 명령을 이용하면 **헤드를 이동해서 이전 커밋으로 돌아가는 등의 작업을 수행**할 수 있습니다.

헤드는 다음과 같은 상황에서 바뀔 수 있습니다.
❶ **새로운 커밋이 작업 중인 브랜치에 추가될 때마다** 헤드가 해당 커밋을 가리킵니다.
❷ **새로운 브랜치를 생성할 때** 헤드가 새로운 브랜치를 가리킵니다.
❸ **다른 브랜치로 이동할 때** 헤드가 이동한 브랜치를 가리킵니다.

01 먼저 예제 **git-heads.zip**을 다운로드해 압축을 풉니다. VS Code 메뉴에서 **파일 - 폴더 열기**를 선택하고 **../git-heads/git-heads** 폴더를 선택한 후 **폴더 선택** 버튼을 클릭합니다.

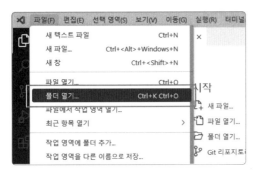

🐌 예제 다운로드 방법은 14쪽을 참고하세요.

02 폴더를 열면 탐색기에 **file.txt** 파일이 하나 나타납니다.

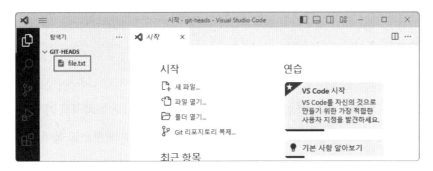

03 소스트리 메뉴에서도 **파일 - 열기**를 선택합니다. **../git-heads/git-heads** 폴더를 선택하고 **폴더 선택** 버튼을 클릭합니다.

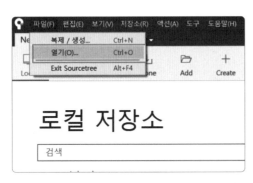

🐌 책갈피를 생성하겠냐는 대화상자가 나타나면 **확인** 버튼을 클릭합니다.

04 왼쪽 메뉴의 **History**를 클릭하면 작업 내역이 나타납니다.

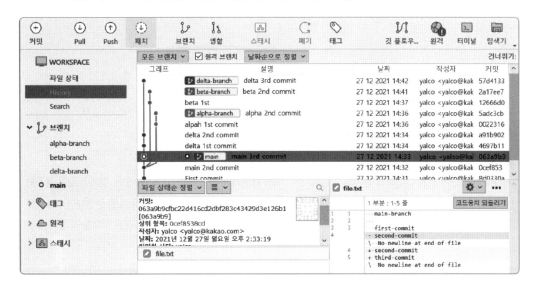

main 브랜치가 있고 여기서 alpha-branch, beta-branch, delta-branch 브랜치가 분기해 있는 상태입니다. **깃 헤드**란 **특정 브랜치의 최신 커밋**을 의미합니다. 그러니까 브랜치의 맨 끝 단이죠. VS Code의 터미널 창을 보면 우리는 현재 main 브랜치에 있죠. 다시 말해 main 브랜치의 헤드에 있는 겁니다.

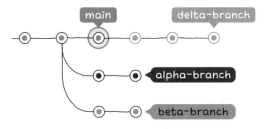

05 **git switch** 명령으로 **alpha-branch** 브랜치로 이동해 보겠습니다. 이제 alpha-branch 브랜치의 헤드에 위치합니다.

```
yalco@Desktop MINGW64 /d/toomuch-git/git-heads (main)
$ git switch alpha-branch [Enter]
Switched to branch 'alpha-branch'
yalco@Desktop MINGW64 /d/toomuch-git/git-heads (alpha-branch)
```

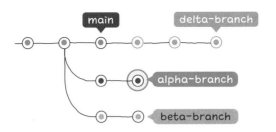

헷갈리는 헤드 ··

HEAD가 끝단에 있는 것이라고 했는데, 그림에서는 main 브랜치의 헤드가 줄기 중간에 있는 것처럼 보여 혼동될
수 있습니다. 헤드는 한 '가지'의 끝이 아니라 한 '브랜치'의 끝단, 즉 해당 브랜치의 마지막 커밋을 말합니다. main 브
랜치의 최신 커밋으로부터 delta-branch가 파생되어 나온 것이므로 브랜치들이 그림과 같은 형태를 갖게 되는 것
입니다.

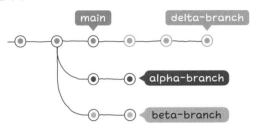

06 소스트리에서도 확인해 보겠습니다. 현재 alpha-branch 브랜치에 있습니다. 헤드의 위치
를 변경하기 위해 브랜치 목록에서 **delta-branch**를 마우스 오른쪽 버튼으로 클릭하고 **체크아
웃 delta-branch**를 선택합니다.

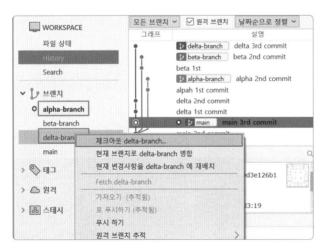

여기서 '체크아웃'은 브랜치를
이동하는 스위치(switch)와 같다고
이해하면 됩니다. 자세한 기능은
237쪽에 나오는 〈체크아웃〉에서
알아보겠습니다.

07 헤드가 delta-branch로 변경되었습니다.

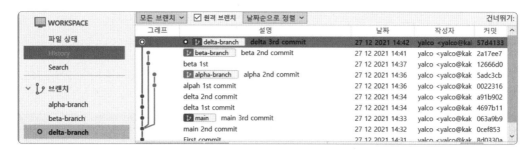

08 브랜치 목록에서 **main**을 마우스 오른쪽 버튼으로 클릭하고 **체크아웃 main**을 선택하면 main 브랜치로 이동합니다.

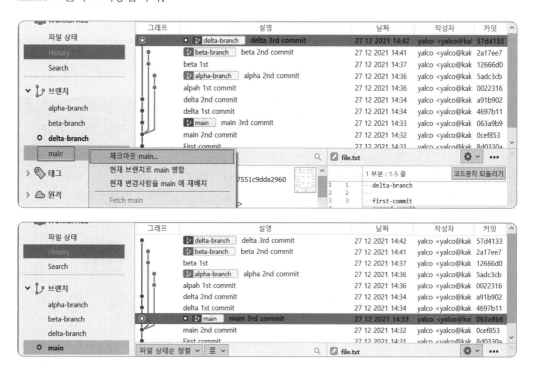

체크아웃

체크아웃이라는 기능을 통해 alpha-branch, delta-branch, main 브랜치 사이를 이동switch 해 봤습니다. **체크아웃** checkout은 **작업 내역을 그대로 두고 파일의 상태만 과거 시점으로 이동**할 때 사용합니다. 비유하자면 타임라인을 건드리지 않고 타임머신으로 과거의 원하는 시점으로 여행하는 것입니다.

체크아웃으로 한 단계만큼 돌아가려면 다음과 같이 명령을 작성합니다.

```
git checkout HEAD^
```

01 먼저 브랜치를 **delta-branch**로 변경합니다.

```
$ git switch delta-branch Enter
Switched to branch 'delta-branch'
yalco@Desktop MINGW64 /d/toomuch-git/git-heads (delta-branch)
```

02 delta-branch에서 한 단계 뒤로 가 보겠습니다.

```
$ git checkout HEAD^ Enter
Note: switching to 'HEAD^'.
...
HEAD is now at a91b902 delta 2nd commit
yalco@Desktop MINGW64 /d/toomuch-git/git-heads ((a91b902...))
```

이때 HEAD 뒤에 붙이는 **^(캐럿)**의 개수만큼 뒤 단계로 이동할 수 있습니다. ^(캐럿) 대신 **~(물결선)**을 사용할 수 있고 ~(물결선) 뒤에 이동할 단계 개수를 써도 됩니다. 가령세 단계 전으로 이동한다면 다음과 같이 작성합니다.

```
git checkout HEAD^^^
git checkout HEAD~3
```

미로의 참:견

checkout은 reset과 revert와는 다릅니다. reset은 한 단계 뒤로 가면서 앞 단계를 지워 버리지만 checkout은 파일들의 상태만 한 단계 뒤 시점으로 되돌리는 것입니다.

뒤로 이동한 단계를 다시 한 단계 앞으로 돌리려면 **git checkout** 명령 뒤에 -(하이픈)을 붙입니다. 마치 [Ctrl]+[Z]를 누르는 것과 같습니다.

```
git checkout -
```

git checkout 명령으로 헤드 이동하고 소스트리에서 확인하기

git checkout 명령어 다음에 커밋 해시값을 붙여도 해당 위치로 체크아웃할 수 있습니다. 실습을 위해 **git checkout -**(하이픈) 명령을 실행해 delta-branch 브랜치의 첫 번째 커밋으로 이동하고 준비합니다.

01 현재 헤드는 delta-branch 맨 끝에 있습니다. 두 단계 이전으로 헤드를 이동해 보겠습니다.

```
yalco@Desktop MINGW64 /d/toomuch-git/git-heads (delta-branch)
$ git checkout HEAD^^ Enter
Note: switching to 'HEAD^^'.
...
HEAD is now at 4697b11 delta 1st commit
yalco@Desktop MINGW64 /d/toomuch-git/git-heads ((4697b11...))
```

02 VS Code의 file.txt 파일 내용은 두 단계 이전 상태로 돌아왔습니다. 소스트리를 보면 delta-branch의 헤드가 두 단계 이전으로 이동한 것을 확인할 수 있습니다.

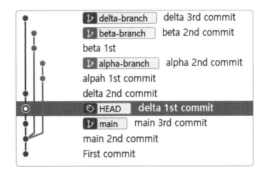

03 다시 한 단계 더 뒤로 이동해 보겠습니다. **git checkout** 명령을 실행하고 소스트리를 보면 delta-branch 브랜치가 main 브랜치에서 갈라지기 전 시점으로 이동해 있습니다.

```
$ git checkout HEAD^ Enter
Previous HEAD position was 4697b11 delta 1st commit
HEAD is now at 063a9b9 main 3rd commit
yalco@Desktop MINGW64 /d/toomuch-git/git-heads ((063a9b9...))
```

04 앞에서 이동한 위치에서 한 단계 앞으로 되돌리려면 **git checkout -**(하이픈) 명령을 이용합니다. 소스트리에서도 다시 헤드 위치가 바뀐 것을 알 수 있습니다.

```
$ git checkout - Enter
Previous HEAD position was 063a9b9 main 3rd commit
HEAD is now at 4697b11 delta 1st commit
yalco@Desktop MINGW64 /d/toomuch-git/git-heads ((4697b11...))
```

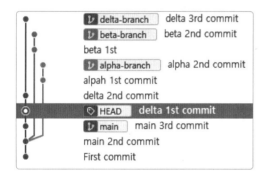

05 현재 브랜치를 확인해 볼까요? VS Code에서 **git branch** 명령을 실행하면 다음과 같이 현재 브랜치가 main 혹은 delta-branch 브랜치가 아닌 이전에 없던 임의의 브랜치로 지정되어 있습니다. 즉 checkout으로 과거로 돌아간다는 것은 해당 시점에 아직 이름이 지어지지 않은 임시 브랜치를 생성한 뒤 그쪽으로 이동하는 것입니다.

```
$ git branch Enter
* (HEAD detached at 4697b11)
  alpha-branch
  beta-branch
  delta-branch
  main
```

06 여기서 다시 delta-branch 브랜치의 끝으로 돌아가려면 어떻게 해야 할까요? **git switch** 명령으로 브랜치를 이동합니다.

```
$ git switch delta-branch Enter
Previous HEAD position was 4697b11 delta 1st commit
Switched to branch 'delta-branch'
yalco@Desktop MINGW64 /d/toomuch-git/git-heads (delta-branch)
```

07 소스트리의 작업 내역을 확인하면 헤드가 delta-branch 브랜치의 최신 커밋에 있는 것을 알 수 있습니다.

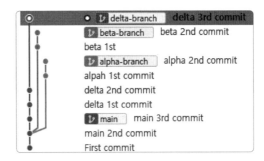

08 이번에는 beta-branch 브랜치로 이동하고 전 단계로 헤드를 이동해 보겠습니다.

```
$ git switch beta-branch Enter
Switched to branch 'beta-branch'
yalco@Desktop MINGW64 /d/toomuch-git/git-heads (beta-branch)
$ git checkout HEAD^ Enter
Note: switching to 'HEAD^'.

...
HEAD is now at 12666d0 beta 1st
yalco@Desktop MINGW64 /d/toomuch-git/git-heads ((12666d0...))
```

09 여기서 새 브랜치로 분기해 보겠습니다.

```
$ git switch -c gamma-branch Enter
Switched to a new branch 'gamma-branch'
yalco@Desktop MINGW64 /d/toomuch-git/git-heads (gamma-branch)
```

10 새로 분기한 **gamma-branch** 브랜치에 커밋을 하나 만들어 보겠습니다. VS Code에서 **file.txt**의 1행을 **gamma-branch**로 수정하고 **저장**한 후 **gamma 1st commit**이라는 커밋 메시지로 커밋합니다.

file.txt

```
1    gamma-branch
2
3    first-commit
```

```
$ git commit -am 'gamma 1st commit'  Enter
[gamma-branch f35645e] gamma 1st commit
 1 file changed, 1 insertion(+), 1 deletion(-)
```

11 소스트리를 확인해 보면 beta-branch 브랜치에서 gamma-branch 브랜치가 한 줄기 뻗어나온 걸 볼 수 있습니다. 이런 식으로 체크아웃을 사용해서 커밋을 앞뒤로 왔다갔다 이동하고 거기서 또 다른 브랜치를 만들 수 있다는 것도 기억해 두면 되겠습니다.

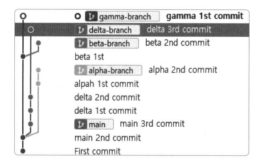

헤드를 사용하여 리셋하기

이제까지 우리는 리셋을 할 때 **git log** 명령을 실행하거나 소스트리에서 해당 커밋을 클릭하여 특정 시점의 해시값을 확인해야 했습니다. 헤드를 사용하면 리셋도 더 편리하게 할 수 있습니다. git reset 명령은 다음과 같이 작성합니다.

```
git reset (옵션) HEAD~(원하는 단계)
```

delta-branch 브랜치로 돌아가서 두 단계를 리셋해 보겠습니다.

01 일단 **delta-branch** 브랜치로 헤드를 이동합니다.

```
yalco@Desktop MINGW64 /d/toomuch-git/git-heads (gamma-branch)
$ git switch delta-branch  Enter
Switched to branch 'delta-branch'
```

02 git reset 명령을 이용해 두 단계를 리셋합니다.

```
yalco@Desktop MINGW64 /d/toomuch-git/git-heads (delta-branch)
$ git reset --hard HEAD~2  Enter
HEAD is now at 4697b11 delta 1st commit
```

03 소스트리를 보면 delta-branch 브랜치의
두 단계가 사라진 것을 확인할 수 있습니다.
이제 헤드의 개념을 이해했으니 체크아웃과
리셋으로 자유롭게 시간과 공간을 다룰 수 있
게 되었습니다.

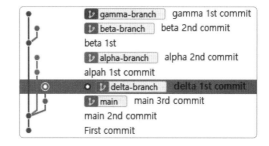

페치와 풀의 차이

이번에는 **페치**fetch와 **풀**pull에 대해서 더 자세히 알아보겠습니다. 앞서 실습했던 **풀은 원격 저
장소의 최신 커밋을 로컬 컴퓨터로 가져와 머지하거나 리베이스**합니다. 반면 **페치는 원격 저
장소의 최신 커밋을 로컬로 가져오기만** 합니다.

변경 사항을 페치해서 미리 확인하기

현재 작업 내역의 최신 커밋을 보면 로컬의 main과 원격 저장소의 origin/main이 위치하고 있
습니다. 여기서 만약 원격 저장소에 다른 사람이 커밋을 추가했는데 아직 내 로컬 컴퓨터에 해
당 커밋이 없는 상태라고 가정해 봅시다. 이 변경 사항을 내 컴퓨터로 가져와서 머지하거나 리
베이스하기 전에 살펴보려면 풀 대신 페치를 합니다. **페치를 하면 로컬에 가상의 브랜치가 하
나 추가되고 변경 사항을 받아 옵니다.**

⬇ VS Code와 소스트리에서 [파일] – [폴더 열기] 혹은 [열기]를 선택해 ../git-practice를 엽니다.

01 일단 로컬과 원격 저장소의 다른 브랜치는 모두 정리하고 로컬의 **main 브랜치와 원격 저장소의 origin/main 브랜치만** 남기겠습니다. 소스트리의 왼쪽 메뉴에서 '브랜치'의 **from-local, from-remote**와 '원격'의 'origin'에서도 **from-local**과 **from-remote**를 삭제합니다. **origin2**도 삭제합니다.

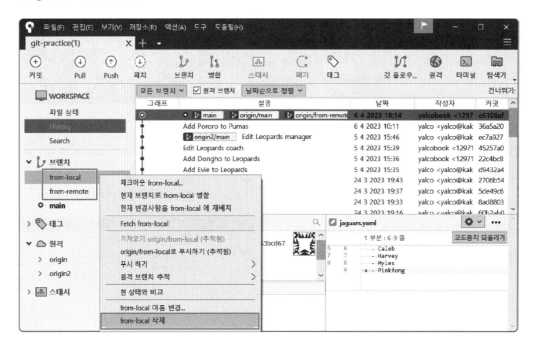

02 원격 저장소에서 변경 사항을 하나 만들고 해당 변경 사항의 내용만 로컬에서 보는 방법을 실습해 보겠습니다. 깃허브의 원격 저장소에서 **tigers.yaml**을 열고 **Edit this file** 아이콘(✏)을 클릭합니다.

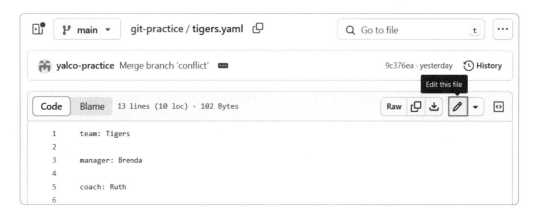

03 다음과 같이 맨 마지막에 **fetch: this**를 추가합니다. **Commit changes** 버튼을 클릭합니다.

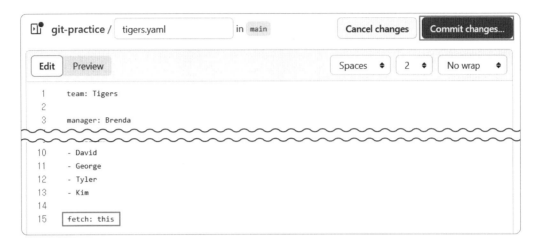

04 커밋 메시지는 기본 입력 상태로 두고 **Commit changes** 버튼을 클릭합니다.

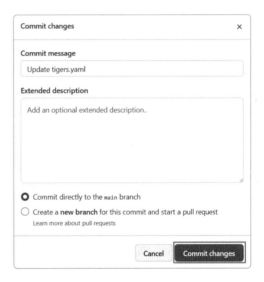

05 VS Code의 터미널 창으로 가서 **git checkout** 명령으로 원격 저장소의 **origin/main** 브랜치로 이동합니다. 출력 결과를 보면 main이 아닌 다른 브랜치로 이동한 것이 표시됩니다.

```
yalco@Desktop MINGW64 /d/toomuch-git/git-practice (main)
$ git checkout origin/main Enter
Note: switching to 'origin/main'.

...
HEAD is now at e6108af Add Pinkfong to Jaguars
yalco@Desktop MINGW64 /d/toomuch-git/git-practice ((e6108af...))
```

06 그런데 **tigers.yaml** 파일을 보면 아직 변경 사항이 반영되어 있지 않습니다. 원격 저장소에서 변경 사항을 아직 페치하지 않았기 때문입니다.

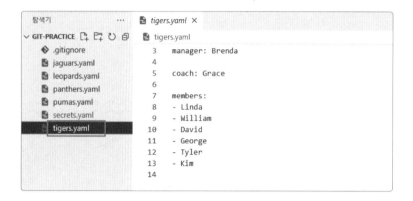

07 **git switch** 명령으로 **main** 브랜치로 돌아옵니다.

```
$ git switch main Enter
Switched to branch 'main'
Your branch is up to date with 'origin/main'.
yalco@Desktop MINGW64 /d/toomuch-git/git-practice (main)
```

08 이 상태에서 **git fetch** 명령을 실행합니다.

```
$ git fetch Enter
remote: Enumerating objects: 5, done.
remote: Counting objects: 100% (5/5), done.
remote: Compressing objects: 100% (3/3), done.
remote: Total 3 (delta 2), reused 0 (delta 0), pack-reused 0
Unpacking objects: 100% (3/3), 675 bytes ¦ 56.00 KiB/s, done.
From https://github.com/yalco/git-practice
   56c83cf..fe56ccb main     -> origin/main
```

09 출력 결과를 보면 무언가 커밋이 추가되었다고 나타납니다. 하지만 아직 이걸 main 브랜치에 적용하고 싶진 않고 살펴보기만 하고 싶다면 어떻게 해야 할까요? **로컬에 커밋을 반영하지 않더라도 원격 저장소의 프로젝트 파일을 로컬에서 한번 실행**해 볼 수도 있어야 하니까요. 그럴 때 **git checkout** 명령을 사용합니다.

```
$ git checkout origin/main  Enter
Note: switching to 'origin/main'.
...
HEAD is now at 11e792f Update tigers.yaml
```

10 그러면 로컬 컴퓨터에서도 **tigers.yaml**의 변경 사항인 **fetch: this**를 확인할 수 있습니다. 이렇게 로컬에서 코드를 확인할 수 있습니다.

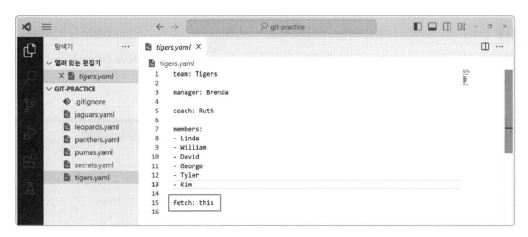

11 이 상태에서 코드에 문제가 없다고 판단하면 main 브랜치로 풀을 할 수 있습니다. 먼저 **git switch** 명령으로 **main** 브랜치로 이동합니다.

```
$ git switch main  Enter
Previous HEAD position was 4a24792 Update tigers.yaml
Switched to branch 'main'
Your branch is behind 'origin/main' by 1 commit, and can be fast-forwarded.
  (use "git pull" to update your local branch)
```

12 바로 풀을 하겠습니다. 현재 로컬에는 다른 커밋이 없었기 때문에 머지할 필요도 없이 그대로 풀이 된 것을 볼 수 있습니다.

```
$ git pull  Enter
Updating e6108af..11e792f
Fast-forward
 tigers.yaml | 2 ++
 1 file changed, 2 insertions(+)
```

이처럼 원격 저장소에 있는 내용을 페치하고 체크아웃으로 전체 폴더의 상태를 확인할 수 있다는 점을 알아두면 됩니다.

원격 저장소의 새 브랜치 확인하기

이번에는 원격 저장소의 새 브랜치를 로컬에서 확인해 보겠습니다.

01 깃허브 원격 저장소에서 새 브랜치를 만들어 보겠습니다. 화면 상단의 **main**을 클릭하고 브랜치 이름을 **new-branch**라고 입력합니다. 아래 **Create branch: new-branch**를 클릭합니다.

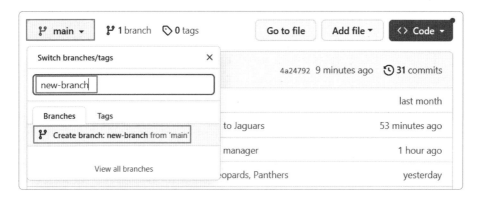

02 new−branch에서 **tigers.yaml** 파일을 열고 **Edit this file** 아이콘( )을 클릭합니다.

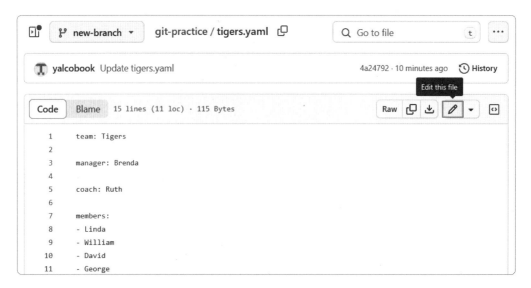

03 맨 아래에 **new: branch**를 입력하고 **Commit changes** 버튼을 클릭해 커밋합니다.

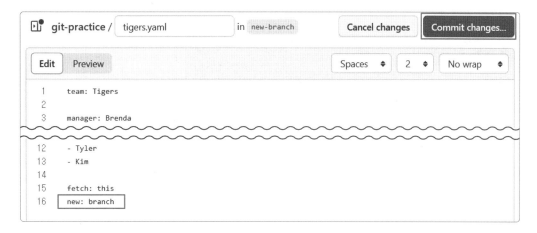

04 커밋 메시지는 기본 입력 상태로 두고 **Commit changes** 버튼을 클릭합니다.

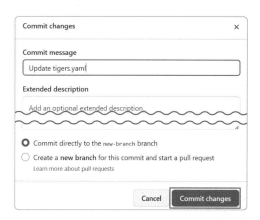

05 VS Code로 돌아와 페치해 보겠습니다. new-branch라는 새 브랜치가 나타납니다.

```
$ git fetch [Enter]
remote: Enumerating objects: 5, done.
...
 * [new branch]      new-branch -> origin/new-branch
```

06 **git branch** 명령으로 브랜치를 확인해 봐도 새 브랜치를 확인할 수 있습니다.

```
$ git branch -a [Enter]
* main
  remotes/origin/main
  remotes/origin/new-branch
```

07 이번에도 이 브랜치를 다운로드하지 않고 일단 확인만 해 보려고 합니다. **new-branch**를
체크아웃합니다.

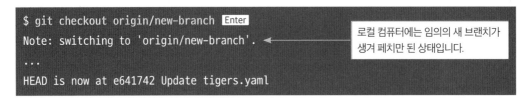

```
$ git checkout origin/new-branch  Enter
Note: switching to 'origin/new-branch'. ◀─────  로컬 컴퓨터에는 임의의 새 브랜치가
...                                              생겨 페치만 된 상태입니다.
HEAD is now at e641742 Update tigers.yaml
```

08 파일을 확인한 후 문제가 없다면 **git checkout** 명령으로 **main** 브랜치로 돌아옵니다.

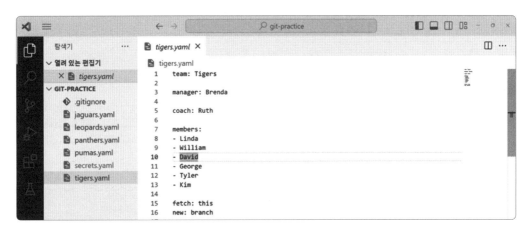

```
$ git checkout main  Enter
Previous HEAD position was 8bf9ec8 Update tigers.yaml
Switched to branch 'main'
Your branch is up to date with 'origin/main'
```

09 로컬에서 원격 저장소와 동일하게 new-branch를 받아 오기 위해 **git switch** 명령을 이
용합니다. 그러면 로컬 컴퓨터에도 new-branch 브랜치가 생기고, 원격 origin/new-branch
와 연결되어서 계속 커밋을 주고받을 수 있습니다.

```
$ git switch -t origin/new-branch  Enter
Switched to a new branch 'new-branch'
branch 'new-branch' set up to track 'origin/new-branch'.
```

도움말과 설정 활용하기

학습 목표

깃을 사용하면서 모르는 기능에 대해 확인할 때는 git help 명령을 사용합니다. 더 자세하고 체계적인 내용을 알고 싶을 때는 깃 웹사이트의 문서를 참고하는 게 좋습니다. 이번 LESSON에서는 git help 명령으로 도움말을 활용하는 방법, 깃 문서를 참고하는 방법, 깃을 사용할 때 유용한 설정을 알아보겠습니다.

git help 명령으로 도움말 활용하기

깃을 사용하면서 뭔가 모르는 부분이 있으면 git help 명령을 이용합니다. VS Code 터미널 창이나 깃 배시에서 **git help**를 입력하면 **깃 명령어와 그에 대한 간략한 설명**을 살펴볼 수 있습니다. 깃의 모든 명령어를 보고 싶다면 **git help -a**를 입력합니다.

```
git help
git help -a
```

출력 결과가 길다면 Ｊ로 내리고 Ｋ로 올리면서 깃의 모든 명령어를 스크롤해서 볼 수 있습니다. **q**를 입력해 출력 결과를 종료합니다.

특정 명령 뒤에 어떤 옵션을 붙일 수 있는지 CLI에서 바로 찾고 싶다면 해당 명령을 입력하고 **-h**를 입력합니다. 가령 git commit 명령에 붙는 옵션을 확인하려면 다음과 같이 입력합니다.

```
git commit -h
```

미로의 참견

사실 git help 명령을 쓰느니 깃 문서 웹사이트를 찾아가 보는 게 낫지만 뭔가 당장 써야 하는데 기억은 안 나고 웹사이트를 접속하기에는 번거롭고 급한 상황에서는 유용합니다.

명령과 옵션을 웹사이트에서 자세히 보고 싶다면 **git help** 다음에 **명령어**를 입력하거나 **git** 다음에 특정 **명령어**를 입력하고 **--help** 옵션을 붙입니다. 그러면 깃의 커밋에 대한 설명과 옵션을 웹 사이트에서 바로 열어볼 수 있습니다.

```
git help (명령어)
git (명령어) --help
```

웹사이트가 열리지 않는다면 뒤에 -w를 붙여 주세요.

깃 문서 참고하기

깃에 대해 자세히 체계적으로 알고 싶으면 깃 웹사이트의 Documentation 항목에서 다양한 메뉴를 살펴볼 수 있습니다. URL https://git-scm.com/docs

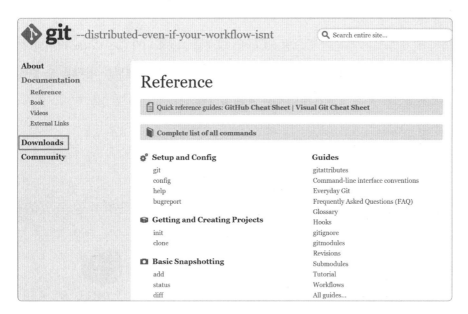

『Pro Git』이라는 책도 PDF로 다운로드할 수 있으니 참고하세요.

깃의 각종 설정

이번에는 git config에 대해 자세히 알아보겠습니다. **config**란 설정을 뜻하는 configuration의 약자입니다. **git config**는 깃의 작동을 변경할 수 있습니다.

global 설정과 local 설정

config에는 **global 설정(전역 설정)**과 **local 설정(지역 설정)**이 있습니다. **global** 설정은 해당 컴퓨터의 깃에서 사용하는 모든 저장소에 대한 설정을 변경하고, **local** 설정은 특정 깃 저장소에 대해서만 설정을 변경합니다.

이 책 처음에 깃을 설정할 때 사용자 이름user.name을 yalco로 지정했습니다. 어떤 프로젝트를 열었을 때 해당 프로젝트만의 특별한 설정을 하지 않는 이상 사용자 이름은 기본적으로 이 값이 사용됩니다.

```
$ git config --global user.name yalco Enter
```

사용자 이메일user.email은 다음과 같이 설정할 수 있습니다.

```
$ git config --global user.email yalco@kakao.com Enter
```

어떤 프로젝트에서는 사용자 이름을 별도로 지정할 수도 있습니다. 이럴 때는 **--global 옵션을 빼고** 이름을 지정하면 됩니다. 여기서는 사용자 이름을 **deepco**라고 지정해 보겠습니다.

```
$ git config user.name deepco Enter
$ git config user.name Enter
deepco
```

그러면 현재 깃이 관리하고 있는 해당 프로젝트 디렉터리에서는 사용자 이름이 deepco가 됩니다. 하지만 global 설정의 사용자 이름은 그대로 yalco입니다.

```
$ git config --global user.name Enter
yalco
```

이런 식으로 특정 사용자 정보뿐 아니라 우리가 앞으로 배우게 될 config의 다른 값을 지정할 때도 --global을 빼고 local로 설정할 수 있다는 것만 기억해 주세요.

설정값 확인하기

이제 config로 작성되어 있는 여러 설정값을 확인하는 법을 알아보겠습니다. 일단 config에 **--list** 옵션을 붙입니다. 그러면 **현재 프로젝트의 configuration으로 설정된 값들이 모두** 나옵니다. 출력 결과를 보면 global로 된 값도 있고 이 프로젝트에만 해당하는 설정값도 볼 수 있습니다. 출력 결과는 VIM 모드이니 Ⓙ, Ⓚ를 눌러 위로 아래로 움직여 확인합니다. **q**를 입력해 빠져나옵니다.

```
$ git config --list Enter
```

global 설정만 보려면 **--global**을 붙여야 합니다. 출력 결과를 보면 사용자 이름과 이메일, 기본값 브랜치 이름(main) 등 모든 프로젝트에 적용되는 설정값이 나옵니다.

```
$ git config --global --list Enter
```

CLI 터미널에서 열리는 출력 결과를 VIM 에디터에서 열어 보고 싶다면 git config 명령 뒤에 **-e**를 붙입니다. 앞서 알아봤듯이 Ⓙ, Ⓚ를 눌러서 화면을 올리거나 내리고 **q**를 입력해 빠져나옵니다.

```
$ git config -e Enter
```

🐛 여기서도 global 설정만 보고 싶다면 **git config --global -e**라고 입력합니다.

VIM으로 결과를 확인하는 게 불편하다면 기본 에디터를 VS Code가 되도록 설정을 바꿔 보겠습니다. VS Code가 설치된 상태라면 아래 명령을 입력합니다. 여기서 **code**는 VS Code를 말하고, **--wait**는 에디터에서 코드를 수정하는 동안 CLI를 정지한다는 뜻입니다.

```
$ git config --global core.editor "code --wait" Enter
```

🐛 위 명령에서 **code** 자리에 원하는 편집 프로그램의 .exe 파일 경로를 연결하면 VS Code 말고도 다른 에디터에서 결과가 열리도록 지정할 수 있습니다.

맥에서 code로 VS Code가 실행되지 않을 때 ·····························

맥에서 위 명령을 실행해도 VS Code가 실행되지 않는 경우가 있습니다. 그럴 때는 VS Code에서 cmd + shift + P를 누릅니다. 'shell'로 검색하여 **셸 명령: PATH에 code 명령 설치**(Shell Command: Install 'code' command in PATH)를 선택합니다.

···

설정을 마쳤다면 다음과 같이 입력해 봅니다. 그러면 잠시 기다리라는 메시지와 함께 .gitconfig 설정 창이 열립니다. 설정값을 확인하고 수정하는 것이 VIM 모드에서보다 훨씬 수월합니다. config 파일을 닫아야 CLI가 다시 입력 상태로 돌아옵니다. 이는 CLI에서 :q를 입력한 것과 같습니다.

```
$ git config -e Enter
hint: Waiting for your editor to close the file...
```

이번에는 global 설정만 확인해 보겠습니다.

```
$ git config --global -e Enter
hint: Waiting for your editor to close the file...
```

역시 터미널 창은 아직 CLI가 대기 상태입니다. **.gitconfig 파일을 닫아야 CLI가 다시 입력 상태로 돌아옵니다.**

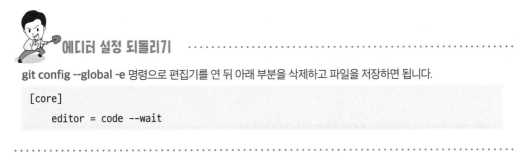

에디터 설정 되돌리기 ······································

git config --global -e 명령으로 편집기를 연 뒤 아래 부분을 삭제하고 파일을 저장하면 됩니다.

```
[core]
    editor = code --wait
```

줄바꿈 호환 문제 해결하기

깃으로 협업할 때 윈도우를 쓰는 사람도 있고 맥을 쓰는 사람도 있습니다. **윈도우와 맥은** Enter **/** Return **을 눌러서 줄바꿈을 하는 방식이 서로 다릅니다.** 깃에서 윈도우를 쓰는 사람과 맥을 쓰는 사람이 협업할 때 코드는 바뀌지 않았는데 줄바꿈을 읽는 방식이 달라서 수정된 것으로 잘못 인식하는 경우가 생길 수 있습니다. 이런 문제를 방지하기 위해 다음과 같이 설정합니다.

윈도우의 경우

```
$ git config --global core.autocrlf true Enter
```

맥의 경우

```
$ git config --global core.autocrlf input Return
```

git pull 명령의 기본값 지정하기

git pull 명령을 쓸 때 머지와 리베이스 중 기본값을 정하는 방법이 있습니다. 풀을 할 때 git pull 명령 뒤에 리베이스를 하면 **--rebase**를 붙이고, 머지를 하려면 **--no-rebase**를 붙여야 하는데요. 다음 명령에서 **false** 옵션을 하면 **머지가 기본값**이 되고, **true** 옵션을 지정하면 **리베이스가 기본값**이 됩니다.

```
$ git config pull.rebase false Enter
$ git config pull.rebase true Enter
```

기본 브랜치 이름 지정하기

앞서 기본 브랜치 이름을 master에서 main으로 수정했습니다. **기본 브랜치 이름은 보통 main**으로 하지만, trunk로 정하는 사람도 있습니다.

```
$ git config --global init.defaultBranch main Enter
```

푸시할 때 로컬과 동일한 브랜치 이름 적용하기

깃에서 처음 푸시할 때는 git push 명령 뒤에 -u 혹은 -upstream 옵션을 붙입니다. 즉, 현재 로컬 브랜치를 원격의 어느 브랜치와 연결할지 처음에 설정하는 것이죠. 그럴 필요 없이 무조건 로컬의 브랜치에 따라서 원격 저장소의 동일한 이름을 가진 브랜치에 푸시를 하도록 설정하려면 다음과 같이 지정합니다.

```
$ git config --global push.default current [Enter]
```

이와 같이 로컬의 main 브랜치에서 git push 명령을 적용하면 자동으로 원격의 main 브랜치로 푸시가 되도록 지정됩니다. 예외 사항이 있다면 그때만 명시적으로 지정해 주면 됩니다.

단축키 설정

단축키를 설정할 수도 있습니다. 원하는 명령어를 ""(큰따옴표) 안에 입력하고 **alias.** 다음에 **단축키**를 입력합니다.

```
git config --global alias.(단축키) "(명령어)"
```

예를 들어 **commit -am** 명령을 일일이 입력하는 대신 **cam**만 입력해도 동일한 명령어가 실행되게 하려면 다음과 같이 지정합니다. 여기서 cam에 해당하는 부분은 **사용자가 입력하기 쉽고 기억하기 쉬운 내용으로 지정**하면 됩니다.

```
$ git config --global alias.cam "commit -am" [Enter]
```

단축키 설정은 여러분이 깃에 익숙해져서 명령어를 완전히 익히기 전까지는 모든 명령어를 직접 입력하기를 권장합니다. 단축키에 익숙해져서 해당 명령어가 잘 기억나지 않을 수도 있으니까요.

미로 퀴즈

현재 작업 중인 브랜치의 가장 최신 커밋을 나타내는 포인터는?

정답 헤드

외워서 써먹는 깃 명령어

1 파일의 삭제와 이동

파일 삭제하고 바로 커밋하기   `git (1) (파일 이름)`

파일 이름 변경하기   `git (2) (원래 파일 이름) (변경 파일 이름)`

파일을 작업 디렉터리로 되돌리기   `git (3) (파일 이름)`

2 git reset 명령으로 작업 되돌리기

작업 내역 자체를 지우기   `git reset (4)`

변경 사항을 스테이지
영역에서만 제거하기   `git reset (5) (복사한 커밋 해시값)`

변경 사항을 저장소에서만
제거하고 스테이지 영역에 남기기   `git reset (6) (복사한 커밋 해시값)`

3 체크아웃과 페치

헤드 한 단계 뒤로 이동하기   `git (7) HEAD^`

헤드를 이용해 리셋하기   `git reset (옵션) (8) (원하는 단계)`

원격 저장소의 최신 커밋을 로컬로 가져오기   `git (9)`

원격 저장소의 새 브랜치 확인하기   `git (10) origin/(브랜치 이름)`

원격 브랜치와 연결하는 브랜치 만들기   `git (11) origin/(브랜치 이름)`

(1) rm (2) mv (3) restore --staged (4) --hard (5) --mixed (6) --soft (7) checkout

(8) HEAD~ (9) fetch (10) checkout (11) switch -t

외워서 써먹는 깃 명령어

④ 도움말 확인하기

터미널에서 깃 명령어 확인하기   `git` `(12)`

특정 명령의 옵션 확인하기   `git (명령어)` `(13)`

⑤ 설정값 확인하기

현재 모든 설정값 보기   `git config (--global)` `(14)`

에디터에서 설정값 보기   `git config (--global)` `(15)`

기본 에디터를
VS Code로 수정하기   `git config --global` `(16)` `"code --wait"`

⑥ 유용한 설정

줄바꿈 호환 문제 해결하기(윈도우/맥)   `git config --global` `(17)` `true/input`

풀할 때 기본 설정을
rebase로 설정하기   `git config pull.rebase` `(18)`

기본 브랜치 이름
main으로 지정하기   `git config --global` `(19)` `main`

푸시할 때 로컬과 동일한
브랜치 이름 지정하기   `git config --global push.default` `(20)`

단축키 지정하기   `git config --global` `(21)` `.(단축키) "(명령어)"`

(12) help (13) -h (14) --list (15) -e (16) core.editor (17) core.autocrlf (18) true

(19) init.defaultBranch (20) current (21) alias

CHAPTER
06

더욱 세심하게
커밋하기

20 프로답게 커밋하기

학습
목표

이번에는 깃에서 커밋을 하면서 좀 더 프로답게 여러 상황에서 세심하게 커밋할 수 있는 유용한 방법을 알려줍니다. 컨벤션에 따라 커밋 메시지를 작성하는 방법, 변경 사항에 따라 헝크 단위로 스테이징하는 방법, 작업하던 내용을 스태시 기능으로 잠시 치워 두는 방법, 커밋 메시지를 수정, 삭제, 병합, 분할하는 방법 등으로 이제 프로답게 커밋하세요.

커밋 권장 사항과 커밋 메시지 컨벤션

보통 하나의 커밋에는 한 단위의 작업을 넣습니다. 그러면 문제가 발생했을 경우 코드 변경 사항을 추적해서 이전 상태로 쉽게 돌아갈 수 있습니다. 여러 개의 변경 사항도 서로 다른 커밋으로 나누는 것이 좋습니다. 그러면 해당 변경 사항만 쉽게 찾아 되돌릴 수 있습니다.

또한 **커밋 메시지는 변경 사항의 내용과 의도를 명확하게 표현해야 합니다.** 커밋 메시지는 협업하는 다른 사람들도 쉽게 이해할 수 있어야 하므로 **컨벤션**convention에 따라 커밋 메시지를 작성하는 것이 좋습니다. 컨벤션은 개발 팀원들끼리 일관된 방식으로 커밋 메시지를 작성하여 프로젝트의 품질과 유지 보수성을 높이기 위한 규칙을 말합니다. 컨벤션은 보편적으로 정해진 규칙이 아니라 팀의 업무에 맞춰 팀원들이 합의한 것입니다.

커밋 메시지 작성 방식

```
type: subject


body(optional)
...
...
...


footer(optional)
```

예시

feat: 압축 파일 미리보기 기능 추가 ← 타입과 서브젝트

사용자의 편의를 위해 압축을 풀기 전에
다음과 같이 압축 파일 미리보기를 할 수 있도록 함 ← 상세 내용
 - 마우스 오른쪽 클릭
 - 윈도우 탐색기 또는 맥 파인더의 미리보기 창

Closes #125 ← 푸터

각 커밋 메시지에는 해당 작업이 대략 어떤 속성을 가지는지 바로 알 수 있도록 맨 앞에 **타입**type을 적어 둡니다. 예를 들어 새로 기능을 추가하는 커밋이면 feat이라는 타입을 붙입니다.

타입	설명
feat	새로운 기능 추가
fix	버그 수정
docs	문서 수정
style	공백, 세미콜론 등 스타일 수정
refactor	코드 리팩토링
perf	성능 개선
test	테스트 추가
chore	빌드 과정 또는 보조 기능(문서 생성 기능 등) 수정

타입 다음에는 **서브젝트**subject를 덧붙일 수 있습니다. **이 커밋에서 뭘 하는 건지를 여기서 간략히 적는 겁니다.** 일반적으로는 이렇게 타입과 서브젝트만 적습니다. 그러면 대략 이런 그림으로 커밋들이 쌓여 갑니다.

fix: make v.1.0.0 public again on the website
ui: move about to another page (#381)
feat: add Belarusian translation (#415)
style: Move to new UI
style: Move to new UI
style: Move to new UI
design: missing dots to git history image
style: Move to new UI
chore: Add code of conduct (#55)

그런 다음 타입과 서브젝트 다음에 한 줄 비우고 **상세 내용**을 적고 푸터가 필요할 경우에는 역시 한 줄 비우고 그 아래 내용을 적습니다. **푸터**footer**는 중요한 변경 지점**breaking point**이 있을 때 적거나 특정 이슈에 대한 해결 작업일 때 이슈 번호를 적는 식**으로 사용합니다.

미로의 참:견

어떤 것으로 정하든 중요한 건 합의된 방식을 잘 준수해서 일관된 형태의 커밋을 작성해 가는 것입니다.

커밋 메시지에 이모지를 넣는 깃모지 ··

네 가지 요소를 활용해서 커밋 메시지를 작성하는 것도 널리 쓰이지만 좀 더 재미를 추구하는 젊은 팀이라면 이모지를 활용하는 방식도 있습니다. 다음 사이트에서 각 이모지들의 설명과 CLI에서 자동으로 사용하는 방식 등을 볼 수 있습니다. URL https://gitmoji.dev/

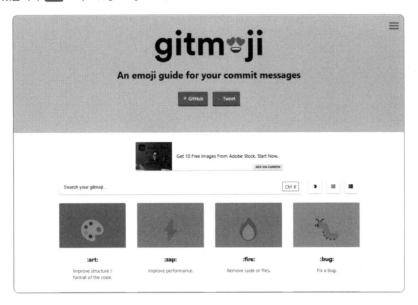

···

변경 사항을 확인하며 헝크 단위로 스테이징하기

이제까지 우리는 git add 명령을 실행할 때 git add .(온점)을 입력해서 모든 변화를 add하고 그 다음에 git commit −m을 입력하거나 아예 git commit −am을 명령해 일괄 커밋하는 방식으로 진행했습니다. 변경 사항이 단순하다면 그리 문제가 되지 않겠지만, 다소 복잡하다면 프로젝트에 더한 변경 사항이 무엇인지 차근차근 확인해 보고 싶을 수 있습니다. 코드의 변경 사항을 확인할 때는 코드를 **헝크**hunk라는 덩어리로 나눠서 살펴봅니다. 여기서 **헝크**란 **하나의 파일에서 수정된 코드 블록의 일부**를 말합니다. 깃에서 파일을 커밋할 때는 헝크 단위로 커밋 메시지를 작성해야 수정된 부분을 더욱 쉽게 구분할 수 있습니다. 변경 사항을 만들어 실습해 보겠습니다.

01 VS Code에서 **tigers.yaml**과 **leopards.yaml** 파일을 다음과 같이 바꾸고 **저장**합니다.

tigers.yaml

```
team: Tigers

manager: Thanos

coach: Ronan

members:
- Linda
- William
- David
- George
- Tyler
- Kim
- Gamora
- Nebula
...
```

leopards.yaml

```
team: Leopards

manager: Peter

coach: Rocket

members:
- Linda
- William
- David
- Olivia
- Evie
- Dongho
- Drax
- Groot
```

02 앞서 실습하면서는 바로 git commit -m을 적용하고 커밋 메시지를 적었습니다. 이번에는 변경 사항을 모두 **git add**하고 커밋하기 전에 하나하나 헝크 단위로 확인하기 위해 git add 명령 뒤에 **-p**(patch) 옵션을 붙입니다.

```
$ git add -p Enter
```

03 다음과 같은 모드에 헝크별로 변경 사항이 나타나며 각 헝크의 변경 여부를 받아들일지 물어봅니다. 여러 옵션이 있는데, **받아들이려면 y**를 입력하고 **그대로 두려면 n**을 입력합니다. 이런 식으로 같은 파일에서 부분별로 add를 할 수 있습니다. 여기서는 첫 번째 질문에 **y**를 입력해 받아들입니다.

```
...
  team: Leopards

-manager: Dooli
+manager: Peter
```

```
-coach: Lupi
+coach: Rocket

members:
- Linda
(1/2) Stage this hunk [y,n,q,a,d,j,J,g/,s,e,?]? y  Enter
```

변경된 부분 사이에 변경되지 않은 부분이 있기 때문에 위아래 두 코드는 별개의 헝크로 인식됩니다.

 [y, n, q, s, e] 옵션의 기능 ···

옵션을 입력할 때 ?를 입력하면 각 옵션의 기능을 다음과 같이 설명해 줍니다.

```
y - stage this hunk
n - do not stage this hunk
q - quit; do not stage this hunk or any of the remaining ones
a - stage this hunk and all later hunks in the file
d - do not stage this hunk or any of the later hunks in the file
K - leave this hunk undecided, see previous hunk
g - select a hunk to go to
/ - search for a hunk matching the given regex
e - manually edit the current hunk
? - print help
```

자주 사용되는 명령어는 y, n, q, s, e입니다.

y - 이 헝크를 스테이지 영역으로 add합니다.

n - 이 헝크를 스테이지 영역으로 add하지 않습니다.

q - add를 종료합니다.

s - 현재의 헝크를 더 작은 단위의 헝크로 나눕니다.

e - 현재의 헝크를 수동으로 편집합니다.

···

04 Drax와 Groot를 추가하는 부분은 승인하지 않겠습니다. **n**을 입력해 거부합니다.

```
...
- Evie
- Dongho
+- Drax
+- Groot
(2/2) Stage this hunk [y,n,q,a,d,j,J,g/,s,e,?]? n  Enter
```

05 이런 식으로 나머지 변경 사항도 처리합니다. tigers.yaml의 첫 번째 헝크는 **n**, 두 번째 헝크는 **y**로 처리합니다.

```
...
 team: Tigers

-manager: Brenda
+manager: Thanos

-coach: Ruth
+coach: Ronan

 members:
 - Linda
(1/2) Stage this hunk [y,n,q,a,d,j,J,g,/,s,e,?]? n  Enter
...
 - Tyler
 - Kim
+- Gamora
+- Nebula

 fetch: this
 new: branch
(2/2) Stage this hunk [y,n,q,a,d,K,g,/,e,?]? y  Enter
```

06 **git status**로 상태를 확인해 보겠습니다. 출력 결과를 보면 leopards.yaml과 tigers.yaml 둘 다 add가 된 부분과 add가 되지 않은 부분에 모두 표시되어 있습니다. 왜냐하면 두 파일 다 부분적으로만 add가 됐기 때문입니다.

```
$ git status  Enter
On branch new-branch
Your branch is up to date with 'origin/new-branch'.

Changes to be committed:
  (use "git restore --staged <file>..." to unstage)
        modified:   leopards.yaml
        modified:   tigers.yaml
```

```
Changes not staged for commit:
  (use "git add <file>..." to update what will be committed)
  (use "git restore <file>..." to discard changes in working directory)
        modified:   leopards.yaml
        modified:   tigers.yaml
```

07 소스트리에서 봐도 '스테이지에 올라가지 않은 파일'과 '스테이지에 올라간 파일'에 모두 두 파일이 표시되어 있습니다.

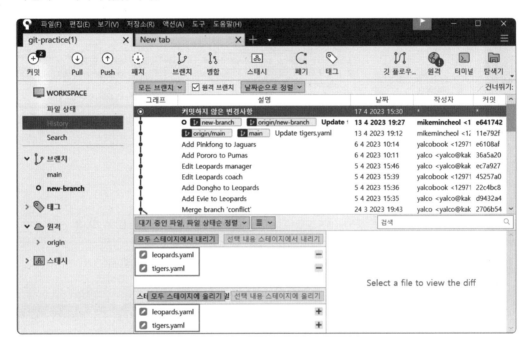

08 이 상태에서 커밋을 해 **어떤 변경 사항이 반영되었는지 확인**하려면 **git commit** 명령어 뒤어 **-v** 옵션을 붙입니다.

```
$ git commit -v  Enter
```

현재 스테이지 영역에 있는 파일과 이전 커밋 사이의 차이점을 보려면 **git diff --staged** 명령을 이용합니다.

09 hint: Waiting for your editor to close the file... 메시지가 나오면서 코드 창에 새로운 탭이 만들어지고 커밋 메시지를 입력하라는 내용과 변경 사항이 나타납니다. 첫 행에 **Edit Tigers and Leopards**라고 커밋 메시지를 입력하고 **저장**합니다. 그런 다음 해당 파일 탭을 닫습니다.

254쪽에서 **git config --global core.editor "code --wait"** 명령으로 VIM 결과를 코드 창에 나타내도록 설정을 한 바 있습니다. 이를 해제하는 방법도 255쪽에 설명하고 있으니 편한 방법으로 설정해 사용하세요.

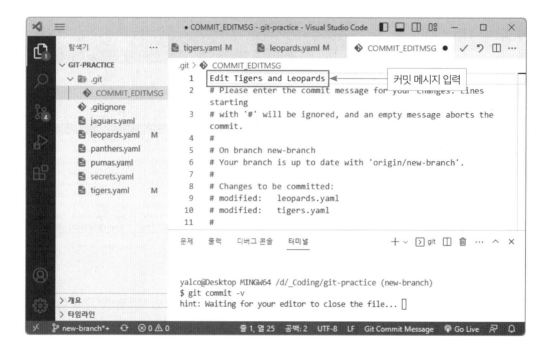

10 커밋이 완료되었습니다.

```
[new-branch b9f3d89] Edit Tigers and Leopards
 2 files changed, 4 insertions(+), 4 deletions(-)
```

11 git status 명령을 입력합니다. 변경 사항을 승인하지 않아 스테이지 영역으로 add되지 않은 부분만 남아 있습니다. 이 부분은 별개의 커밋으로 처리할 수 있습니다.

```
$ git status  Enter
On branch new-branch
Your branch is ahead of 'origin/new-branch' by 1 commit.
  (use "git push" to publish your local commits)
```

```
Changes not staged for commit:
  (use "git add <file>..." to update what will be committed)
  (use "git restore <file>..." to discard changes in working directory)
        modified:   leopards.yaml
        modified:   tigers.yaml

no changes added to commit (use "git add" and/or "git commit -a")
```

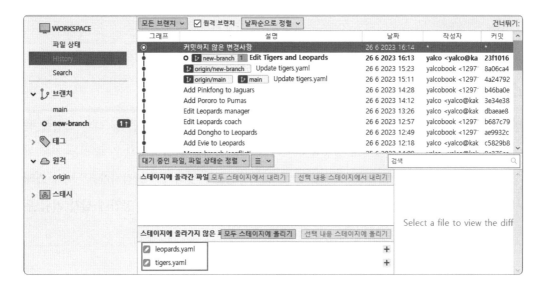

12 **git add** .와 **git commit** 명령을 각각 입력합니다. 커밋 에디터 메시지 탭 첫 번째 줄에 **Edit Leopards and Tigers**라는 커밋 메시지를 입력하고 **저장**하고 탭을 닫으면 커밋이 이루어집니다.

```
$ git add . Enter
$ git commit Enter
hint: Waiting for your editor to close the file...
```

13 소스트리를 확인하면 앞서 tigers.yaml과 leopards.yaml의 변경 사항이 두 커밋에 나뉘어 저장된 것을 알 수 있습니다.

스태시로 작업하던 내용 잠시 치워 두기

현업에서 일하다 보면 한창 뭔가 작업을 하고 있었는데 급하게 오류 해결 등 다른 작업을 해야 하는 일이 생깁니다. 앞에서도 설명했지만 커밋은 한 작업을 완전히 끝냈을 때 하는 것을 권장한다고 했는데, 작업하던 것은 그대로 두고 다른 작업을 커밋하자니 난감하겠죠? 이때 **스태시**stash 기능이 정말 유용합니다. **스태시**란 **작업하던 내용을 깃에서 다른 공간에 잠시 치워 두는 기능입니다.**

스태시로 작업 내용 보관하기

스태시 명령어를 사용해 보겠습니다.

01 **tigers.yaml**의 members에 **Stash**를 추가하고 **저장**합니다.

tigers.yaml

```
...
- George
- Tyler
- Kim
- Gamora
- Nebula
- Stash
```

02 탐색기에서 **tomcats.yaml**이라는 새 파일을 생성하고 다음과 같이 내용을 입력한 후 **저장**합니다.

tomcats.yaml

```
team: Tomcats

coach: Apache
```

03 스태시를 하려면 먼저 깃의 관리 대상tracked이 되어야 합니다. **tomcats.yaml** 파일만 일단 **add**합니다.

```
$ git add tomcats.yaml Enter
```

04 현재 tigers.yaml과 tomcats.yaml 두 파일이 업데이트된 상태에서 **git stash** 명령을 실행해 보겠습니다.

```
$ git stash Enter
Saved working directory and index state WIP on new-branch: 84a531e Edit
Leopards and Tigers
```

git stash 명령 뒤에는 원래 **save** 옵션을 붙입니다. 하지만 **git stash save** 대신 그냥 **git stash**만 입력해도 동일하게 변경 사항이 스태시로 치워집니다.

05 VS Code에서 tigers.yaml 파일의 코드를 확인하면 앞서 추가한 변경 사항이 없어졌습니다. tomcats.yaml 파일에는 줄이 그어져서 없어진 상태이고요.

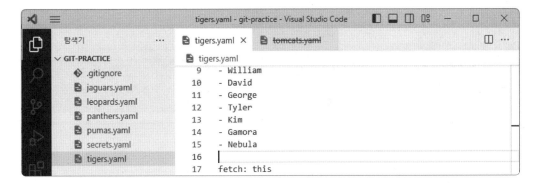

06 앞의 변경 사항이 어디로 갔는지 확인하기 위해 소스트리에서 왼쪽 메뉴의 **스태시**를 클릭하고 해시값을 클릭합니다. tigers.yaml의 변경 사항과 tomcats.yaml의 내용이 나타납니다.

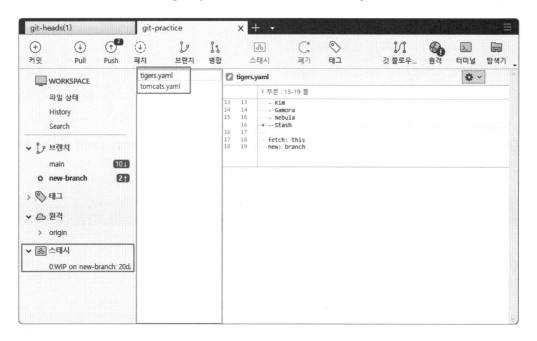

07 현재 작업 중이던 내용이 스태시 영역에 보관되어 있으므로 다른 브랜치에서 작업을 한 뒤 언제든 다시 적용할 수 있습니다. **main** 브랜치로 변경합니다.

```
$ git switch main Enter
Switched to branch 'main'
Your branch is up to date with 'origin/main'.
```

08 이 상태에서 **git stash pop**을 입력합니다.

```
$ git stash pop Enter
Auto-merging tigers.yaml
CONFLICT (content): Merge conflict in tigers.yaml
The stash entry is kept in case you need it again.
```

09 스태시했던 변경 사항들이 표시됩니다. 여기서 변경 사항을 선택하거나 아예 새로 코드를 작성할 수도 있습니다. 이처럼 어떤 작업을 하던 중 급하게 다른 일을 처리하고 원하는 시점으로 돌아와 다시 작업을 진행할 수 있습니다.

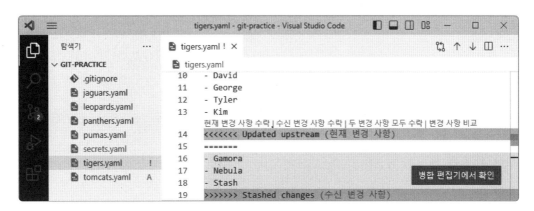

🐾 다음 실습을 위해 **git reset --hard** 명령으로 되돌리겠습니다.

원하는 변경 사항만 스태시하기

여러 변경 사항을 만들고 그중 원하는 변경 사항만 스태시하려고 합니다. 현재 작업 중이던 것을 스태시하려면 **git stash** 명령을 사용합니다. git stash 명령 뒤에 다음과 같은 옵션을 붙이면 스태시를 더욱 다채롭게 활용할 수 있습니다.

명령어	설명	비고
git stash	현 작업들 치워 두기	끝에 save 생략
git stash apply	치워 둔 마지막 항목(번호 없을 시) 적용	끝에 번호로 항목 지정 가능
git stash drop	치워둔 마지막 항목(번호 없을 시) 삭제	끝에 번호로 항목 지정 가능
git stash pop	치워 둔 마지막 항목(번호 없을 시) 적용 및 삭제	apply + drop
git stash branch (브랜치 이름)	새 브랜치를 생성하여 pop	충돌 사항이 있는 상황에 유용
git stash clear	치워 둔 모든 항목들 비우기	

🐾 **git stash pop**과 **git stash apply**는 모두 치워 둔 작업을 가져오는 명령입니다. 다만 둘의 차이점은 스태시 기록의 삭제 유무입니다. 상황에 따라 선택해서 사용하세요.

01 **leopards.yaml**의 members에는 **Stash2**를 추가하고 **jaguars.yaml**의 members에는 **Stash3**을 추가한 후 파일을 각각 **저장**합니다.

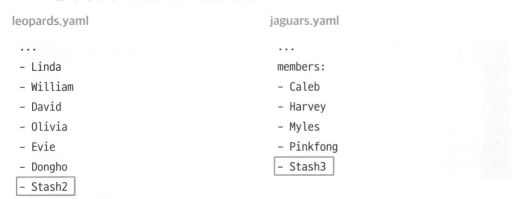

leopards.yaml

```
...
- Linda
- William
- David
- Olivia
- Evie
- Dongho
- Stash2
```

jaguars.yaml

```
...
members:
- Caleb
- Harvey
- Myles
- Pinkfong
- Stash3
```

02 두 파일의 변경 사항 중 원하는 부분만 골라서 스태시할 수 있습니다. **git stash** 명령에 **-p**를 입력합니다.

```
$ git stash -p  Enter
```

03 맨 마지막에 수정한 내역부터 반영 여부를 물어봅니다. 여기서는 leopards.yaml의 변경 사항만 스태시하기 위해 jaguars.yaml의 변경 사항을 스태시하는 질문에는 **n**을 입력합니다. 다음 질문에서는 **y**를 입력합니다.

```
diff --git a/jaguars.yaml b/jaguars.yaml
...
 - Harvey
 - Myles
 - Pinkfong
+- Stash3
(1/1) Stash this hunk [y,n,q,a,d,e,?]? n  Enter
diff --git a/leopards.yaml b/leopards.yaml
...
 - Olivia
 - Evie
 - Dongho
+- Stash2
(1/1) Stash this hunk [y,n,q,a,d,e,?]? y  Enter
Saved working directory and index state WIP on main: 11e792f Update tigers.yaml
```

04 **leopards.yaml**의 변경 사항은 스태시로 치워 버렸기 때문에 VS Code에는 나타나지 않습니다. 그리고 **jaguars.yaml**은 수정 사항이 그대로 표시되어 있습니다.

05 jaguars.yaml의 수정 사항도 스태시를 해 보려고 합니다. 이번에는 어떤 부분을 치워 둔 건지 알 수 있게 메시지와 함께 스태시를 해 보겠습니다. **git stash** 명령 뒤에 **-m**과 커밋 메시지를 작성합니다.

```
$ git stash -m 'Add Stash3'  Enter
Saved working directory and index state On main: Add Stash3
```

06 이제 **jaguars.yaml**의 Stash3 항목도 사라집니다.

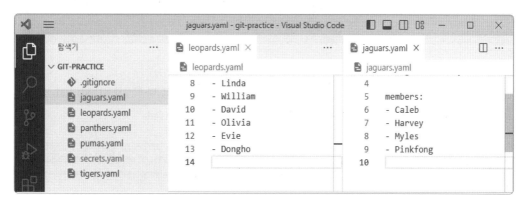

07 이처럼 내가 치워 둔 스태시의 목록을 확인하려면 **git stash** 명령 뒤에 **list**를 붙입니다. 스태시 목록을 보면 앞에서 작성해 둔 메시지도 같이 나타납니다. 각 스태시에 붙은 번호를 가지고 원하는 시점에서 해당 스태시를 프로젝트에 다시 적용할 수도 있습니다. 이때 **스태시를 적용한다는 것은 커밋한다는 뜻이 아닙니다**. 일단 여러분의 **파일을 그 상태로 저장하고**, add나 커밋 등 원하는 작업을 할 수 있게 파일을 다시 수정된 상태로 돌려 놓는다는 말입니다.

```
$ git stash list Enter
stash@{0}: On main: Add Stash3
stash@{1}: WIP on main: 11e792f Update tigers.yaml
```

08 leopards.yaml에 수정했던 stash(1)을 적용해 보겠습니다. 이때는 **git stash** 명령 뒤에 **apply** 옵션을 붙이고 원하는 스태시 항목을 입력합니다.

```
$ git stash apply stash@{1} Enter
On branch main
Your branch is up to date with 'origin/main'.

Changes not staged for commit:
  (use "git add <file>..." to update what will be committed)
  (use "git restore <file>..." to discard changes in working directory)
        modified:   leopards.yaml

no changes added to commit (use "git add" and/or "git commit -a")
```

09 leopards.yaml 파일에 수정 사항이 다시 나타납니다. 그리고 다시 **git stash list** 명령으로 **스태시 목록을 확인**해 보면 적용한 스태시도 여전히 남아 있습니다.

```
$ git stash list Enter
stash@{0}: On main: Add Stash3
stash@{1}: WIP on main: 11e792f Update tigers.yaml
```

10 작업에 적용한 스태시는 지워 보겠습니다. **스태시 목록에서 스태시를 지울 때는 git stash** 명령에 **drop** 옵션을 붙여서 활용합니다. 그리고 다시 **git stash list** 명령으로 목록을 확인해 보겠습니다. 스태시에 항목이 Stash(0) 하나만 남았습니다.

```
$ git stash drop stash@{1} Enter
Dropped stash@{1} (94d2de1eed031b9979db4a4dd25dd05f025dcd71)
$ git stash list Enter
stash@{0}: On main: Add Stash3
```

11 스태시를 활용할 때 **git stash apply**로 **코드에 적용**하고 **git stash drop**으로 **스태시 목록에서 지우는 작업**을 한 번에 하려면 **git stash pop** 명령을 활용합니다. 그리고 **git stash list** 명령으로 목록을 확인하면 스태시가 비어 있습니다.

```
$ git stash pop Enter
On branch main
Your branch is up to date with 'origin/main'.

Changes not staged for commit:
  (use "git add <file>..." to update what will be committed)
  (use "git restore <file>..." to discard changes in working directory)
        modified:   jaguars.yaml
        modified:   leopards.yaml

no changes added to commit (use "git add" and/or "git commit -a")
Dropped refs/stash@{0} (7874fc76656e4a324174d9936b13985d2b5da9da)

$ git stash list Enter
```

12 git stash pop 명령을 적용할 때 기존 브랜치가 아닌 **새로운 브랜치에 적용**하려면 **git stash branch** 명령을 사용합니다. 가령 main 브랜치에서 다른 작업을 하고 있는 중에 스태시를 pop해서 가져오면 충돌이 발생할 수 있습니다. 그럴 때는 스태시에 있던 변경 사항을 다른 브랜치로 가져갔다가 충돌이 날 만한 것들을 해결한 뒤에 병합합니다. 먼저 **leopards.yaml**에 **Stash4**를 추가하고 **저장**한 후 스태시를 적용해 보겠습니다. 변경 사항이 모두 사라집니다.

leopards.yaml

```
...
members:
- Linda
- William
- David
- Olivia
- Evie
- Dongho
- Stash2
- Stash4
```

```
$ git stash Enter
Saved working directory and index state WIP on main: 11e792f Update tigers.yaml
```

13 stash-branch라는 새 브랜치를 추가해 보겠습니다.

```
$ git stash branch stash-branch Enter
Switched to a new branch 'stash-branch'
On branch stash-branch
Changes not staged for commit:
  (use "git add <file>..." to update what will be committed)
  (use "git restore <file>..." to discard changes in working directory)
        modified:   jaguars.yaml
        modified:   leopards.yaml

no changes added to commit (use "git add" and/or "git commit -a")
Dropped refs/stash@{0} (c4ac1205c7d247140a90078e2d492fc47bf5870b)
```

14 git stash list 명령을 다시 실행해 보면 기존 스태시가 pop 된 것을 알 수 있습니다.

```
$ git stash list  Enter
```

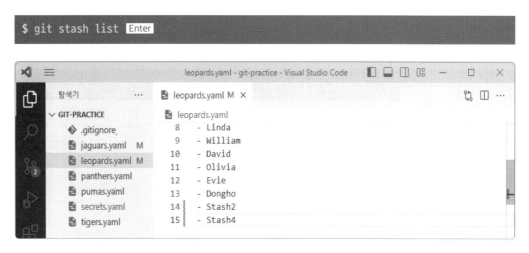

🐚 스태시한 목록의 모든 항목을 치우려면 **git stash clear** 명령을 활용하면 됩니다.

소스트리에서 스태시 활용하기

소스트리에서도 스태시를 사용하는 방법을 알아보겠습니다.

01 VS Code에서 변화가 있는 상태에서 소스트리 상단의 **스태시**를 클릭합니다. 대화상자에서 스태시 메시지를 **stashing**이라고 입력하고 **확인** 버튼을 클릭합니다.

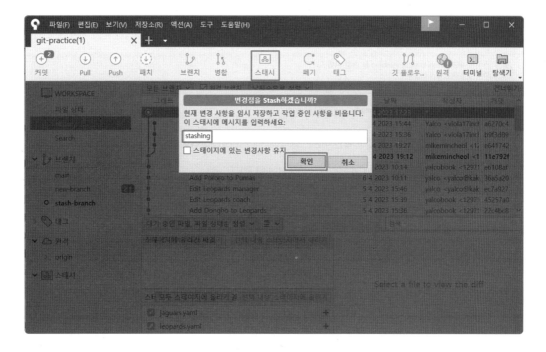

02 왼쪽 메뉴에서 **스태시**를 클릭하면 스태시에 있는 변경 사항을 볼 수 있습니다. 스태시 목록에서 마우스 오른쪽 버튼을 클릭하고 **'0:On stash-branch: stashing' 스태시 적용**을 선택합니다.

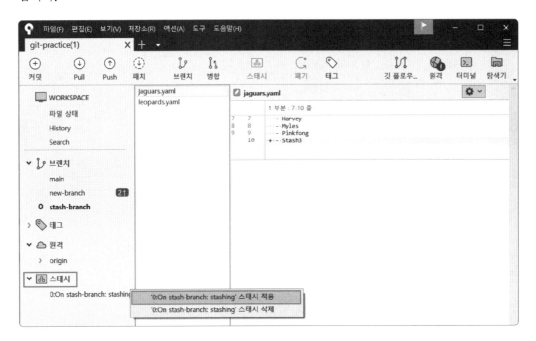

03 대화상자에서 **적용 후 삭제**에 체크 표시하고 **확인** 버튼을 클릭하면 git stash pop과 같은 결과가 됩니다.

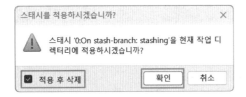

🐙 **적용 후 삭제**에 체크 표시하지 않고 **확인** 버튼만 클릭하면 git stash apply에 해당합니다.

🐙 다음 실습을 위해 **git reset --hard** 명령으로 되돌리겠습니다.

마지막 커밋 수정하기

커밋 메시지를 입력했는데 메시지 내용이 맘에 들지 않거나 오타가 있는 경우 기존 커밋 메시지를 수정하고 싶은 상황이 생깁니다. 이런 경우에 할 수 있는 커밋 수정 방법을 알아보겠습니다.

마지막 커밋 메시지 수정하기

먼저 마지막 커밋 메시지를 수정하는 방법을 알아보겠습니다.

01 main 브랜치로 이동합니다.

```
$ git switch main Enter
Switched to branch 'main'
```

02 일단 커밋을 하나 만들어 보겠습니다. **panthers.yaml** 파일의 members에 **Hoki**를 추가하고 **저장**합니다. **git commit -am** 명령을 실행하세요. 이때 커밋 메시지를 **홋홍**이라고 써 보겠습니다.

panthers.yaml

```
...
members:
- Violet
- Stella
- Anthony
- Freddie
- Hoki
```

```
$ git commit -am '홋홍' Enter
[main 84e82c4] 홋홍
 3 files changed, 4 insertions(+)
```

03 **git log** 명령을 실행해 커밋 내역을 확인합니다. 앞에서 작성한 커밋이 나타납니다. **q**를 입력해 VIM 모드를 빠져나옵니다.

```
$ git log Enter
commit 84e82c45f01cff756163be61e8efb286b89b06c8 (HEAD -> main)
Author: Yalco <yalco@kakao.com>
Date:   Mon Apr 17 18:35:22 2023 +0900

    홋홍
...
```

04 '훗훙'이라고 작성한 커밋 메시지를 수정해 보겠습니다. **git commit** 명령에 **--amend** 옵션을 붙입니다.

```
$ git commit --amend  Enter
hint: waiting for your editor to close the file...
```

05 명령을 실행하면 커밋 메시지를 수정할 수 있는 창이 열립니다. '훗훙'이라고 작성된 부분에 **Add a member to Panthers**를 입력하고 **저장**한 후 창을 닫습니다.

06 **git log** 명령을 다시 실행하면 마지막 커밋 메시지가 변경된 걸 확인할 수 있습니다. **q**를 입력해 VIM 모드를 빠져나옵니다.

```
$ git log  Enter
commit 09309b02f13fefab88319c27039706f6aeba90e1 (HEAD -> main)
Author: Yalco <yalco@kakao.com>
Date:   Mon Apr 17 18:35:22 2023 +0900

    Add a member to Panthers
...
:q
```

07 소스트리에서도 작업 내역을 보면 변경 사항이 나타납니다.

마지막 커밋에 변경 사항 추가하기

작업을 하다 보면 지난 커밋에 어떤 변경 사항 하나를 포함하는 걸 잊고 커밋하는 경우가 있습니다. 변경 사항 하나만 또 다른 커밋에다 넣기도 애매하니 작업 하나를 마지막 커밋에 같이 포함하는 게 좋을 것 같습니다. 이때도 간단하게 처리할 수 있습니다.

01 pumas.yaml의 members에 **Toki**를 추가하고 **저장**합니다. **git add .** 명령을 실행합니다.

pumas.yaml

```
...
members:
- Ezra
- Carter
- Finn
- Pororo
- Toki
```

```
$ git add . Enter
```

02 변경 사항이 스테이지가 된 상태에서 **git commit --amend** 명령을 실행합니다.

```
$ git commit --amend Enter
hint: waiting for your editor to close the file...
```

03 커밋 메시지를 편집하는 에디터가 나타납니다. 기존 커밋 메시지 뒤에 내용을 덧붙여 **Add a member to Panthers blah blah**라고 수정합니다. 파일을 **저장**하고 창을 닫습니다.

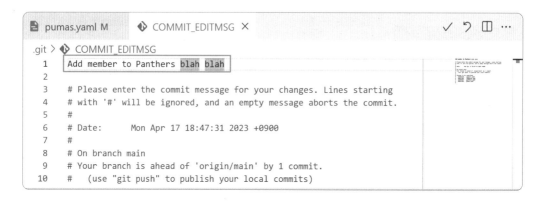

04 소스트리에서도 변경된 커밋 메시지를 확인할 수 있습니다. 또한 스테이지 영역에서 **pumas.yaml**을 선택하면 members에 **Toki**가 추가된 것을 확인할 수 있습니다.

05 마지막으로 커밋 메시지를 제대로 바꿔 보겠습니다. 앞서 본 것처럼 편집기에서 수정할 수도 있지만, **git commit --amend** 명령 뒤에 **-m** 옵션을 붙이고 **수정할 커밋 메시지를 바로 입력**할 수도 있습니다.

```
$ git commit --amend -m 'Add members to Panthers and Pumas' Enter
[main 2dfdb8d] Add members to Panthers and Pumas
 Date: Mon Apr 17 18:47:31 2023 +0900
 4 files changed, 5 insertions(+)
```

06 git log 명령을 실행하면 수정된 커밋 메시지를 확인할 수 있습니다. **q**를 입력해 VIM 모드를 빠져나옵니다.

```
$ git log Enter
commit 2dfdb8d2d151fedd4dbdec277b87bf701c989f9d (HEAD -> main)
Author: Yalco <yalco@kakao.com>
Date:   Mon Apr 17 18:47:31 2023 +0900

    Add members to Panthers and Pumas
:q
```

과거의 커밋을 수정, 삭제, 병합, 분할하기

이번에는 과거 내역들을 다양하게 수정해 보겠습니다. 먼저 예제 **git-interactive.zip**을 다운로드해(14쪽 참고) 압축을 풉니다. VS Code와 소스트리에서 **../git-interactive/git-interactive** 폴더를 열어 보세요. 소스트리에서 작업 내역을 보면 커밋을 정리할 필요가 있어 보입니다.

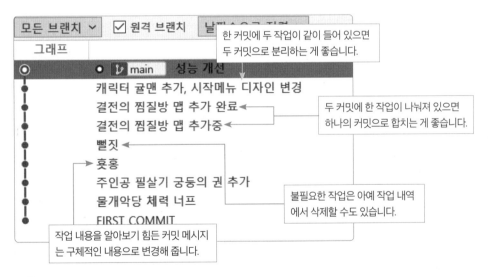

🐙 맥 사용자들은 ../git-interactive/_MACOSX/git-interactive 폴더를 열어 주세요.

과거의 커밋을 수정하려면 **git rebase** 명령에 **-i** 옵션을 붙이고, 수정 대상의 바로 **이전 커밋 해시값**을 붙여 넣습니다.

```
git rebase -i (대상의 이전 커밋 해시값)
```

그런 다음 출력 결과에서 다음과 같이 명령어를 수정합니다.

명령어	설명
p, pick	커밋 그대로 두기
r, reword	커밋 메시지 변경
e, edit	수정을 위해 정지
d, drop	커밋 삭제
s, squash	이전 커밋에 합치기

단순히 커밋을 수정하는데 왜 리베이스까지 하는 걸까요? 기본적으로 깃은 모든 커밋 내역이 순차적으로 저장됩니다. 과거에 어떤 내역이 변경되면 그다음에 이루어지는 변경 사항은 이전과는 다른 커밋이 됩니다. 그래서 깃에서 과거에 어떤 내역을 수정하기 위해서는 그것만 수정하는 게 아니라 수정한 커밋부터 이후까지 새로운 브랜치를 만든 다음에 기존 작업에 리베이스로 갖다 붙이는 방식으로 과거를 바꿔 버린다는 겁니다. 실습을 통해 하나씩 확인해 보겠습니다.

01 **git log** 명령을 실행하면 몇 개의 커밋들이 나타납니다. 여기에서 다양한 변화를 주겠습니다. q를 입력해 VIM 모드를 빠져나옵니다.

```
$ git log Enter
commit 59b42f3f0871aac67e0976bb42709886c9e3cac9 (HEAD -> main)
Author: yalco <yalco@kakao.com>
Date:   Thu Dec 30 17:24:05 2021 +0900

    성능 개선

commit 8605c749f0900b845d128993213520f445ecbf31
Author: yalco <yalco@kakao.com>
Date:   Thu Dec 30 17:13:11 2021 +0900

    캐릭터 귤맨 추가, 시작메뉴 디자인 변경
:q
```

02 먼저 '훗홍'이라는 커밋의 커밋 메시지를 수정해 보겠습니다. 소스트리에서 바로 이전의 커밋을 선택하고 해시값을 복사합니다.

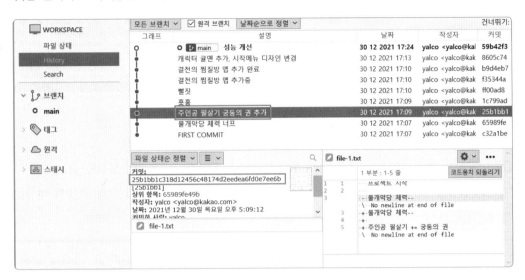

03 VS Code의 터미널 창으로 돌아와 **git rebase -i** 명령을 실행하고 뒤에 해시값을 붙여 넣습니다.

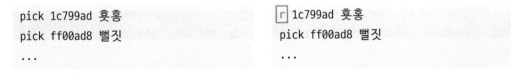

04 코드 창에 나타나는 출력 결과를 보면 '훗홍' 부분 앞에 **pick**이라고 되어 있습니다. **그대로 둔다는 뜻입니다.** 여기서 **pick**을 삭제하고 커밋 메시지를 변경하기 위해 **r**을 입력합니다. 파일을 **저장**하고 창을 닫습니다.

```
pick 1c799ad 훗홍
pick ff00ad8 뺄짓
...
```

```
r 1c799ad  훗홍
pick ff00ad8 뺄짓
...
```

05 다음 출력 결과에서 기존 커밋 메시지를 삭제하고 새로운 커밋 메시지로 **버그 수정**을 입력한 후 **저장**하고 닫습니다(:**wq**).

```
버그 수정
```

06 소스트리 작업 내역에서도 커밋 메시지 '훗홍'이 '버그 수정'으로 바뀐 것을 볼 수 있습니다.

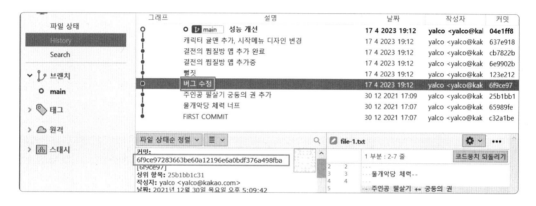

07 이번에는 '뻘짓'이라는 커밋을 아예 작업 내역에서 삭제하고, '결전의 찜질방 맵 추가중'과 '결전의 찜질방 맵 추가 완료' 커밋을 하나로 합쳐 보겠습니다. 먼저 '버그 수정' 커밋의 해시값을 복사합니다.

08 VS Code 터미널 창으로 돌아와 **git rebase -i** 명령을 실행하고 뒤에 **해시값**을 붙여 넣습니다.

```
$ git rebase -i 6f9ce97283663be60a12196e6a0bdf376a498fba  Enter
```

09 에디터 창 출력 결과에서 '뻘짓' 앞의 **pick**을 삭제하고 **d**를 입력합니다. 그리고 '결전의 찜질방 맵 추가 완료' 앞의 **pick**을 삭제하고 **s**를 입력한 후 **저장**하고 창을 닫습니다(**:wq**).

```
pick 123e212 뻘짓
pick 6e9902b 결전의 찜질방 맵 추가중
pick cb7822b 결전의 찜질방 맵 추가 완료
...
```

```
d 123e212 뻘짓
pick 6e9902b 결전의 찜질방 맵 추가중
s cb7822b 결전의 찜질방 맵 추가 완료
...
```

10 '뻘짓' 커밋에서 작업한 내용은 삭제되었습니다. 이제 '결전의 찜질방 맵 추가중'과 '결전의 찜질방 맵 추가 완료' 커밋을 합치는 작업만 남았습니다. 출력 결과에서 '결전의 찜질방 맵 추가 완료'는 삭제하고, '결전의 찜질방 맵 추가중'은 '결전의 찜질방 맵 추가'로 수정하고 **저장**하고 창을 닫습니다(**:wq**).

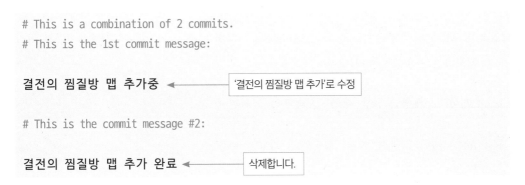

```
# This is a combination of 2 commits.
# This is the 1st commit message:
```

결전의 찜질방 맵 추가중 ◀── '결전의 찜질방 맵 추가'로 수정

```
# This is the commit message #2:
```

결전의 찜질방 맵 추가 완료 ◀── 삭제합니다.

11 소스트리의 작업 내역을 확인하면 두 커밋이 합쳐졌습니다.

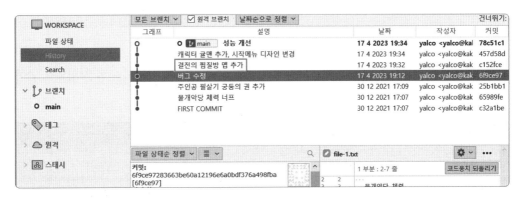

12 이번에는 '캐릭터 귤맨 추가, 시작메뉴 디자인 변경' 커밋의 두 가지 작업을 별개의 커밋으로 나눠 보겠습니다. 먼저 이전 커밋의 해시값을 복사합니다.

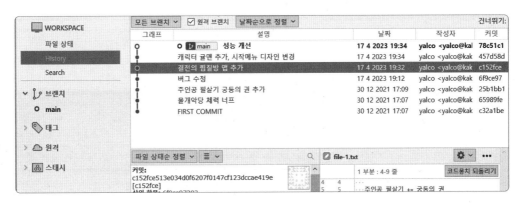

13 VS Code 터미널 창으로 돌아와 **git rebase -i** 명령을 실행하고 뒤에 **해시값**을 붙여 넣습니다.

```
$ git rebase -i c152fce513e034d0f6207f0147cf123dccae419e Enter
```

14 출력 결과에서 '캐릭터 귤맨 추가, 시작메뉴 디자인 변경' 앞의 **pick**을 **삭제**하고 **e**를 입력한 후 **저장**하고 창을 닫습니다(:**wq**).

 pick 457d58d 캐릭터 귤맨 추가, 시작메뉴 디자인 변경

 e 457d58d 캐릭터 귤맨 추가, 시작메뉴 디자인 변경

15 이 상태에서 **git reset** 명령으로 커밋은 한 단계 되돌리되 수정 내용은 그대로 저장합니다.

```
$ git reset HEAD^ Enter
```

16 git status 명령으로 상태를 확인하면 두 파일의 수정 사항이 add되지 않은 상태로 남아 있습니다.

```
$ git status Enter
...
Untracked files:
  (use "git add <file>..." to include in what will be committed)
        file-3.txt
        file-4.txt

nothing added to commit but untracked files present (use "git add" to track)
```

17 여기서 하나씩 커밋을 합니다. 먼저 **file-3.txt** 파일부터 커밋합니다.

```
$ git add file-3.txt Enter
$ git commit -m '캐릭터 귤맨 추가' Enter
[detached HEAD 0d44980] 캐릭터 귤맨 추가
 1 file changed, 1 insertion(+)
 create mode 100644 file-3.txt
```

18 나머지 파일도 커밋합니다. 커밋을 해도 아직 리베이스 중인 상태이므로 **git rebase** 명령까지 실행합니다.

```
$ git add . Enter
$ git commit -m '시작 메뉴 디자인 변경' Enter
[detached HEAD 3cb855e] 시작 메뉴 디자인 변경
 1 file changed, 1 insertion(+)
 create mode 100644 file-4.txt
$ git rebase --continue Enter
Successfully rebased and updated refs/heads/main.
```

19 소스트리의 작업 내역을 확인하면 한 커밋의 작업이 두 개의 커밋으로 분리된 것을 알 수 있습니다.

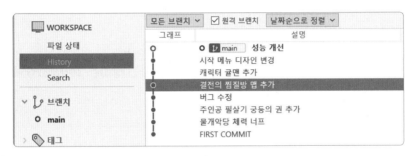

21 취소와 되돌리기 더 깊이 알기

이번에는 작업을 취소하고 되돌리는 작업을 더욱 다양하게 하는 방법을 알아보겠습니다. 깃에서 관리하지 않는 파일을 삭제할 때는 git clean 명령을 사용합니다. 작업 디렉터리나 스테이지에 있는 파일을 되돌릴 때는 git restore 명령을 사용하며, 특정 커밋으로 되돌릴 때도 활용할 수 있습니다.

관리되지 않는 파일들 삭제하기

git clean 명령을 이용해 깃에서 아직 추적하지 않는 파일들을 삭제하는 방법을 알아보겠습니다. git clean 명령 뒤에 다음과 같은 옵션을 붙일 수 있습니다.

옵션	설명
-n	삭제될 파일 보여 주기
-i	인터랙티브 모드 시작하기
-d	폴더 포함하기
-f	강제로 지워 버리기
-x	.gitignore에 등록된 파일 삭제하기(주의)

01 최상위 폴더에 다음과 같이 세 개의 파일을 추가합니다. 이때 toClean3.txt는 dir이라는 별도의 폴더를 만든 다음 그 안에서 생성합니다.

```
toClean1.txt, toClean2.txt, dir/toClean3.txt
```

02 **git clean** 명령을 실행하고 **-n** 옵션을 붙입니다. -n 옵션은 삭제할 대상이 되는 파일을 보여 줍니다. dir 폴더 안에 들어 있는 toClean3.txt 파일은 여기서 표시되지 않습니다.

```
$ git clean -n Enter
Would remove toClean1.txt
Would remove toClean2.txt
```

03 폴더 안에 있는 삭제 대상 파일까지 나타내려면 **git clean** 명령 뒤에 **-nd** 옵션을 붙입니다.

```
$ git clean -nd Enter
Would remove dir/
Would remove toClean1.txt
Would remove toClean2.txt
```

🐰 혹은 git clean -dn으로 입력해도 됩니다.

04 또한 **git clean** 명령 뒤에 **-id**(또는 **-di**)를 붙여서 **인터랙티브 모드**로 들어갑니다. 인터랙티브 모드를 보면 1~6까지 명령을 내릴 수 있습니다. 여기서는 **select by numbers**에 해당하는 **3**을 입력합니다.

```
$ git clean -id Enter
Would remove the following items:
  dir/          toClean1.txt  toClean2.txt
*** Commands ***
    1: clean              2: filter by pattern    3: select by numbers
    4: ask each           5: quit                 6: help
What now> 3 Enter
```

05 삭제 대상이 번호로 나타납니다. 여기서 dir 폴더와 toClean2.txt를 제거하기 위해 **1,3**을 입력하고 Enter를 누릅니다.

```
    1: dir/            2: toClean1.txt    3: toClean2.txt
Select items to delete>> 1,3 Enter
```

06 두 가지가 선택되면 다시 [Enter]를 누릅니다.

```
 * 1: dir/              2: toClean1.txt  * 3: toClean2.txt
Select items to delete>> Enter
```
선택된 대상에는 *가 표시됩니다.

07 dir과 toClean2.txt가 선택된 상태에서 **하나씩 삭제**하기 위해 **ask each**에 해당하는 **4**를 입력합니다.

```
Would remove the following items:
  dir/         toClean2.txt
*** Commands ***
    1: clean            2: filter by pattern    3: select by numbers
    4: ask each         5: quit                 6: help
What now> 4 Enter
```

08 dir 폴더를 지우겠냐고 물어보면 **y**를 눌러 삭제합니다. **toClean2.txt**에 대해서는 **n**을 입력합니다. 이런 식으로 **내 프로젝트에서 깃의 관리를 받지 않는**untracked **파일들이 있을 때 하나씩 살펴보면서 처리**하는 것은 **인터랙티브 모드**를 쓰면 됩니다.

```
Remove dir/ [y/N]? y Enter
Remove toClean2.txt [y/N]? n Enter
Removing dir/
```

09 위와 같이 일일이 확인하지 않고 깃에서 추적되지 않는 파일을 모두 지우려면 **git clean** 명령 뒤에 **-df**(혹은 **-fd**)를 붙입니다. 먼저 **dir 폴더**와 그 안에 **toClean3.txt** 파일을 새로 만듭니다. 그런 다음 **git clean -df** 명령을 실행합니다. 생성했던 파일이 모두 삭제됩니다.

```
$ git clean -df Enter
Removing dir/
Removing toClean1.txt
Removing toClean2.txt
```

마찬가지로 이때 **git clean -f**만 입력하면 해당 폴더에 있는 대상 파일만 삭제되며, 하위 폴더와 그 안에 있는 파일은 삭제되지 않습니다.

restore로 커밋하지 않은 변경 사항 되돌리기

이번에는 git restore 명령에 대해서 알아보겠습니다. 원래 깃 예전 버전에서는 **git checkout 명령만 썼는데 이 명령이 git switch와 git restore로 분리되었습니다.** 이제 **git restore** 명령을 이용해서 특정 파일을 작업 디렉터리나 스테이지에서 되돌려 놓을 수 있습니다.

git restore 명령 사용해 보기

프로젝트 파일에서 변경 사항을 만들고 작업 디렉터리에서 복구해 보겠습니다.

01 프로젝트에서 임의의 파일을 수정해 보겠습니다. **panthers.yaml**, **pumas.yaml**, **leopards.yaml** 파일에 각각 **Change**를 추가하고 **저장**합니다. **git status** 명령을 적용하면 변경된 파일이 표시됩니다.

panthers.yaml

```
...
members:
- Violet
- Stella
- Anthony
- Freddie
- Hoki
```

Change

pumas.yaml

```
...
members:
- Ezra
- Carter
- Finn
- Pororo
- Toki
```

Change

leopards.yaml

```
...
- Linda
- William
- David
- Olivia
- Evie
- Dongho
```

Change

```
$ git status  Enter
...
Changes not staged for commit:
  (use "git add <file>..." to update what will be committed)
  (use "git restore <file>..." to discard changes in working directory)
        modified:   leopards.yaml
        modified:   panthers.yaml
        modified:   pumas.yaml

no changes added to commit (use "git add" and/or "git commit -a")
```

02 이 상태에서 특정 파일 하나의 수정 사항만 취소하려면 **git restore** 명령을 입력하고 뒤에
파일 이름 **panthers.yaml**을 붙입니다. panthers.yaml 파일의 수정 사항만 되돌려집니다.

```
$ git restore panthers.yaml  Enter
```

03 만약 모든 수정 사항을 다 되돌리려면 **git restore** 명령 뒤에 .(온점)을 붙입니다.

```
$ git restore .  Enter
```

04 아직 스테이지되지 않은 모든 변화들이 사라진 걸 볼 수 있습니다.

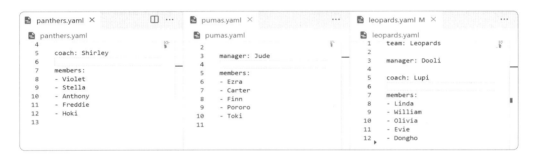

다음 실습을 위해 각 파일마다 Ctrl + Z 를 눌러 프로젝트 파일에 Change가 추가된 상태로 되돌리고 저장합니다.

변경 상태를 스테이지 영역에서 작업 디렉터리로 되돌리기

이번에는 add가 된 상태에서 작업 디렉터리로 되돌려 보겠습니다.

01 앞서 수정한 프로젝트 파일의 모든 변경 사항을 **git add .** 명령으로 스테이지로 옮기겠습
니다. 그런 다음 **git status** 명령을 실행하면 수정된 파일이 add된 상태임을 알 수 있습니다.

```
$ git add .  Enter
$ git status  Enter
...
Changes to be committed:
  (use "git restore --staged <file>..." to unstage)
        modified:   leopards.yaml
        modified:   panthers.yaml
        modified:   pumas.yaml
```

02 그중 원하는 파일을 지정해 add되지 않은 상태로 되돌리려면 **git restore** 명령 뒤에 **--staged**를 붙이고 파일 이름을 입력합니다. **git status** 명령으로 상태를 확인합니다.

```
$ git restore --staged panthers.yaml Enter
$ git status Enter
On branch main
Your branch is ahead of 'origin/main' by 1 commit.
  (use "git push" to publish your local commits)

Changes to be committed: ←─────────── 스테이지 영역에 있는 상태
  (use "git restore --staged <file>..." to unstage)
        modified:   leopards.yaml
        modified:   pumas.yaml

Changes not staged for commit: ←────── 작업 디렉터리에 있는 상태
  (use "git add <file>..." to update what will be committed)
  (use "git restore <file>..." to discard changes in working directory)
        modified:   panthers.yaml
```

03 나머지 파일의 수정 사항도 모두 한 번에 되돌리려면 **git restore --staged** 명령 뒤에 .(온점)을 붙입니다.

```
$ git restore --staged . Enter
$ git status Enter
On branch main
Your branch is ahead of 'origin/main' by 1 commit.
  (use "git push" to publish your local commits)

Changes not staged for commit:
  (use "git add <file>..." to update what will be committed)
  (use "git restore <file>..." to discard changes in working directory)
        modified:   leopards.yaml
        modified:   panthers.yaml
        modified:   pumas.yaml

no changes added to commit (use "git add" and/or "git commit -a")
```

04 작업 디렉터리에 있는 변경 사항도 모두 없애려면 **git restore** 명령 뒤에 .(온점)만 붙입니다.

```
$ git restore . Enter
```

파일을 특정 커밋 상태로 되돌리기

git restore 명령은 커밋되지 않은 걸 되돌리는 데 사용할 수도 있지만 특정 파일을 과거 어느 시점에 커밋 상태로 되돌리기 위해서 쓸 수도 있습니다. 그동안 실습하면서 tigers.yaml 파일은 많은 변화를 거쳤습니다. tigers.yaml 파일만 과거 특정 지점의 커밋으로 되돌려 보겠습니다. 소스트리에서 살펴보겠습니다.

01 tigers.yaml 파일만 **Add George to Tigers** 커밋의 상태로 되돌리려고 합니다. 해당 커밋의 해시값을 복사합니다.

02 git restore --source= 다음에 **커밋 해시값**을 붙여넣고 대상 파일인 **tigers.yaml**을 입력해서 명령을 실행합니다.

```
$ git restore --source=5e3e3e1213730c7fb42504d6405daace560b3278 tigers.yaml Enter
```

🐌 혹은 **git checkout HEAD^**를 입력하고 원하는 커밋 단계 수를 입력해서 돌아갈 수도 있습니다.

03 VS Code에서 **tigers.yaml** 파일 내용을 보면 Add George to Tigers 커밋 상태로 되돌아
간 것을 알 수 있습니다.

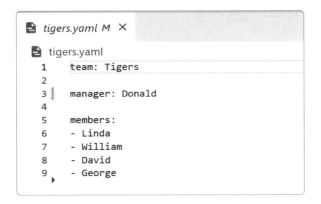

하지만 아직 이 파일의 커밋이 변경된 건 아닙니다. 소스트리에도 '커밋하지 않은 변경 사항'이
라고 표시되어 있듯 tigers.yaml 파일의 변경 사항이 아직 스테이지되지 않은 상태이며, 파일
을 특정 커밋의 상태로 일단 저장만 되는 상태로 되돌린 것입니다. 이 상태라면 git restore .
명령으로 현재 커밋 상태로 되돌릴 수도 있습니다.

다음 실습을 위해 **git reset --hard** 명령을 실행해 작업을 되돌립니다.

 리셋 취소하기 ••

git reset --hard 명령을 사용하면 해당 커밋이 작업 내역에서 완전히 삭제됩니다. 이 경우에는 git log 명령을 실
행해도 커밋 내역에 나타나지 않습니다. 만약 실수로 커밋을 리셋했다면 난감한 상황입니다. 이럴 때 리셋으로 삭제
한 커밋을 복원하려면 **git reflog** 명령을 사용합니다.

```
git reflog
```

git reflog 명령을 실행하면 내가 수행한 깃 작업의 모든 내역이 나타납니다. 리셋한 커밋에서 바로 이전 작업의 해시
값을 복사해서 해당 시점으로 다시 리셋합니다.

```
git reset --hard (이전 커밋 해시값)
```

이렇게 하면 리셋으로 삭제한 커밋도 다시 복원할 수 있습니다.

••

커밋에 태그 달기

깃의 작업 내역에서 기억해 둘 필요가 있는 중요한 커밋에는 태그를 붙여서 키워드를 표시할 수 있습니다. 특히 프로그램의 변경 수준에 따라서 버전으로 표시할 때도 유용합니다. git tag 명령을 이용해 커밋에 태그를 달고 저장소 페이지에서 태그가 붙은 버전을 사람들이 다운로드할 수 있게 배포하는 기능에 대해서도 살펴보겠습니다.

깃의 각 커밋에는 별명처럼 **태그**tag를 붙일 수 있습니다. 태그를 이용하면 여러 커밋 중에 기억해야 되는 중요한 커밋을 어떤 키워드로 표시해 둘 수 있고 또한 커밋에 버전 정보를 붙일 때 유용합니다. 예를 들어, 깃허브에서 VS Code 프로젝트https://github.com/microsoft/vscode를 보면 커밋 개수가 10만 개가 넘는데 그중 200개가 넘는 태그가 붙어 있습니다(여러분이 접속하는 시점에 이 숫자는 더 늘어나 있을 것입니다). 태그 항목을 클릭해 볼까요?

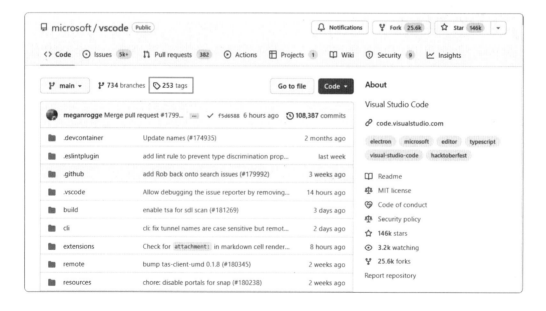

이동한 화면을 보면 태그 목록에 버전 정보를 기입해 둔 것이 보입니다. 이는 일련의 작업을 마치면 프로젝트 과정에서 핵심이 되는 커밋에 버전 정보를 태그로 달아 놓습니다.

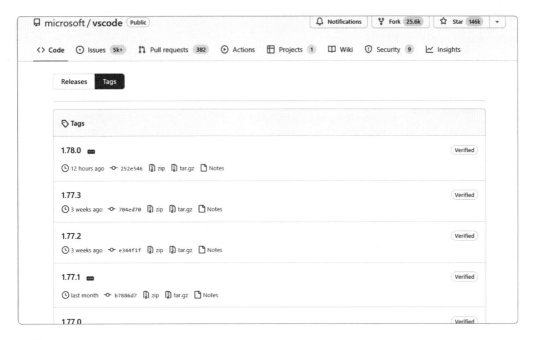

 프로그램의 버전 ···

프로그램의 버전은 보통 메이저(major), 마이너(minor), 패치(patch)라는 세 가지 숫자로 표시하며, 변경 사항의 규모나 중요도에 따라 숫자가 높아집니다. **메이저**는 프로그램의 이전 버전에서 호환되지 않을 정도로 큰 변화나 업그레이드를 나타내며, **마이너**는 새로운 기능이 추가되거나 기존 기능이 변경되는 정도를 나타냅니다. 한편 **패치**는 버그 등 작은 문제를 수정한 것을 나타냅니다. 자세한 버전 표기법은 다음 링크를 참고하기 바랍니다.

URL https://semver.org/lang/ko/

태그에는 lightweight와 annotated 두 가지 종류가 있습니다. **lightweight**는 특정 커밋에 붙여서 태그 이름으로 지칭하는 것입니다. **annotated**는 작성자의 이름, 이메일, 날짜, 커밋 메시지, GPG 설명 등을 기입할 수 있습니다. 필요에 맞게 쓰되 기왕 태그를 단다면 annotated로 달기를 추천합니다.

 GPG 설정에 대해서는 374쪽에서 설명합니다.

···

마지막 커밋에 태그 달기

01 소스트리에서 태그를 달려면 먼저 작업 내역에서 태그를 달 커밋을 선택합니다. 마우스 오른쪽 버튼을 클릭하고 **태그**를 선택합니다.

02 대화상자에서 '태그 이름'에 태그 내용을 입력하고 **태그 추가** 버튼을 클릭하면 됩니다. 여기서는 다음 따라하기 진행을 위해 **취소**를 클릭하겠습니다.

03 CLI에서 커밋에 태그를 달려면 **git tag** 명령을 쓰고 그 뒤에 태그 내용을 입력합니다. 다음과 같이 **특정 커밋을 지정하지 않으면** 마지막 커밋에 태그가 달립니다.

```
$ git tag v2.0.0 Enter
```

04 소스트리의 작업 내역을 보면 최신 커밋에 태그 꼬리표와 버전이 붙은 것이 보입니다.

05 CLI에서 현존하는 태그를 확인하려면 **git tag** 명령을 입력합니다.

```
$ git tag Enter
v2.0.0
```

06 특정한 태그를 붙인 커밋의 변경 사항을 확인하려면 **git show** 명령을 입력하고 뒤에 태그를 붙입니다. 출력 결과에서 Ⓙ, Ⓚ를 눌러 스크롤을 하면서 해당 태그가 달린 커밋에 어떤 변화가 있었는지 볼 수 있습니다. **q**를 입력해 에디터를 닫습니다.

```
$ git show v2.0.0 Enter
commit 2dfdb8d2d151fedd4dbdec277b87bf701c989f9d (HEAD -> main, tag: v2.0.0)
Author: Yalco <yalco@kakao.com>
Date:   Mon Apr 17 18:47:31 2023 +0900

    Add members to Panthers and Pumas

diff --git a/jaguars.yaml b/jaguars.yaml
index ba26d8e..984fcf9 100644
--- a/jaguars.yaml
+++ b/jaguars.yaml
:q
```

07 태그를 삭제하려면 **git tag** 명령 뒤에 **-d** 옵션과 태그를 입력합니다. 다시 **git tag** 명령을 실행하면 태그가 나타나지 않습니다.

```
$ git tag -d v2.0.0 Enter
Deleted tag 'v2.0.0' (was 2dfdb8d)
```

08 annotated 방식으로 태그를 달려면 **git tag** 명령 뒤에 **-a**를 붙이고 **태그 이름**을 입력합니다. 그러면 커밋할 때처럼 기다리라는 메시지와 함께 태그 메시지를 작성하는 창이 열립니다. 여기에 내용을 입력하고 저장한 후 창을 닫아도 되지만, 이번에는 창을 바로 닫고 git tag 명령에 내용을 입력해 보겠습니다.

```
$ git tag -a v2.0.0 Enter
hint: Waiting for your editor to close the file...
```

```
 TAG_EDITMSG  ✕                                    ▯ ···

.git >  TAG_EDITMSG
    1   |
    2   #
    3   # Write a message for tag:
    4   #   v2.0.0
    5   # Lines starting with '#' will be ignored.
    6
```

09 다시 **git tag** 명령을 입력하고 **태그 이름**과 **-m** 그리고 자세한 **태그 메시지**를 입력합니다.

```
$ git tag v2.0.0 -m '자진모리 버전'  Enter
```

10 git show 명령으로 해당 태그를 불러와 보겠습니다. **q**를 입력해 나옵니다.

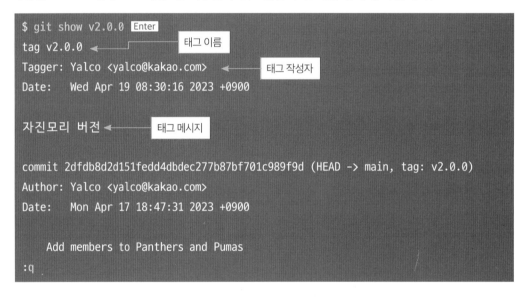

원하는 커밋에 태그 달기

이번에는 원하는 커밋에 태그를 달아 보겠습니다. 앞서 따라하기 09와 동일하지만 git tag 명령
중간에 원하는 커밋 해시값을 입력합니다.

```
git tag (태그 이름) (커밋 해시값) -m (태그 메시지)
```

01 여기서는 **Add team Pumas** 커밋에 **v1.0.0** 태그를 달고, **Add Evie to Leopards** 커밋에 **v1.2.1** 태그를 달아 보겠습니다. 소스트리에서 각 커밋을 선택해 커밋 해시값을 붙여 넣습니다.

```
$ git tag v1.0.0 f41fd51799b30cb0b4feb3c1fa9ce9e34635131d -m '긋거리 버전' Enter
$ git tag v1.2.1 d9432a40d9d73adda89b1f87a8bd1df285b32a32 -m '휘모리 버전' Enter
```

02 git tag 명령을 실행하면 세 개의 태그가 나타납니다.

```
$ git tag Enter
v1.0.0
v1.2.1
v2.0.0
```

03 태그 중에서 내가 원하는 태그를 필터링하려면 와일드카드를 이용합니다. 예를 들어 태그 이름에서 v1.으로 시작하는 태그를 보려면 **'v1.*'**이라고 입력하는 식이죠. 이렇게 하면 v1.0.0 과 v1.2.1만 출력됩니다.

```
$ git tag -l 'v1.*' Enter
v1.0.0
v1.2.1
```

> 별표(*)는 '모든 것'을 의미하는 와일드카드입니다.

04 태그 중에서 .0으로 끝나는 태그만 필터링 하려면 **git tag -l** 다음에 **'*0'**을 입력합니다. 그러면 v1.0.0과 v2.0.0만 출력됩니다.

```
$ git tag -l '*0' Enter
v1.0.0
v2.0.0
```

태그로 체크아웃할 버전 지칭하기

태그를 사용하면 체크아웃할 버전을 지칭할 때도 편리합니다. **체크아웃**은 앞서 배웠듯이 **헤드가 위치하는 임의의 브랜치로 이동하는 것**입니다.

01 git checkout 명령으로 **v1.2.1** 태그가 붙은 커밋 시점으로 이동해 보겠습니다.

```
$ git checkout v1.2.1 Enter
Note: switching to 'v1.2.1'.
...
HEAD is now at d9432a4 Add Evie to Leopards
```

02 소스트리의 작업 내역을 보면 해당 커밋으로 헤드가 이동해 있습니다. 여기서 현재의 내용을 확인하거나 브랜치를 새로 파생할 수 있습니다.

03 원래 시점인 **main** 브랜치로 돌아오려면 **git switch** 명령을 사용합니다.

```
$ git switch main Enter
Previous HEAD position was d9432a4 Add Evie to Leopards
Switched to branch 'main'
Your branch is ahead of 'origin/main' by 1 commit.
  (use "git push" to publish your local commits)
```

로컬의 태그를 원격 저장소와 동기화하기

앞서 로컬 프로젝트에 달았던 태그들을 원격 저장소에 동기화하는 방법을 알아보겠습니다. **특정 태그 하나를 올리려면 git push** 명령에 **원격 저장소 이름**과 **태그 이름**을 입력합니다.

```
git push (원격 저장소 이름) (태그 이름)
```

원격 저장소에서 태그를 삭제하려면 **git push** 명령에 **--delete** 옵션을 붙여야 합니다.

```
git push --delete (원격 저장소 이름) (태그 이름)
```

보통 로컬 컴퓨터의 프로젝트에 있는 태그를 한 번에 원격 저장소에 올릴 때가 많습니다. 이 경우 **git push** 명령어에 **--tags** 옵션을 붙이기만 하면 됩니다.

```
git push --tags
```

01 VS Code의 터미널 창에서 **git push** 명령으로 **origin** 원격 저장소에 **v2.0.0** 태그를 올려 보겠습니다.

```
$ git push origin v2.0.0 Enter
Enumerating objects: 1, done.
Counting objects: 100% (1/1), done.
Writing objects: 100% (1/1), 181 bytes | 181.00 KiB/s, done.
Total 1 (delta 0), reused 0 (delta 0), pack-reused 0
To https://github.com/yalcobook/yalco.git
 * [new tag]         v2.0.0 -> v2.0.0
```

02 깃허브에서 확인하면 태그 하나가 생겼습니다.

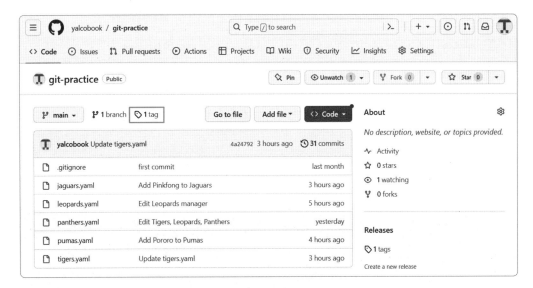

03 클릭해 보면 v2.0.0이라는 버전 이름 태그가 나와 있습니다. 태그를 클릭하면 어떤 커밋인지 들어가 볼 수도 있습니다.

04 원격 저장소의 v2.0.0 태그를 삭제해 보겠습니다. VS Code 터미널 창에서 **git push** 명령을 실행합니다.

```
$ git push --delete origin v2.0.0 Enter
To https://github.com/yalcobook/yalco.git
 - [deleted]          v2.0.0
```

05 깃허브에서 새로 고침 해 보면 태그가 없어져 개수가 0으로 표시됩니다.

06 프로젝트마다 다를 수는 있겠지만 보통은 이렇게 하나하나 태그를 올리지 않고 로컬에 있는 모든 태그를 한 번에 올립니다. 이때는 터미널에 다음과 같이 입력합니다.

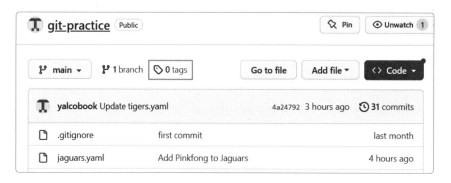

```
$ git push --tags Enter
...
 * [new tag]          v1.2.1 -> v1.2.1
 * [new tag]          v2.0.0 -> v2.0.0
```

07 깃허브에서 새로 고침 해 보면 로컬과 똑같이 세 개의 태그가 만들어진 걸 볼 수 있습니다.

깃허브에서 파일 배포하기

깃허브의 **배포**release 기능을 살펴보겠습니다. 깃허브에는 저장소 페이지에서 태그가 붙은 버전을 다운로드할 수 있게 배포하는 기능이 있습니다. 예를 들어, 네이버 나눔고딕 코딩 글꼴https://github.com/naver/nanumfont 깃허브 저장소에 접속하면 Release 항목에 배포 버전이 있습니다. 이를 클릭하면 소스 코드로 파일(.zip이나 .tar 등)을 다운로드할 수 있습니다. 현재 나눔고딕 코딩 글꼴 프로젝트에는 17개의 태그가 있고, 그중 14개는 배포 버전입니다. 이처럼 태그 중에 원하는 것을 사용자들이 바로 다운로드해서 사용할 수 있도록 배포 버전으로 출시할 수 있습니다. 깃허브에 올려서 배포할 때 따로 빌드를 하는 게 아니라 방문자들이 그대로 다운로드할 수 있는 코드나 파일을 제공할 때 이 방식을 사용합니다.

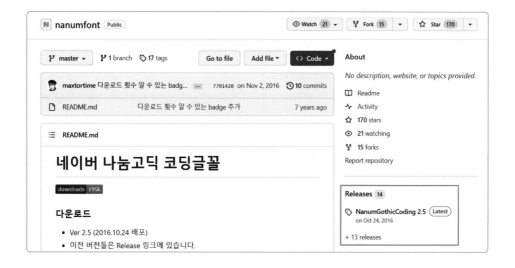

01 깃허브에서 git-practice 저장소로 돌아옵니다. 상단의 **3 tags**를 클릭해 태그 목록을 엽니다.

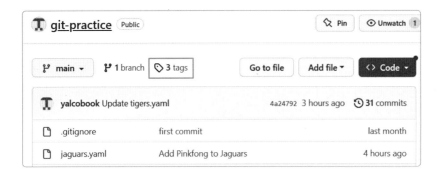

02 태그 목록에서 배포 버전을 만들어 보겠습니다. v2.0.0의 오른쪽에 있는 ⋯을 클릭하고 **Create release**를 선택합니다.

03 'Release title'에 원하는 제목을 입력합니다. 여기서는 **다운로드하기**라고 입력하겠습니다. 'Describe this release' 입력란에는 마크다운markdown 형식으로 글을 작성할 수 있습니다. 예를 들어 앞에 #을 입력하면 큰 제목이 되고, 글자 앞뒤로 **를 입력하면 볼드로 강조할 수 있습니다. 여기서는 **#다운로드해 주세요. **zip** 파일 압축을 푼 뒤 사용하세요.**라고 적겠습니다. 화면 하단의 **Publish release** 버튼을 클릭합니다.

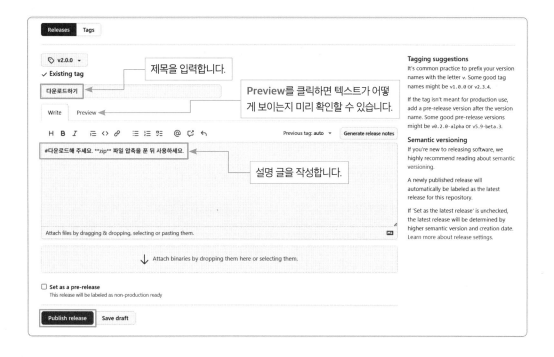

04 이제 사람들이 여러분의 오픈 소스 프로젝트 저장소에 들어오면 오른쪽 'Releases' 항목의 **다운로드하기**를 클릭해서 깃이 관리하는 파일을 다운로드할 수 있습니다.

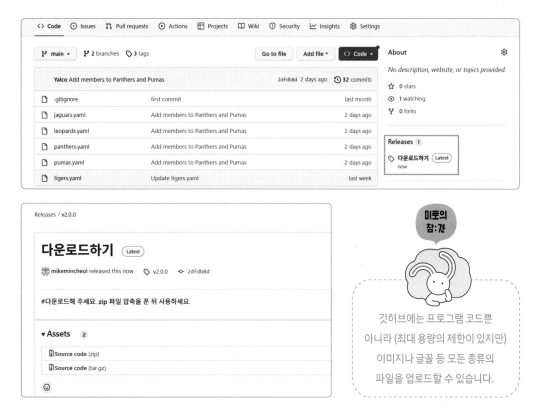

미로의 참:견

깃허브에는 프로그램 코드뿐 아니라 (최대 용량의 제한이 있지만) 이미지나 글꼴 등 모든 종류의 파일을 업로드할 수 있습니다.

외워서 써먹는 깃 명령어

1 내용 확인하며 헝크별로 스테이지하기

헝크별로 스테이지하기   `git add　(1)`

변경 사항 확인하고 커밋하기   `git commit　(2)`

2 커밋하기 애매한 변화 치워 두기

변경 내용 치워 두기   `git　(3)`

스태시한 변경 사항 적용하고 삭제하기   `git stash　(4)`

스태시한 변경 사항 적용하기   `git stash　(5)`

스태시 목록 보기   `git stash　(6)`

3 커밋 수정하기

커밋 메시지 변경하기   `git commit　(7)`

커밋 메시지 한 줄로 변경하기   `git commit　(8)`

4 취소와 되돌리기 깊이 알기

깃에서 추적하지 않은 파일 삭제하기   `git　(9)`

작업 디렉터리의 특정 파일 복구하기   `git　(10)　(파일 이름)`

깃 작업 내역 확인하기   `git　(11)`

(1) -p (2) -v (3) stash (4) pop (5) apply (6) list (7) --amend (8) --amend -m

(9) clean (10) restore (11) reflog

외워서 써먹는 깃 명령어

5 커밋에 태그 달기

태그 확인하기	git (12)
마지막 커밋에 태그 달기	git (13) (태그)
태그 삭제하기	git tag (14) (태그)
태그 메시지 입력하여 태그 달기	git tag (태그) (15) '(태그 메시지)'
원하는 태그 내용 확인하기	git (16) (태그)
원하는 버전으로 체크아웃하기	git (17) (태그)
원격 저장소에 특정 태그 하나 올리기	git (18) (원격 저장소 이름) (태그)
로컬에 있는 태그를 원격 저장소에 한 번에 올릴 때	git push (19)
원격 저장소의 태그 삭제하기	git push (20) (원격 저장소 이름) (태그)

(12) tag (13) tag (14) -d (15) -m (16) show (17) checkout (18) push (19) --tags
(20) --delete

CHAPTER

07

브랜치
더 깊게 파기

fast forward vs 3-way merge

학습 목표

깃의 fast forward는 변경 사항이 더 최근인 브랜치로 통합하는 방법입니다. 3-way merge는 공통 조상 커밋을 기준으로 두 개의 브랜치를 자동으로 통합하는 방법입니다. 변경 사항이 충돌할 경우 사용자가 수동으로 충돌을 해결해야 하는데, 가장 유용한 두 가지 전략에 대해 알아봅니다.

깃이 머지를 하는 두 가지 전략, fast forward와 3-way merge에 대해 알아보겠습니다.

먼저 **fast forward**부터 살펴보겠습니다. 예를 들어 A와 B 브랜치는 공통 커밋을 조상으로 갖고 있고 B 브랜치에만 이후의 커밋이 있다고 가정해 보겠습니다. 이 경우 A와 B 브랜치를 병합한다면 굳이 이 둘을 병합하기 위한 다른 새로운 커밋을 만들지 않고 A 브랜치의 헤드를 B 브랜치의 최신 커밋으로 옮깁니다. 그리고 병합된 B 브랜치는 없앱니다.

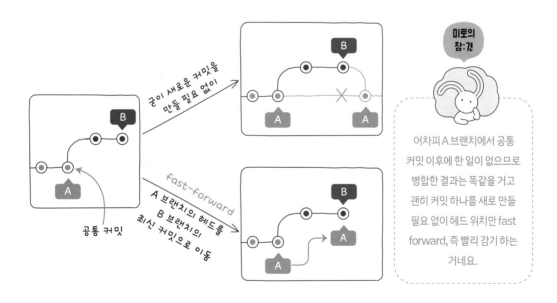

굳이 새로운 커밋을 만들 필요 없이

fast-forward

A 브랜치의 헤드를 B 브랜치의 최신 커밋으로 이동

공통 커밋

미로의 참:견

어차피 A 브랜치에서 공통 커밋 이후에 한 일이 없으므로 병합한 결과는 똑같을 거고 괜히 커밋 하나를 새로 만들 필요 없이 헤드 위치만 fast forward, 즉 빨리 감기 하는 거네요.

fast forward 방식의 단점은 어떤 브랜치를 사용했고 언제 병합했는지 기록이 남지 않는다는 겁니다. 그래서 원래 브랜치가 이후에 한 일이 없어도 fast forward 하지 않고 커밋을 만들어서 병합하려면 **git merge**에 **--no-ff** 옵션을 붙여서 명령하기도 합니다. 여기서 ff는 fast forward 입니다.

```
git merge –no-ff (병합할 브랜치 이름)
```

이번에는 **3-way merge**를 보겠습니다. 이 경우에는 두 브랜치 양쪽에 커밋된 마디가 하나 이상 있는 상태이므로 별도의 병합 커밋을 하나 만드는 방식으로 병합해야 합니다.

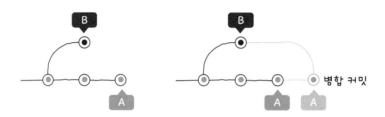

그런데 A와 B 브랜치를 병합할 때 두 브랜치의 최신 커밋 모두에 속하는 어떤 파일이 서로 다른 내용을 가지고 있다고 가정해 보겠습니다. 그러면 깃은 각 파일이 A 브랜치에서 변경되었는지 B 브랜치에서 변경되었는지, 혹은 두 브랜치 모두에서 변경되었는지를 확인해서 충돌이 일어나는 상황인지 판단해야 합니다. 이건 A와 B 브랜치의 최신 커밋 두 개만 봐서는 알 수 없거든요. 그걸 판별하기 위해 두 브랜치의 공통 조상이 되는 커밋에서 A와 B 브랜치의 커밋을 비교하기 때문에 총 세 커밋을 비교한다는 의미로 **3-way merge**라고 부르는 겁니다. 그래서 차이가 있는 파일마다 어떤 것을 병합에 반영할지, 어떤 것을 충돌로 인식해서 사용자가 해결하도록 맡겨야 할지를 병합 커밋에서 결정합니다.

이것은 깃의 내부에서 일어나는 일이므로 이에 대해 반드시 이해하지 않아도 실무에서 깃을 사용하는 데 지장은 없습니다.

다른 브랜치에서 원하는 부분만 가져오기

깃의 체리픽은 여러 브랜치가 있을 때 다른 브랜치에서 원하는 특정 커밋을 선택하여 현재 브랜치로 가져와 적용하는 기능입니다. 다른 브랜치에서 필요한 변경 사항을 선택적으로 가져와 현재 브랜치에 반영할 수 있습니다. 이를 통해 특정 커밋의 변경 사항을 추출할 수 있습니다.

체리픽으로 원하는 커밋만 따 오기

아래와 같이 여러 브랜치가 있을 때 다른 브랜치에서 원하는 커밋만 딱 골라서 가져오는 것을 **체리픽**cherry pick이라고 합니다. 먼저 fruit 브랜치에서 Cherry 커밋의 변경 사항만 main 브랜치로 가져와 보겠습니다.

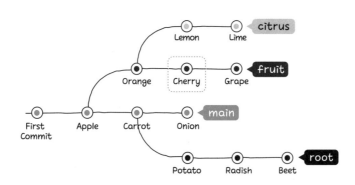

01 먼저 예제 **git-branch.zip**을 다운로드해서(14쪽 참고) 압축을 풉니다. VS Code에서 **../git-branch/git-branch** 폴더를 엽니다. apple, carrot, onion, plant 네 개의 파일이 있고, main 브랜치에 연결된 citrus, fruit, root 세 개의 브랜치가 있습니다.

```
$ git branch Enter
  citrus
  fruit
* main
  root
```

🐚 맥 사용자는 ../git-branch/_MACOSX/git-branch 폴더를 열어 주세요.

02 소스트리에서도 **파일 - 열기**를 선택해 **../git-branch/git-branch** 폴더를 엽니다. 소스트리의 작업 내역에서 **Cherry** 커밋을 선택하고 해시값을 복사합니다.

03 VS Code로 돌아와 **git cherry-pick** 명령과 복사한 **Cherry**의 **커밋 해시값**을 입력합니다.

```
git cherry-pick (커밋 해시값)
```

```
$ git cherry-pick cadfd026adb861cef437c612fe4f3ef519bf256f Enter
[main f1aad29] Cherry
 Author: yalco <yalco@kakao.com>
 Date: Sat Jan 1 15:33:36 2022 +0900
 1 file changed, 0 insertions(+), 0 deletions(-)
 create mode 100644 cherry
```

04 VS Code의 탐색 창을 보면 Cherry 커밋의 변경 사항인 **cherry** 파일이 나타납니다.

05 소스트리의 작업 내역을 확인하면 main 브랜치의 최신 커밋에 Cherry가 추가되었습니다. fruit 브랜치에 있던 Cherry 커밋을 main 브랜치로 가져왔지만, fruit 브랜치에도 그대로 남아 있으며, **두 커밋은 별개의 커밋입니다.**

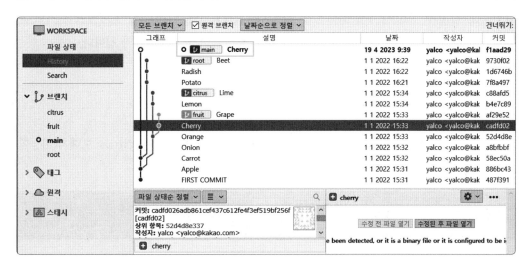

소스트리의 브랜치 배열은 가장 최근 커밋이 있는 브랜치를 일직선으로 보여주고 나머지를 곁가지로 표현합니다. 즉 어느 브랜치가 직선으로 나타나는지는 컴퓨터의 입장에서는 의미가 없으며, 모든 브랜치들은 서로 동등한 관계에 있습니다. 해당 그림을 털실에 연결된 구슬들로 바꾸어 생각하면 쉽게 이해가 될 것입니다. 어느 브랜치든 양 끝을 팽팽하게 잡아당기면 직선이 되는 거죠.

🐰 이처럼 체리픽은 머지나 리베이스와 달리 특정 커밋을 복제해서 가져오는 것입니다.

다른 가지의 잔가지 가져오기

현재 브랜치를 보면 main 브랜치에서 fruit 브랜치가 갈라져 나왔고, 또 fruit 브랜치에서 citrus 브랜치가 갈라져 나왔습니다. 여기서 **citrus 브랜치의 두 커밋을 main 브랜치로 가져올 수 있을까요?**

실무 상황으로 생각해 보면 main 브랜치에서 별도의 fruit 브랜치로 다른 추가 기능을 만들다가 그 기능의 보조 기능으로 citrus 브랜치로 한 번 더 분기했는데, 정작 추가 기능(fruit)은 쓰지 않고 그 기능의 보조 기능(citrus)만 가져와야 할 때가 생긴 겁니다.

만약 citrus의 최신 커밋을 main 브랜치로 리베이스하면 fruit 브랜치의 일부 커밋까지 main에 딸려 옵니다. 그런데 지금은 **citrus 브랜치의 Lemon, Lime 커밋만 가져오고 싶습니다.** 이런 경우에는 **rebase --onto** 명령과 필요한 브랜치를 입력합니다. 아래와 같이 명령하면 '나는 **도착 브랜치**에서 **출발 브랜치**에 있는 **이동할 브랜치**를 옮겨 붙이겠다'는 의미가 됩니다.

```
git rebase --onto (도착 브랜치) (출발 브랜치) (이동할 브랜치)
```

01 main 브랜치(도착 브랜치)에서 **fruit** 브랜치(출발 브랜치)에 있는 **citrus** 브랜치(이동할 브랜치)를 옮기려면 다음과 같이 명령을 실행합니다.

```
$ git rebase --onto main fruit citrus Enter
Successfully rebased and updated refs/heads/citrus.
```

02 그러면 VS Code 탐색기에 citrus 브랜치에 속하는 **lemon**과 **lime** 파일이 추가됩니다.

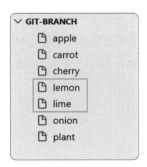

03 소스트리의 작업 내역을 봐도 citrus 브랜치는 더 이상 보이지 않고, **main 브랜치**에 Lemon과 Lime 커밋이 추가되었습니다.

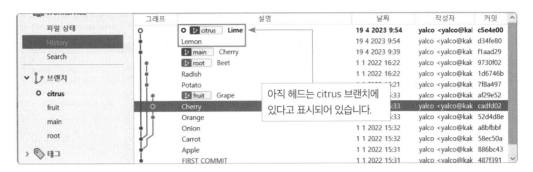

04 이제 main 브랜치의 헤드를 최신 커밋인 Lime 커밋 위치로 옮겨 줘야 합니다. VS Code의 터미널 창에서 **git switch** 명령으로 **main** 브랜치로 이동합니다.

```
$ git switch main Enter
Switched to branch 'main'
```

05 그런 다음 **git merge** 명령을 **citrus** 브랜치에 적용합니다. 그러면 fast forward가 적용되어 main 브랜치의 최신 커밋으로 헤드가 이동합니다.

```
$ git merge citrus Enter
Updating f1aad29..c5e4e00
Fast-forward
 lemon ¦ 0
 lime  ¦ 0
 2 files changed, 0 insertions(+), 0 deletions(-)
 create mode 100644 lemon
 create mode 100644 lime
```

06 이제 **citrus** 브랜치는 필요가 없으니 **git branch -d** 명령으로 삭제합니다.

```
$ git branch -d citrus Enter
Deleted branch citrus (was c5e4e00).
```

rebase --onto를 되돌리기

앞서의 실습을 진행한 뒤 **git reflog** 명령으로 내역을 살펴보면 git rebase --onto 명령에 따라 여러 작업이 진행된 내역을 볼 수 있습니다.

```
$ git reflog Enter
c5e4e00 (HEAD -> main) HEAD@{0}: merge citrus: Fast-forward
f1aad29 HEAD@{1}: checkout: moving from citrus to main
c5e4e00 (HEAD -> main) HEAD@{2}: rebase (finish): returning to refs/heads/citrus
...
52d4d8e HEAD@{19}: commit: Orange
886bc43 HEAD@{20}: checkout: moving from main to fruit
a8bfbbf HEAD@{21}: commit: Onion
:q     ◄─ q를 입력해 VIM 모드를 빠져나옵니다.
```

그럼 전체 브랜치의 상태를 rebase --onto 이전으로 돌리려면 어떻게 하면 될까요? reset은 브랜치별로 이뤄지므로 rebase --onto로 영향을 받은 모든 브랜치에서 하나하나 리셋을 진행해 주어야 합니다. 혹은 다시 옮겨 붙이는 방법도 있습니다.

citrus 브랜치를 복원하는 방법은 두 가지가 있습니다. 현재 이번 실습으로 변화가 일어난 브랜치는 main(fast forward로 머지됨)과 citrus 브랜치입니다. main 브랜치를 복원할 때 옮겨 붙인 citrus로 fast forward 된 것이 마지막 행동이므로 reflog의 기록에서 그 이전 기록으로 reset --hard를 하면 됩니다. lemon과 lime이 추가되기 전으로 돌아가는 거죠.

첫째, citrus 브랜치는 해당 브랜치가 옮겨지기 전 마지막 커밋인 commit: Lime 부분을 reflog에서 찾아 그곳으로 reset --hard합니다.

둘째, rebase --onto를 사용해서 citrus의 커밋들을 main으로부터 다시 fruit 브랜치의 orange 부분으로 옮깁니다. 그렇게 하려면 orange 커밋으로 체크아웃한 다음 그곳에서 새 브랜치를 만들고(예를 들어 temp 브랜치) 다음 명령어로 citrus의 두 커밋들을 해당 위치로 옮겨 붙입니다. 그런 다음 temp 브랜치는 삭제합니다.

```
$ git rebase --onto temp main citrus Enter
```

다른 가지의 커밋을 하나로 묶어서 가져오기

이번에는 root 브랜치에 있는 세 개의 커밋을 main 브랜치로 가져오려고 합니다. 이때 머지를 하면 해당 커밋의 과거 작업 내역이 남은 채로 main 브랜치에 병합됩니다. 리베이스를 해도 root 브랜치의 각 커밋들이 하나하나 main 브랜치에 이어 붙여집니다. 그런데 root 브랜치의 커밋에 있는 세부적인 작업 내역은 남기지 않고 해당 커밋들을 하나의 커밋에 뭉뚱그려서 main 브랜치에 추가할 수도 있습니다.

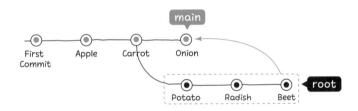

이때 **git merge --squash** 명령을 사용합니다.

```
git merge --squash (가져올 브랜치 이름)
```

01 현재 **main** 브랜치에 위치해 있습니다. **git merge --squash** 명령어에 **root**를 입력해 root 브랜치에 있는 세 개의 커밋을 가져오겠습니다.

```
$ git merge --squash root Enter
Automatic merge went well; stopped before committing as requested
Squash commit -- not updating HEAD
```

02 VS Code 탐색기를 보면 root 브랜치에 속한 파일들이 추가되었습니다. 하지만 아직 머지가 완료된 게 아닙니다.

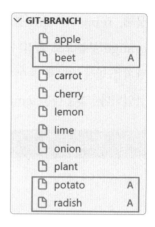

03 소스트리를 보면 **커밋되지 않은 변경 사항**이 나타납니다. 즉, 아직 커밋이 만들어지지 않았으며, root 브랜치의 변경 사항인 beat, potato, radish가 스테이지 영역에 있는 상황입니다.

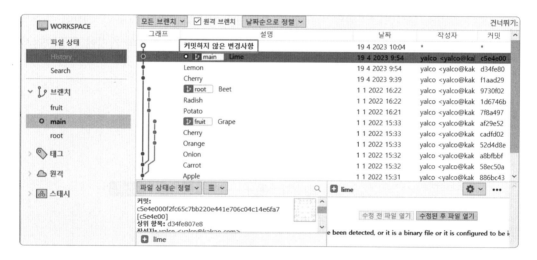

04 VS Code의 터미널 창으로 돌아가 변경 사항을 커밋해 보겠습니다. 출력 결과(혹은 커밋 메시지 창)를 보면 세 커밋의 변경 사항을 스쿼시했다는 메시지가 나옵니다. **:wq**를 입력하거나 저장하고 빠져나오면 됩니다.

```
$ git commit Enter
[main 27d8bf2] Squashed commit of the following:
 3 files changed, 0 insertions(+), 0 deletions(-)
 create mode 100644 beet
 create mode 100644 potato
 create mode 100644 radish
```

05 소스트리에서 작업 내역을 보면 main 브랜치에 **Squashed commit of the following:** 이라는 커밋이 생겼습니다. 해당 커밋을 선택하면 화면 아래에 자세한 변경 사항을 확인할 수 있습니다.

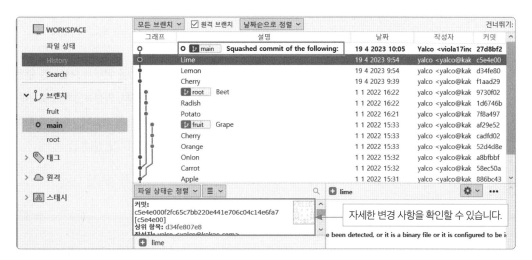

🐙 아직 root 브랜치는 그대로 남아 있습니다. 이 내역이 필요 없다면 따로 지우면 됩니다.

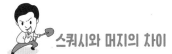 **스쿼시와 머지의 차이** ···

머지(merge)와 스쿼시(merge --squash)는 실행 후 코드의 상태는 같지만 세부 내역이 다릅니다. 예를 들어 A 브랜치와 B 브랜치를 머지했다면 두 브랜치를 한 곳으로 이어 붙인 것입니다. 하지만 스쿼시는 B 브랜치의 마디(커밋)를 복사한 후 하나의 커밋으로 모아서 A 브랜치에 스테이지된 상태로 붙이는 것입니다. 그러므로 스쿼시를 한 뒤에 별도로 커밋을 해야 변경 사항이 온전히 반영됩니다.

··

협업을 위한 브랜치 활용법

학습 목표 깃 플로란 오늘날 IT 기업에서 소프트웨어 개발 팀원의 협업을 위해서 브랜치를 활용하는 하나의 방법론입니다. 기능 개발을 위한 feature 브랜치, 안정적인 배포를 위한 release 브랜치, 유지 보수를 위한 hotfix 브랜치 등을 활용하여 효율적인 협업과 지속적인 개발/배포를 하는데, 팀의 프로젝트나 성격에 맞게 변형하기도 합니다.

깃 플로git-flow는 다음과 같이 여러 가지 브랜치를 사용해 협업하는 방식입니다. main 브랜치를 중심으로 develop, release, feature 브랜치를 만들 수 있습니다. main 브랜치를 제외한 나머지 브랜치는 여러 개 만들 수 있습니다.

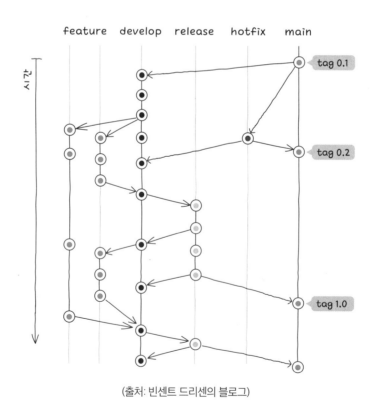

(출처: 빈센트 드리센의 블로그)

깃플로를 구글에서 검색해 보면 다양한 자료가 있는데, 그중 빈센트 드리센Vincent Driessen의 블로그 글(https://nvie.com/posts/a-successful-git-branching-model)을 기준으로 설명해 보겠습니다.

브랜치	용도
main	제품 출시/배포
develop	다음 출시/배포를 위한 개발 진행
release	출시/배포 전 테스트 진행(QA)
feature	기능 개발
hotfix	긴급한 버그 수정

main 브랜치에는 실제로 출시되어 사용자들에게 선보이는 버전이 최종적으로 머지됩니다. 그래서 태그마다 v0.1, v0.2, v1.0처럼 버전이 표기됩니다. 그리고 개발 작업은 **develop 브랜치**에서 진행되어 새로운 기능을 추가하거나 어떤 부분을 수정하거나 문제가 있는 부분을 고치는 식으로 커밋을 줄줄이 추가해 나갑니다. 그 과정에서 어느 정도 굵직한 기능은 따로 **feature 브랜치**를 여러 개 만들어서 진행합니다. 각각의 feature 브랜치의 기능이 완성되면 develop 브랜치로 보내서 개발을 진행합니다. 어느 정도 개발하다가 다음 버전으로 출시해도 될 것 같을 때는 **release 브랜치**로 옮깁니다.

이때 **QA**Quality Assurance 팀 등 테스트를 하는 사람들이 프로그램을 검증합니다. release 브랜치에서 작업한 내용에 문제나 버그는 없는지, 성능은 괜찮은지 테스트를 거치면서 수정 사항이 생기면 develop 브랜치에서 작업합니다. 그렇게 검증 과정을 거쳐서 출시해도 되겠다고 판단되면 main 브랜치로 옮겨서 출시합니다. 그런데 출시한 버전에서 오류가 발견되면 당장 고쳐야 하는데 이때 **hotfix 브랜치**를 사용합니다. 예를 들어 v0.1에서 어떤 오류가 나오면 재빨리 hotfix 브랜치에서 문제를 해결하고 다시 main 브랜치에 병합해서 v0.2로 올립니다.

이런 식으로 개발하는 것이 깃플로입니다. 여러분이 **별다른 전략 없이 다른 사람과 협업하고 있다면 깃플로를 도입해서 체계적으로 협업하는 과정을 경험해 보기 바랍니다.**

CHAPTER

08

분석하고
디버깅하기

로그 자세히 알아보기

실습 중 git log 명령을 많이 사용했는데, 이는 커밋을 확인하는 용도로만 단순하게 사용했습니다. 이번 LESSON에서는 git log 명령의 옵션을 활용해 CLI 환경에서도 커밋 내역을 몇 개만 보거나 태그와 메시지만 보거나 분기 내역을 그래프 형태로 보는 등 커밋 내역을 다양한 포맷으로 보는 방법을 알아보겠습니다.

작업 내역을 자세히 살펴볼 때는 소스트리를 많이 사용합니다. 그렇더라도 작업 내역을 CLI에서 어떤 명령어와 기능을 쓰는지 알아야 깃을 제대로 사용할 수 있습니다. git log 명령의 다양한 옵션을 알아보고 이를 활용해 다양한 포맷으로 커밋 내역을 보는 방법을 실습하겠습니다.

01 커밋에서 변경 내역까지 같이 보려면 git log 명령 뒤에 **-p**를 붙입니다. 출력 결과를 보면 커밋 내역 하나하나에 어떤 내용이 바뀌었는지를 확인할 수 있습니다. **q**를 입력해 VIM에서 빠져나옵니다.

```
$ git log -p Enter
commit 2dfdb8d2d151fedd4dbdec277b87bf701c989f9d (HEAD -> main, tag: v2.0.0, origin/main)
Author: Yalco <yalco@kakao.com>
Date:    Mon Apr 17 18:47:31 2023 +0900

    Add members to Panthers and Pumas


diff --git a/jaguars.yaml b/jaguars.yaml
index ba26d8e..984fcf9 100644
--- a/jaguars.yaml
+++ b/jaguars.yaml
:q
```
q를 입력해 VIM 모드를 빠져나옵니다.

J, K를 눌러 위로, 아래로 이동하면서 전체 내역을 확인할 수 있습니다.

02 최근 커밋 몇 개만 확인하려면 **git log** 명령 뒤에 **-와 확인할 커밋 개수**를 입력합니다. 최근 세 개의 커밋만 확인하려면 **git log -3**을 입력합니다. **q**를 입력해 VIM에서 빠져나옵니다.

```
$ git log -3 Enter
commit 2dfdb8d2d151fedd4dbdec277b87bf701c989f9d (HEAD -> main, tag: v2.0.0, origin/main)
Author: Yalco <yalco@kakao.com>
Date:    Mon Apr 17 18:47:31 2023 +0900

    Add members to Panthers and Pumas

commit 11e792f1b85c945d8a81f385ce2865b284aa2ae1
Author: yalcobook <126062703+yalcobook@users.noreply.github.com>
Date:    Thu Apr 13 19:12:32 2023 +0900

    Update tigers.yaml

commit e6108af758ed48ec05dc030202417853863bcd67
Author: yalcobook <129717101+yalcobook@users.noreply.github.com>
Date:    Thu Apr 6 10:14:11 2023 +0900

    Add Pinkfong to Jaguars
:q
```

03 **git log** 명령에 **-p** 옵션을 **-2**와 같이 붙이면 **최근 두 개 커밋과 변경 내역까지 함께** 볼 수 있습니다. **q**를 입력해 VIM에서 빠져나옵니다.

```
$ git log -p -2 Enter
commit 2dfdb8d2d151fedd4dbdec277b87bf701c989f9d (HEAD -> main, tag: v2.0.0, origin/main)
Author: Yalco <yalco@kakao.com>
Date:    Mon Apr 17 18:47:31 2023 +0900

    Add members to Panthers and Pumas

diff --git a/jaguars.yaml b/jaguars.yaml
index ba26d8e..984fcf9 100644
--- a/jaguars.yaml
+++ b/jaguars.yaml
:q
```

04 **git log** 명령에 **--stat** 옵션을 붙입니다. 각 커밋의 상세 내용은 보여주지 않지만 **어떤 파일이 변했는지 변경 내역**을 볼 수 있습니다. **q**를 입력해 VIM에서 빠져나옵니다.

```
$ git log --stat  Enter
commit 2dfdb8d2d151fedd4dbdec277b87bf701c989f9d (HEAD -> main, tag: v2.0.0, origin/main)
Author: Yalco <yalco@kakao.com>
Date:   Mon Apr 17 18:47:31 2023 +0900

    Add members to Panthers and Pumas

 jaguars.yaml   ¦ 1 +
 leopards.yaml  ¦ 2 ++
 panthers.yaml  ¦ 1 +
 pumas.yaml     ¦ 1 +
 4 files changed, 5 insertions(+)
:q
```

더욱 간략한 결과를 보려면 **git log --shortstat** 명령을 입력합니다.

05 로그를 한 줄로 보려면 **git log** 명령에 **--oneline** 옵션을 붙입니다. 출력 결과를 보면 아주 단순하게 커밋마다 한 줄씩만 태그와 커밋 메시지를 나타냅니다. **q**를 입력해 VIM에서 빠져나옵니다.

```
$ git log --oneline  Enter
2dfdb8d (HEAD -> main, tag: v2.0.0, origin/main) Add members to Panthers and Pumas
11e792f Update tigers.yaml
e6108af Add Pinkfong to Jaguars
36a5a20 Add Pororo to Pumas
ec7a927 Edit Leopards manager
45257a0 Edit Leopards coach
22c4bc8 Add Dongho to Leopards
d9432a4 (tag: v1.2.1) Add Evie to Leopards
2706b54 Merge branch 'conflict'
:q
```

여기서 **--oneline** 옵션은 결과를 한 줄로 보여주는 **--pretty=oneline** 옵션과 커밋 해시값을 짧게 나타내는 **--abbrev-commit** 옵션을 하나로 합쳐 줄인 것입니다.

06 특정 커밋의 변경 사항에 있는 단어로 커밋을 검색하려면 git log 명령 뒤에 **-S** 옵션을 붙이고 **검색어**를 입력합니다. 예를 들어 변경 사항에 'George'가 들어가는 커밋을 찾으려면 **git log -S George**를 입력합니다. 출력 결과를 보면 tigers.yaml에 George를 추가했던 Add George to Tigers 커밋이 나타납니다. 작업 내역에 있는 커밋 해시값을 복사해서 커밋을 살펴보거나 리버트 같은 작업을 할 수 있습니다. **q**를 입력해 VIM에서 빠져나옵니다.

```
$ git log -S George  Enter
commit 5e3e3e1213730c7fb42504d6405daace560b3278
Author: yalco <yalco@kakao.com>
Date:   Mon Mar 20 16:48:21 2023 +0900

    Add George to Tigers
```

07 커밋 메시지를 기준으로 검색하려면 git log 명령 뒤에 **--grep** 옵션을 붙이고 **검색어**를 입력합니다. 커밋 메시지에 'Olivia'가 들어가는 커밋을 찾으려면 **git log --grep Olivia**를 입력합니다. 커밋 메시지에 Olivia가 있는 Add Olivia to Leopards 커밋이 검색됩니다. **q**를 입력해 VIM에서 빠져나옵니다.

```
$ git log --grep Olivia  Enter
commit acfc2b777c8fda1b4bca5467ad0c687c8366bf3e
Author: yalco <yalco@kakao.com>
Date:   Fri Mar 24 11:39:02 2023 +0900

    Add Olivia to Leopards
```

 git log 명령의 조회 범위를 제한하는 옵션 ·······························

git log 명령은 -p 옵션 외에 다음과 같은 옵션을 사용할 수 있습니다. 저자(author)는 원래 작업을 수행한 원작자이고, 커미터(committer)는 마지막으로 이 작업을 적용한(저장소에 포함시킨) 사람을 가리킵니다.

옵션	설명
--since, --after	명시한 날짜 이후의 커밋만 검색합니다.
--until, --before	명시한 날짜 이전의 커밋만 조회합니다.
--author	입력한 저자의 커밋만 보여줍니다.
--committer	입력한 커미터의 커밋만 보여줍니다.

···

08 프로젝트의 분기 등 작업 내역을 CLI에서 그래프 형태로 나타내려면 다음과 같이 입력합니다. **q**를 입력해 VIM에서 빠져나옵니다.

```
$ git log --all --decorate --oneline --graph Enter
...
*   2706b54 Merge branch 'conflict'
|\
| * 5de49c6 Add Park to Tigers
* | 8ad8803 Add Kim to Tigers
|/
* 60b2ab0 Edit Tigers members
*   b3c0928 Merge branch 'to-merge'
|\
| * 362524e Edit Tigers coach
* | d44efce Edit Tigers manager
|/
* ef854fb Edit Leopards
...
```

--all은 모든 브랜치를 표시합니다. **--graph**는 그래프 모양을 표현합니다. **--decorate**는 브랜치나 태그 등 모든 레퍼런스를 표시합니다. --decorate 옵션의 기본 값은 **--decorate=short**입니다. 그 밖에도 **--decorate=no**로 지정하면 출력 결과에 브랜치나 태그 등 레퍼런스가 나타나지 않고, **--decorate=full**로 지정하면 레퍼런스를 더욱 상세하게 출력합니다.

미토의 참:견

물론 소스트리에서 작업 내역을
확인하는 것이 훨씬 더 편리합니다.

09 로그 출력 결과의 포맷을 자신의 편의에 맞게 수정할 수 있습니다.

```
$ git log --graph --all --pretty=format:'%C(yellow) %h  %C(reset)%C(blue)%ad%C(reset)
: %C(white)%s %C(bold green)-- %an%C(reset) %C(bold red)%d%C(reset)' --date=
short  Enter
...
|\
| *  5de49c6  2023-03-24 : Add Park to Tigers -- yalco
* |  8ad8803  2023-03-24 : Add Kim to Tigers -- yalco
|/
*  60b2ab0  2023-03-24 : Edit Tigers members -- yalco
*    b3c0928  2023-03-24 : Merge branch 'to-merge' -- yalco
|\
| *  362524e  2023-03-24 : Edit Tigers coach -- yalco
* |  d44efce  2023-03-24 : Edit Tigers manager -- yalco
|/
:
```

위 예시에서 사용한 옵션은 다음과 같습니다.

옵션	설명
%C	출력 텍스트의 색상
%h	짧은 길이 커밋 해시
%ad	저자 시각
%s	요약
%an	저자 이름
%d	브랜치 정보(태그 등)

로그 포맷의 세부 옵션은 아래 링크로 들어
가면 자세히 확인할 수 있습니다.

URL https://git-scm.com/book/ko/v2/Git의-기
초-커밋-히스토리-조회하기#pretty_format

입맛에 맞게
디자인이나 형식을 바꿔서 한번
사용해 보세요.

27 변경 사항 확인하기

git diff 명령은 현재 작업 디렉터리와 이전 커밋 사이의 차이를 보여주는 명령어입니다. 변경된 파일과 내용 추가 또는 삭제된 부분을 상세하게 비교해 주므로 변경 사항을 확인할 수 있습니다. 다양한 옵션을 통해 코드 리뷰나 버그 수정을 위한 코드의 변화를 파악하는 데 유용하게 사용할 수 있습니다.

git diff 명령어는 기본적으로 작업 디렉터리의 변경 사항을 확인하는 데 쓰입니다. diff는 difference의 약자입니다.

01 먼저 몇 가지 변경 사항을 만들어 보겠습니다. **tigers.yaml**에 일부 항목을 삭제하고 **leopards.yaml**에서는 다른 항목을 추가한 후 각각 저장합니다. **panthers.yaml** 파일을 삭제합니다.

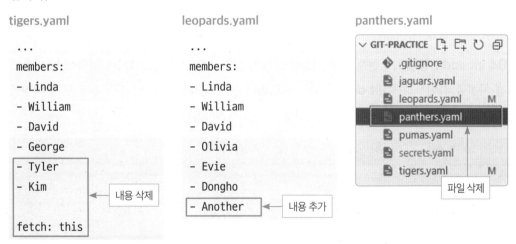

02 git diff 명령으로 **변경 사항**을 확인합니다. 출력 결과를 보면 삭제되거나 추가된 변경 사항이 나타납니다. 이러한 변경 사항은 아직 스테이지 영역에 올리지 않고 작업 디렉터리에서 일어난 변화입니다. **q**를 입력해 VIM 입력 모드를 빠져나옵니다.

```
$ git diff Enter
diff --git a/leopards.yaml b/leopards.yaml
index cb3f59f..1c5d81d 100644
--- a/leopards.yaml
+++ b/leopards.yaml
@@ -10,5 +10,4 @@ members:
 - Olivia
 - Evie
 - Dongho
-- Hook
\ No newline at end of file
+- Another
\ No newline at end of file
diff --git a/panthers.yaml b/panthers.yaml
delete file mode 100644
...
```

03 변경 사항이 발생한 파일 목록만 확인하려면 **git diff** 명령에 **--name-only** 옵션을 붙입니다.

```
$ git diff --name-only Enter
leopards.yaml
panthers.yaml
tigers.yaml
```

04 git add . 명령으로 현재 변경 사항을 스테이지해 보겠습니다. **스테이지 영역에 넘어간 변경 사항을 확인**하려면 **git diff** 명령에 **--staged** 옵션을 붙입니다. 앞과 동일한 변경 사항을 확인할 수 있습니다. **q**를 입력해 VIM 입력 모드를 빠져나옵니다.

```
$ git add . Enter
$ git diff --staged Enter
diff --git a/leopards.yaml b/leopards.yaml
index cb3f59f..1c5d81d 100644
--- a/leopards.yaml
+++ b/leopards.yaml
@@ -10,5 +10,4 @@ members:
 - Olivia
 - Evie
```

```
 - Dongho
+- Another
\ No newline at end of file
...
```

🐌 git diff --staged 대신에 git diff --cached로 입력해도 동일한 결과가 출력됩니다. 또한 스테이지되어 있는 변경된 파일 목록만 보려고 하면 git diff --staged --name-only를 입력합니다.

05 커밋 간의 내용 차이도 확인할 수 있습니다. **Add Pinkpong to Jaguars**와 **Add Evie to Leopards** 커밋을 비교해 보겠습니다. **git reset --hard**로 변경 사항을 없앱니다. 그런 다음 **git diff** 명령 뒤에 **두 커밋의 해시값**을 각각 입력합니다. 해시값은 git log 명령 혹은 소스트리에서 확인한 후 복사해서 붙여 넣습니다. **q**를 입력해 VIM 입력 모드를 빠져나옵니다.

```
$ git diff e6108af d9432a4 Enter
diff --git a/jaguars.yaml b/jaguars.yaml        Add Pinkpong to Jaguars 해시값
index ba26d8e..189a74e 100644                   Add Evie to Leopards 해시값
--- a/jaguars.yaml
+++ b/jaguars.yaml
@@ -6,4 +6,3 @@ members:
 - Caleb
 - Harvey
-- Myles
-- Pinkfong
+- Myles
No Newline at end of file
diff --git a/leopards.yaml b/leopards.yaml
index 58675c7..cf96161 100644
--- a/leopards.yaml
+++ b/leopards.yaml
@@ -1,12 +1,11 @@
...
```

🐌 터미널 창 오른쪽 상단의 터미널 분할 아이콘(▥)을 클릭하면 창이 좌우로 분할되어 왼쪽 창에 **git log**를 실행해 쉽게 해시값을 복사할 수 있습니다.

06 혹은 **헤드 번호**로 비교할 커밋의 위치를 지정할 수도 있습니다. 두 커밋을 비교합니다. **q**를 입력해서 VIM 모드를 빠져나옵니다.

```
$ git diff HEAD~ HEAD~10 Enter
diff --git a/jaguars.yaml b/jaguars.yaml
index ba26d8e..189a74e 100644
--- a/jaguars.yaml
+++ b/jaguars.yaml
@@ -6,4 +6,3 @@ members:
 - Caleb
 - Harvey
 - Myles
-- Pinkfong
+- Myles
...
```

⬇️ ../git-branch/git-branch 폴더를 열어서 확인해 주세요.

07 **브랜치 간의 변경 사항 차이**도 확인할 수 있습니다. **git log** 명령으로 브랜치의 분기를 확인하면 다음과 같습니다. **q**를 입력해 VIM 입력 모드를 빠져나옵니다.

```
$ git log --all --decorate --oneline --graph Enter
```

08 여기서 main과 root 브랜치의 변경 사항을 비교해 보겠습니다. **git diff** 명령 뒤에 **비교할 브랜치 이름**을 각각 입력합니다. 두 브랜치 사이에 어떤 부분이 다른지 확인할 수 있습니다. **q**를 입력해서 VIM 모드를 빠져나옵니다.

```
$ git diff main root Enter
diff --git a/onion b/beet
similarity index 100%
rename from onion
rename to beet
diff --git a/potato b/potato
new file mode 100644
index 0000000..e69de29
diff --git a/radish b/radish
new file mode 100644
index 0000000..e69de29
```

28 누가 코딩했는지 알아내기

학습
목표

깃허브에서 함께 코딩을 하다 보면 같은 파일을 여러 명이 함께 수정해 나가기도 합니다. 이런 경우라면 어떤 코드를 누가 작성하고 어떤 의도로 수정했는지 알아둘 필요가 있습니다. 협업할 때 발생할 수 있는 문제를 해결하기 위해 git blame 명령으로 어떤 코드를 누가 작성했는지 파악하는 법을 알아보겠습니다.

하나의 파일을 여러 명이 수정하다 보면 이 코드가 왜 여기에 있고, 이건 어떤 의도로 넣었는지 작성한 사람한테 물어봐야 할 일이 종종 생깁니다. 괜찮은 줄 알고 코드를 건드렸는데 나중에 그것 때문에 문제가 발생할 수 있기도 합니다. 이런 여러 사정 때문에 부분별로 누가 언제 코딩했는지를 확인이 필요한 때가 꼭 생깁니다. 그럴 때 git blame 명령에 해당 파일 이름을 입력하면 확인할 수 있습니다.

01 먼저 예제 **git-blame.zip** 파일(14쪽 참고)의 압축을 풉니다. VS Code에서 **../git-blame/git-blame**을 열어 보세요. 탐색기를 보면 **whoCodedThis.txt** 파일이 있습니다. 터미널 창에서 **git blame** 명령과 **파일명**을 입력합니다. 출력 결과를 보면 각 코드 행별로 yalco, deepco, pikachu 등 누가 이 행의 코드를 작성했는지 사용자 이름을 확인할 수 있습니다.

```
$ git blame whoCodedThis.txt Enter
^4068f4d (yalco      2022-01-04 13:30:42 +0900  1) This is by
^4068f4d (yalco      2022-01-04 13:30:42 +0900  2) yalco!
^4068f4d (yalco      2022-01-04 13:30:42 +0900  3)
5dcdf23e (deepco     2022-01-04 13:31:02 +0900  4) Deepco coded this~
5dcdf23e (deepco     2022-01-04 13:31:02 +0900  5)
65f63a2d (pikachu    2022-01-04 13:31:27 +0900  6) Pika Pika!
65f63a2d (pikachu    2022-01-04 13:31:27 +0900  7) Pika~~~~~~
65f63a2d (pikachu    2022-01-04 13:31:27 +0900  8) ~~~~~~~~~~
...
```

02 파일에서 특정 부분만 지정해서 작성한 사람을 확인할 수도 있습니다. 예를 들어 현재 파일에서 10행~12행 부분의 작성자를 확인해 보겠습니다.

```
$ git blame -L 10,12 whoCodedThis.txt  Enter
65f63a2d (pikachu 2022-01-04 13:31:27 +0900 10)
d1ef31c6 (mito    2022-01-04 13:31:45 +0900 11) 나 미친토끼 미토에요.
d1ef31c6 (mito    2022-01-04 13:31:45 +0900 12)
```

여기서 **git blame -L 10,+3 whoCodedThis.txt**처럼 행 위치를 지정할 수 있습니다. 말 그대로 10행부터 이후 세 번째 행까지를 지정한다는 뜻이죠.

03 소스트리에서도 작업 내역을 보면 작성자를 확인할 수 있습니다.

LESSON 04에서 **git config --global** 명령어로 **name**과 **email**에 지정한 값들이 사용되는 것입니다.

 작성자를 바로 확인할 수 있는 플러그인 ·····················

작성자를 바로 확인하는 데 유용한 플러그인을 설치할 수 있습니다. VS Code의 왼쪽 도구 바에서 **확장** 아이콘(🔳)을 클릭하고 검색 창에 **gitlens**를 입력합니다. 검색 결과 맨 위에 있는 **GitLens - Git supercharged**의 설치 버튼을 클릭합니다.

whoCodedThis.txt 파일로 돌아가 원하는 행에 마우스 포인터를 가져가면 작성자가 바로 나타납니다.

```
📄 whoCodedThis.txt
     kang-gunma, 15개월 전 | 5 authors (pikachu and others)
1    This is by
2    yalco!
3
4    Deepco coded this~        deepco, 15개월 전 • deepco …
5
6    Pika Pika!
```

오류가 발생한 시점 찾아내기

학습
목표

프로그램을 개발하다가 어느 시점에 오류가 발생하기도 합니다. 그러면 어느 커밋에서 오류가 생긴 건지 찾아야 하는데, 코드만 확인해서는 오류 여부조차 확인하기 어려운 경우가 많습니다. 이번 LESSON에서는 git bisect 명령을 사용해서 오류 발생 지점을 찾아내고 어떻게 찾아낼 수 있는지 원리도 파헤쳐 보겠습니다.

코드는 워낙 다양한 구성을 가지고 있어 보기만 해도 복잡하고 심지어 오류가 한 파일에서만 발생했다는 보장도 없습니다. 그렇기 때문에 버전을 앞으로 돌려 프로그램 전체를 실행해 봐야 어디서 오류가 났는지 그나마 확인할 수 있을 것 같은데, 버전 하나 하나 되돌리면서 실행하기란 너무 오랜 시간이 걸리고 보통 일이 아닙니다. 이때 사용하는 명령이 **git bisect**입니다. **git bisect는 이진 탐색이라는 방법으로 오류 발생 지점을 찾아내는 명령입니다.**

원리부터 살펴보겠습니다. 현재 오류가 나는 상황입니다. 대략 v3 커밋에서 오류가 시작됐을 거라고 짐작됩니다. 그러면 현재 커밋에서 오류가 난다고 표시하고 v3 코드를 확인합니다. 그런데 v3 커밋에 문제가 없다면 v3과 현재 커밋 사이 어딘가에서 오류가 발생했다고 짐작할 수 있습니다. 이때 git bisect 명령을 쓰면 깃이 이 구간의 가운데를 딱 잘라서 v12 커밋을 확인합니다. 여기서도 오류가 나지 않는다면 v12~v20 구간을 반으로 잘라서 v16 커밋을 확인합니다. 드디어 오류가 확인됩니다. 그러면 오류가 난 지점이 v12와 v16 사이입니다. 이런 식으로 범위를 **절반씩 좁혀서(이진 탐색)** 오류의 원인을 찾습니다.

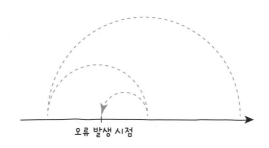

오류 발생 시점

실습해 보기 전에 git bisect도 알아보겠습니다. **git bisect**는 소스 코드의 문제를 해결하기 위해 사용하는 명령입니다. 앞에서 살펴본 것처럼 **이진 탐색 알고리즘을 활용하여 문제가 발생한 지점을 찾아냅니다. git bisect start** 명령으로 **이진 탐색을 시작**합니다. 문제가 발생한 지점을 표시하기 위해 **git bisect bad** 명령을 입력합니다. 이후 **해당 커밋 해시로 이동**하기 위해 **git checkout** 명령을 사용합니다.

문제가 발생하지 않은 지점에서는 양호하다는 의미로 **git bisect good** 명령으로 표시합니다. 원인을 찾을 때까지 **git bisect good/bad** 명령을 반복하면서 이진 탐색을 진행합니다. **이진 탐색을 종료하고 초기 상태로 되돌리기 위해서는 git bisect reset** 명령어를 사용합니다. 이렇게 git bisect 명령을 반복함으로써 문제가 발생한 지점을 찾아내어 원인을 해결할 수 있습니다.

01 예제 **git-bisect.zip** 파일(14쪽 참고)의 압축을 풉니다. VS Code와 소스트리에서 ../git-bisect/git-bisect 폴더를 열어 주세요. **program.yaml** 파일을 소스트리에서 살펴보면 버전이 v1부터 v20까지 만들어져 있습니다. 현재 program.yaml 파일에 **error: true**라고 오류가 발생하게 표시해 두었습니다. 물론 실제로는 이렇게 코드만 보고 오류를 찾아내기 어렵습니다.

program.yaml

```
- commit: 20
- error: true
```

그래프	설명	날짜	작성자	커밋
◉ ▶ main v20		5 1 2022 7:41	yalco <yalco@kal	886b9d1
	v19	5 1 2022 7:41	yalco <yalco@kak	b5fd3ee
	v18	5 1 2022 7:41	yalco <yalco@kak	3788d28
	v17	5 1 2022 7:41	yalco <yalco@kak	94b4215
	v16	5 1 2022 7:41	yalco <yalco@kak	e984da7
	v15	5 1 2022 7:41	yalco <yalco@kak	b2db0db
	v14	5 1 2022 7:41	yalco <yalco@kak	276e639
	v13	5 1 2022 7:41	yalco <yalco@kak	89bc8d6
	v12	5 1 2022 7:41	yalco <yalco@kak	c5f0f6f
	v11	5 1 2022 7:41	yalco <yalco@kak	74d8570
	v10	5 1 2022 7:41	yalco <yalco@kak	dcedc1e
	v9	5 1 2022 7:41	yalco <yalco@kak	ac6d833
	v8	5 1 2022 7:41	yalco <yalco@kak	d1f29f7
	v7	4 1 2022 14:11	yalco <yalco@kak	76081e1
	v6	4 1 2022 14:10	yalco <yalco@kak	e0ca935
	v5	4 1 2022 14:10	yalco <yalco@kak	eb18f28
	v4	4 1 2022 14:10	yalco <yalco@kak	9a93042
	v3 - suspicious!	4 1 2022 14:10	yalco <yalco@kak	7d167e9
	v2	4 1 2022 14:09	yalco <yalco@kak	37dd5cc
	v1	4 1 2022 14:09	yalco <yalco@kak	aded506

02 VS Code의 터미널 창에서 이진 탐색을 시작하는 **git bisect start**를 입력합니다. 오류가 발생한 것을 확인할 수 있습니다. **git bisect bad** 명령으로 오류 지점임을 표시합니다.

```
$ git bisect start  Enter
status: waiting for both good and bad commits
$ git bisect bad  Enter
status: waiting for good commit(s), bad commit known
```

03 현재 프로젝트에서 오류가 생긴 지점이 v3 커밋일 것 같다고 의심됩니다. v3의 커밋 해시 값을 복사하고 **git checkout** 명령으로 해당 커밋으로 이동합니다.

```
$ git checkout 7d167e9e36af71c5d42c77a30640610a1ba57164  Enter
Note: switching to '7d167e9e36af71c5d42c77a30640610a1ba57164'.

You are in 'detached HEAD' state. You can look around, make experimental
changes and commit them, and you can discard any commits you make in this
state without impacting any branches by switching back to a branch.
...
HEAD is now at 7d167e9 v3 - suspicious!
```

04 그런데 v3 커밋의 파일을 확인해 보니 오류가 발생하지 않습니다. 오류가 발생하지 않을 때는 **git bisect good** 명령으로 표시합니다.

```
$ git bisect good  Enter
Bisecting: 8 revisions left to test after this (roughly 3 steps)
[74d857091743710c7e1047e54accdd9a441907a7] v11
```

05 소스트리의 작업 내역에서 현재 위치를 확인합니다. **git bisect** 명령을 적용한 결과 자동으로 v11 커밋으로 이동했습니다. v20과 v3의 중간 위치입니다.

	그래프	설명	날짜	작성자	커밋	
파일 상태		v12	5 1 2022 7:41	yalco <yalco@kak	c5f0f6f	
History	◉	🏷 HEAD v11	5 1 2022 7:41	yalco <yalco@kak	74d8570	
Search		v10	5 1 2022 7:41	yalco <yalco@kak	dcedc1e	
		v9	5 1 2022 7:41	yalco <yalco@kak	ac6d833	
∨ 🎋 브렌치		v8	5 1 2022 7:41	yalco <yalco@kak	d1f29f7	
		v7	4 1 2022 14:11	yalco <yalco@kak	76081e1	
main		v6	4 1 2022 14:10	yalco <yalco@kak	e0ca935	
> 🏷 태그		v5	4 1 2022 14:10	yalco <yalco@kak	eb18f28	
		v4	4 1 2022 14:10	yalco <yalco@kak	9a93042	
> ☁ 원격		v3 - suspicious!	4 1 2022 14:10	yalco <yalco@kak	7d167e9	
		v2	4 1 2022 14:09	yalco <yalco@kak	37dd5cc	

06 v11 커밋에는 오류가 발생하므로 **git bisect bad** 명령으로 오류를 표시합니다.

```
$ git bisect bad Enter
Bisecting: 3 revisions left to test after this (roughly 2 steps)
[76081e10f78f2e47dab6cfe6c9d39ac5c3ac9d4a] v7
```

07 그러면 현재 커밋 위치가 v7로 이동합니다. 여기서도 오류가 발생합니다. 같은 방식으로 오류 지점을 표시합니다.

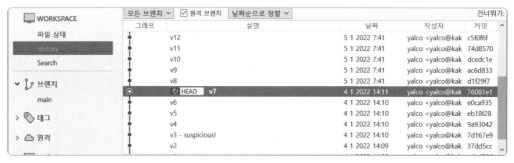

```
$ git bisect bad Enter
Bisecting: 1 revision left to test after this (roughly 1 step)
[eb18f28cad35687a712ff2c58dbfcba6ac6d97a9] v5
```

08 v5 커밋에서도 오류가 발생합니다. 다시 범위를 더 좁혀 보겠습니다.

09 바로 앞 커밋인 v4로 이동했더니 오류가 나지 않은 상태입니다. **git bisect good** 명령을 실행하면 v5에서 최초로 오류가 났음을 알 수 있습니다.

```
$ git bisect good Enter
eb18f28cad35687a712ff2c58dbfcba6ac6d97a9 is the first bad commit
commit eb18f28cad35687a712ff2c58dbfcba6ac6d97a9
Author: yalco <yalco@kakao.com>
Date:   Tue Jan 4 14:10:39 2022 +0900

    v5

program.yaml | 4 ++--
1 file changed, 2 insertions(+), 2 deletions(-)
```

10 이런 식으로 git bisect 명령을 반복해서 문제를 찾아내고 해결하면 **git bisect reset** 명령으로 main 브랜치로 돌아옵니다.

```
$ git bisect reset Enter
Previous HEAD position was 9a93042 v4
Switched to branch 'main'
```

미로 퀴즈

이진 탐색이라는 방법으로 오류 발생 지점을 찾아내는 명령어는 무엇일까요?

정답 bisect

외워서 써먹는 깃 명령어

① **다른 브랜치에서 원하는 부분만 가져오기**

다른 브랜치의 커밋 가져오기   `git`   `(1)`   `(커밋 해시값)`

도착 브랜치에서 파생된 출발 브랜치를 이동할 브랜치로 옮겨 붙이기

`git`   `(2)`   `(도착 브랜치) (출발 브랜치) (이동할 브랜치)`

대상 브랜치의 마디를 하나로 묶어 main 브랜치로 가져오기

`git merge`   `(3)`   `(대상 브랜치)`

② **로그 자세히 알아보기**

각 커밋마다 변경 사항 함께 보기   `git log`   `(4)`

최근 n개 커밋만 보기   `git`   `(5)`   `-(개수)`

최근 n개 커밋을 변경 사항과 함께 보기   `git`   `(6)`   `-(개수)`

커밋 변경 내역 보기   `git log`   `(7)`

커밋마다 태그와 커밋 메시지를 한 줄씩 보기 `git log`   `(8)`

변경 사항에서 단어 검색하기   `git log`   `(9)`   `(검색어)`

커밋 메시지를 기준으로 검색하기   `git log`   `(10)`   `(검색어)`

자주 사용되는 그래프로 로그 보기   `git log --all`   `(11)`

(1) cherry-pick (2) rebase --onto (3) --squash (4) -p (5) log (6) log -p (7) --stat

(8) --oneline (9) -S (10) --grep (11) --decorate --oneline --graph

외워서 써먹는 깃 명령어

③ 차이 살펴보기

작업 디렉터리에서 변경 사항 확인하기	git (12)
변경된 파일 목록 확인하기	git diff (13)
스테이지 영역으로 넘어간 변경 사항 확인하기	git diff (14)
커밋 간 차이 비교하기	git (15) (커밋1) (커밋2)
브랜치 간 차이 비교하기	git (15) (브랜치1) (브랜치2)

④ 누가 코딩했는지 알아내기

파일의 부분별로 작성자 확인하기	git (16) (파일 이름)

특정 부분을 지정해서 작성자 확인하기

git (17) (시작 줄) (끝 줄 또는 +줄 수) (파일 이름)

⑤ 오류가 발생한 시점 찾아내기

이진 탐색 시작/종료하기	git bisect (18)
오류 발생 지점/양호 지점 표시하기	git bisect (19)
오류 의심 지점으로 이동하기	git (20) (해당 커밋 해시값)

(12) diff (13) --name-only (14) --staged (15) diff (16) blame (17) blame -L

(18) start/reset (19) bad/good (20) checkout

CHAPTER

09

깃허브
제대로 활용하기

30 프로젝트와 폴더에 대한 문서

깃허브의 README.md는 프로젝트 저장소의 메인 페이지에 위치한 문서 파일입니다. 이 파일은 프로젝트에 대한 설명, 사용 방법, 라이선스 정보 등을 포함할 수 있으며, 마크다운 형식으로 작성됩니다. README.md는 사용자에게 필요한 정보를 제공하여 협업과 커뮤니케이션을 원활하게 도와줍니다.

README.md를 활용한 문서화

깃허브에 공개된 프로젝트를 살펴보면 파일과 커밋 목록만 있는 게 아니라 서브모듈, 지원되는 브라우저, 사용 방법과 예시 등을 설명한 링크와 텍스트가 있습니다. **어떤 프로젝트에 대해 같이 만든 사람이나 이용자들이 참고할 수 있도록 쓴 설명서를 문서**documentation라고 합니다.

웹사이트를 만들 때 많이 쓰는 디자인 프레임워크인 부트스트랩 깃허브 페이지를 볼까요? 프로젝트 폴더와 파일 목록에 **README.md** 파일이 있고 그 아래쪽에 미리 보기가 나타나는데, **로고와 목차, 사용법, 스폰서나 기여자까지 다양한 구성으로 문서를 꾸며 놓았습니다.**

부트스트랩 깃허브 페이지(https://github.com/twbs/bootstrap)

이와 같이 서식이 있는 설명 문서는 프로젝트 폴더에 있는 README.md 파일에서 **마크다운 문법을 이용해 작성**합니다. 부트스트랩 깃허브 페이지의 최상위 폴더에 있는 **README.md**를 열어 보겠습니다. 깃허브 첫 페이지에 나타나는 문서가 나타납니다.

현재 문서는 미리보기 모드로 나타나는데, **Code**를 클릭하면 마크다운 문법으로 작성된 소스 코드가 나타납니다.

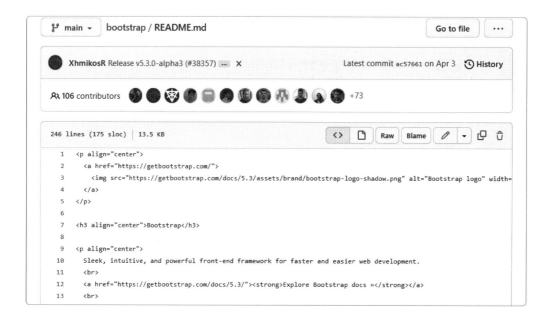

README.md의 md는 마크다운의 **약자**입니다. **마크다운**markdown이란 HTML처럼 서식을 만들 때 쓰는 **마크업 언어**입니다. 이 책에서는 마크다운 작성 가이드를 설명하고 있지는 않으니 다음 링크에 접속해 마크다운 작성 방법을 참고하기 바랍니다.

URL https://www.markdownguide.org/cheat-sheet

URL https://docs.github.com/en/get-started/writing-on-github/getting-started-with-writing-and-formatting-on-github/basic-writing-and-formatting-syntax

문서 만들기

이제 우리의 프로젝트를 설명하는 **README.md** 문서를 작성해 보겠습니다.

01 git-practice 깃허브 저장소를 열어 보겠습니다. 아직 README.md 파일이 없어서 현재 페이지에는 나타나지 않습니다. 파일 목록 아래를 보면 README를 추가하라는 내용이 나타납니다. **Add a README** 버튼을 클릭합니다.

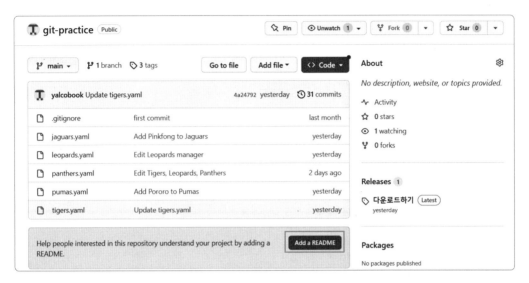

 README.md 파일을 만드는 다른 방법 ·················

저장소를 새로 생성할 때 **Add a README file**에 체크 표시하면 README.md 파일이 자동으로 생성됩니다. 저장소를 만든 직후에도 터미널에서 **git init** 명령을 실행한 다음 **git add README.md** 명령을 실행하면 README.md 파일을 만들 수 있습니다.

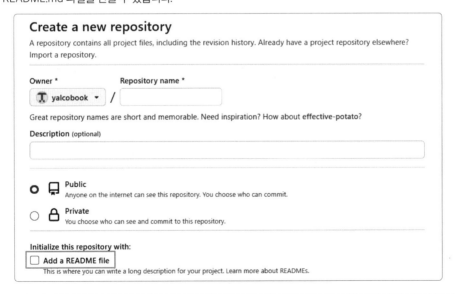

02 마크다운 문법을 이용해 다음과 같이 텍스트를 작성해 보겠습니다. 마크다운 문법에서는 앞에 #를 붙이면 HTML의 h1 **제목으로 표시**되고, 텍스트 양 옆에 **를 붙이면 **볼드로 강조**됩니다. 아래 위로 ```을 입력하면 **코드 블록이 표현**되고, |과 ---을 이용해 **테이블도 작성**할 수 있습니다. 작성한 후에는 **Commit changes** 버튼을 클릭합니다.

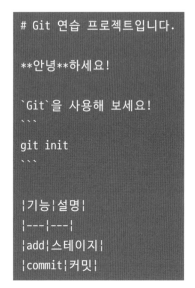

03 커밋 메시지가 자동으로 지정되어 있으니 **Commit changes** 버튼을 클릭해 커밋합니다.

04 이제 README.md 파일이 추가되었습니다. 스크롤을 아래로 내려보면 앞에서 작성한 README.md 문서 내용이 나타납니다.

05 README.md를 로컬로 가져오기 위해 VS Code의 터미널 창으로 돌아와 **git pull** 명령을 실행합니다.

```
$ git pull  Enter
remote: Enumerating objects: 4, done.
remote: Counting objects: 100% (4/4), done.
remote: Compressing objects: 100% (3/3), done.
remote: Total 3 (delta 1), reused 0 (delta 0), pack-reused 0
Unpacking objects: 100% (3/3), 804 bytes | 73.00 KiB/s, done.
From https://github.com/yalcobook/git-practice
   acd45f8..2bd0f54  main        -> origin/main
Updating acd45f8..2bd0f54
Fast-forward
 README.md | 14 ++++++++++++++
 1 file changed, 14 insertions(+)
 create mode 100644 README.md
```

06 VS Code 탐색기에 README.md가 추가됩니다. README.md 파일에서 마우스 오른쪽 버튼을 클릭하고 **미리 보기 열기**를 선택하면 마크다운으로 작성된 문서를 살펴볼 수 있습니다.

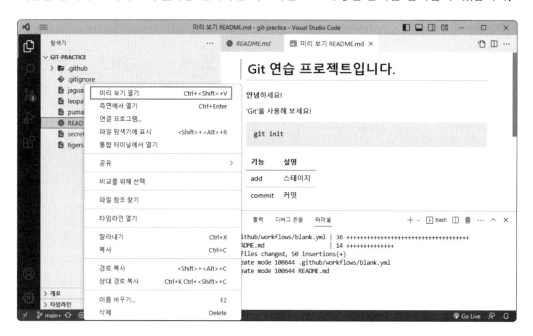

🐌 마크다운은 완전히 표준화된 게 아니라서 깃허브에 올린 마크다운 문서가 깃랩이나 비트버킷에서는 다소 다르게 보일 수도 있습니다. VS Code에서도 깃허브의 마크다운과는 표현 방식에 약간 차이가 있는 것을 알 수 있습니다.

07 프로젝트의 최상위 폴더뿐만 아니라 하위에 있는 폴더에도 README.md를 넣을 수 있습니다. VS Code의 탐색기에 **folder**라는 새로운 폴더를 하나 만듭니다. 새 파일 이름을 각각 **hello.txt**와 **README.md**로 지정합니다. 여기서 만든 README.md는 깃허브 저장소의 하위 폴더인 folder를 열었을 때 나타나는 문서가 됩니다. 이번에는 VS Code에서 문서를 작성해 보겠습니다. folder의 README.md에 다음과 같은 텍스트를 입력한 후 **저장**합니다.

08 변경 사항을 모두 스테이지, 커밋, 푸시합니다.

```
$ git add . Enter
$ git commit -m 'Add folder and README.md' Enter
[main 26371d5] Add folder and README.md 2 files changed, 7 insertions(+)
create mode 100644 folder/README.md create mode 100644 folder/hello.txt
$ git push Enter
Enumerating objects: 6, done.
Counting objects: 100% (6/6), done.
Delta compression using up to 8 threads
Compressing objects: 100% (4/4), done.
Writing objects: 100% (5/5), 424 bytes ¦ 424.00 KiB/s, done.
Total 5 (delta 1), reused 0 (delta 0), pack-reused 0
remote: Resolving deltas: 100% (1/1), completed with 1 local object.
To https://github.com/yalcobook/git-practice
   2bd0f54..9179c0c  main -> main
```

09 깃허브 저장소에서 새로 추가한 folder를 열어 보면 파일 목록 아래에서 해당 폴더의 문서를 확인할 수 있습니다.

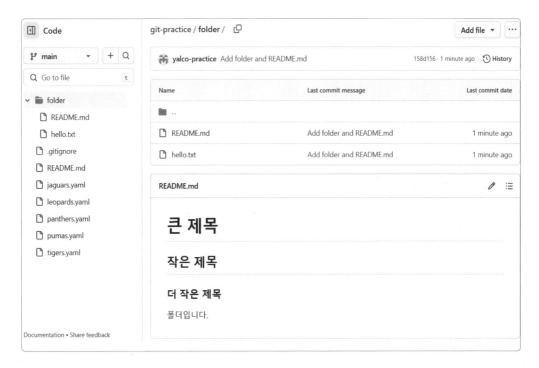

풀 리퀘스트와 이슈

풀 리퀘스트는 코드 변경 사항을 검토하고 병합하기 위해 다른 개발자에게 요청하는 기능입니다. 풀 리퀘스트를 통해 코드 변경 내용을 비교하고 논의할 수 있습니다. 이슈는 프로젝트 관련 문서, 개선 사항 또는 버그 등을 추적하고 관리하는 기능입니다. 이슈를 등록하고 상태를 업데이트하여 진행 상황을 파악하고 팀원과 의견을 공유할 수 있습니다.

풀 리퀘스트 작성하기

협업할 때는 프로젝트 폴더를 팀원들과 공유합니다. 그러면 지금까지 실습한 것처럼 팀원이 각각 자신의 변경 사항을 바로 푸시해서 공유된 저장소에 저장할 수도 있겠죠. 하지만 좀 더 체계적으로 협업하는 팀에서는 한 팀원이 자기 브랜치에 변경 사항을 푸시하면 다른 팀원이 미리 코드를 리뷰해서 몇 명 이상 동의하면 develop이나 main 브랜치 같은 공유 브랜치로 보냅니다. 이를 **풀 리퀘스트**pull request라고 하고, 보통 개발자들은 **PR**이라고 부릅니다. 코드 리뷰를 좀더 조심스럽게 확인하고 진행하는 방식입니다.

01 먼저 **develop** 브랜치를 만들고 이동해 변경 사항을 커밋해서 푸시하려고 합니다.

```
$ git branch develop  Enter
$ git switch develop  Enter
Switched to branch 'develop'
```

02 leopards.yaml 파일을 임의로 수정해 보겠습니다. 마지막 줄에 **PR**을 추가하고 **저장**합니다. 그리고 **커밋**한 후 **푸시**합니다.

leopards.yaml
```
...
 - Dongho
 - PR
```

```
$ git commit -am 'Edit leopards' Enter
[develop 563932a] :art: Edit leopards
 1 file changed, 2 insertions(+), 1 deletion(-)
```

```
$ git push Enter
```

03 깃허브 저장소를 살펴보면 develop 브랜치에 새로운 푸시가 생겼다는 안내문이 나타납니다. 오른쪽에 있는 **Compare & pull request** 버튼을 클릭합니다.

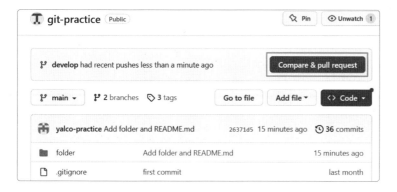

04 풀 리퀘스트를 작성하는 화면이 나타납니다. develop 브랜치에 변경 사항을 올렸으니 main 브랜치에 적용할 수 있게 다른 팀원에게 검토해 달라는 요청을 보낸 겁니다. 풀 리퀘스트 입력 창에는 마크다운으로 메시지를 작성합니다. 요청 사항을 작성한 후 **Create pull request** 버튼을 클릭합니다.

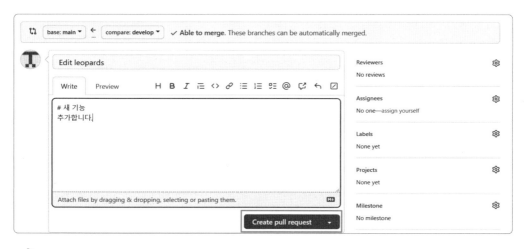

여기서는 develop 브랜치에서 main 브랜치로 풀하지만, 각자 다른 브랜치에서 develop 브랜치로 가져오는 방식으로 좀 더 조심스럽게 진행합니다.

05 깃허브 화면에서 **Pull requests** 탭을 클릭하면 풀 리퀘스트를 살펴볼 수 있습니다. **Edit leopards**를 클릭하면 다음과 같이 앞에서 작성한 풀 리퀘스트 내용이 나타납니다.

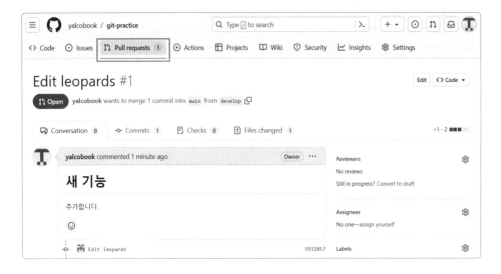

풀 리퀘스트 검토하고 처리하기

이제 풀 리퀘스트를 팀원들이 검토할 차례입니다. 변경 사항을 살펴본 후 수락하든 의견을 제시하든 반려할 것입니다. Edit leopards 풀 리퀘스트를 다른 팀원이 검토하는 과정을 살펴보겠습니다.

01 풀 리퀘스트 아래 입력 창에 검토한 팀원이 코멘트를 달 수 있습니다. 코드를 살펴보고 의견을 작성한 후 **Comment** 버튼을 클릭합니다.

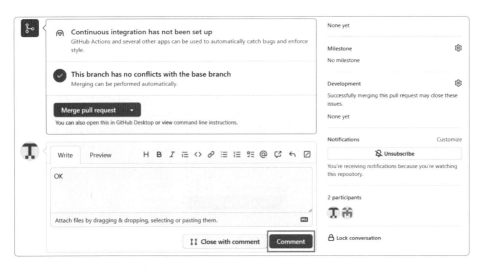

02 변경 사항 아래에 코멘트가 달립니다.

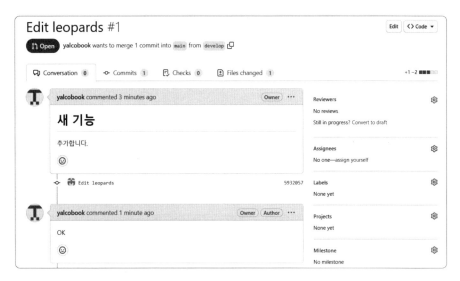

🐇 팀이 정한 정책 혹은 문화에 따라 팀원 몇 명 이상이 수락하면 풀 리퀘스트를 승인하는 등의 규칙이 있기도 합니다.

03 이번에는 다른 팀원이 풀 리퀘스트의 코드에서 오류를 발견했습니다. 입력 창에 오류 사실을 입력하고 **Close with comment** 버튼을 클릭합니다. 코멘트와 함께 이 풀 리퀘스트를 반려한다는 뜻입니다.

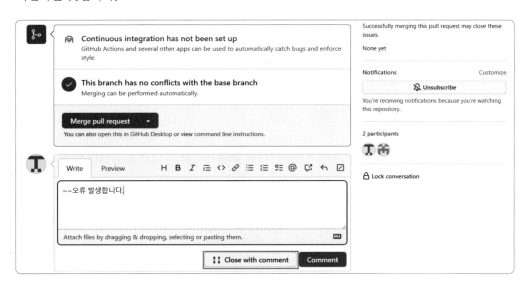

🐇 입력 창을 비워 놓고 **Close with comment** 버튼을 클릭할 수도 있지만, 반려하는 이유를 명확하게 알려주는 게 좋겠습니다.

04 풀 리퀘스트가 반려되었으니 수정해 보겠습니다. VS Code에서 leopards.yaml 파일이 수락되게 다음과 같이 수정합니다. **저장** 후 다시 푸시합니다.

leopards.yaml

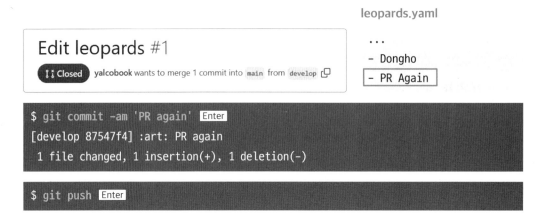

```
$ git commit -am 'PR again' Enter
[develop 87547f4] :art: PR again
 1 file changed, 1 insertion(+), 1 deletion(-)
```

```
$ git push Enter
```

05 다시 깃허브로 돌아와 **2 branches**를 클릭합니다.

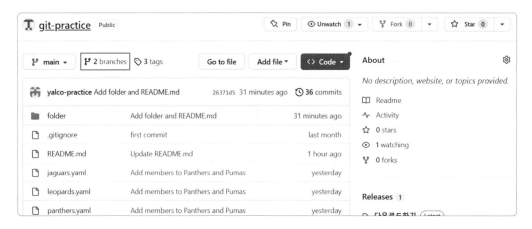

06 develop 브랜치에서 작성한 변경 사항의 **New pull request** 버튼을 클릭해 다시 풀 리퀘스트를 합니다.

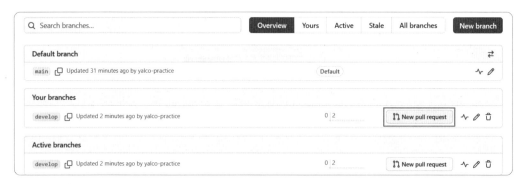

07 입력 창에 오류 수정 메시지를 작성하고 **Create pull request** 버튼을 클릭합니다.

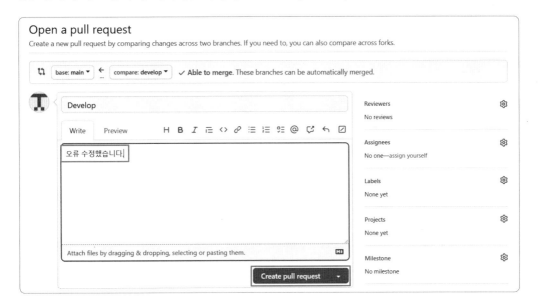

08 이제 검토 팀원이 **PR again** 커밋을 확인하고 메시지를 남긴 후 **Comment** 버튼을 클릭해 수락합니다.

09 Merge pull request 버튼을 클릭합니다.

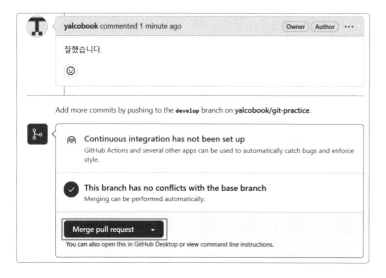

10 Confirm merge 버튼을 클릭합니다.

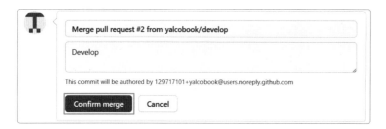

11 풀 리퀘스트가 성공적으로 머지되었다는 안내문이 나타납니다. main 브랜치로 이동합니다.

12 leopards.yaml 파일의 커밋을 보면 PR again 커밋이 적용되어 있습니다.

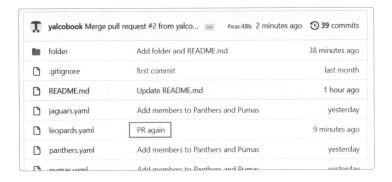

13 VS Code로 돌아와 터미널에서 main 브랜치로 이동한 후 원격 저장소에서 변경 사항을 풀합니다. 변경 사항이 로컬에도 적용됩니다.

```
$ git switch main Enter
Switched to branch 'main'
Your branch is up to date with 'origin/main'.
```

```
$ git pull Enter
```

이와 같은 방식으로 협업하면 좀 더 신중하게 프로젝트를 진행할 수 있습니다.

이슈 작성하기

이슈issue란 **프로젝트에서 고쳐야 할 오류나 문제, 요청 사항을 알리기 위한 저장소의 게시판**같은 곳입니다. 예를 들어 네이버 지도 API 저장소에 접속해 상단 **Issues** 탭을 클릭해 보면 문의 사항이나 오류 신고 같은 항목들이 있습니다.

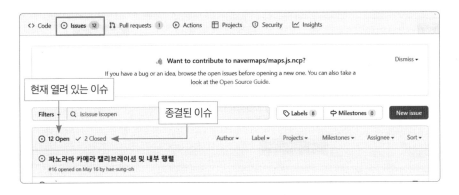

git-practice 저장소에도 이슈를 작성해 보겠습니다.

01 git-practice 저장소의 상단 **Issues** 탭을 클릭합니다. 오른쪽에 Labels와 Milestones이 있습니다. 먼저 **Labels**를 클릭합니다.

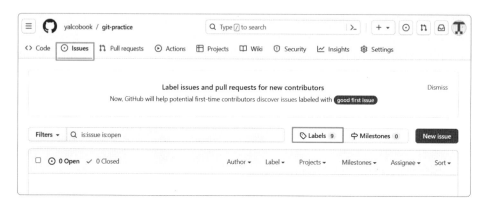

02 **라벨**은 버그, 신기능, 문서 등 이슈의 종류를 이슈 제목 옆에 붙이는 배지를 말합니다. 기존에 있는 아래 라벨을 이용해도 되고, **New label**을 클릭한 후 라벨 이름과 색상을 지정해서 **Create label** 버튼을 클릭해도 됩니다. **Milestones** 버튼을 클릭해 넘어갑니다.

03 **마일스톤**은 이슈의 주제 묶음을 말합니다. **Create a Milestone**을 클릭합니다.

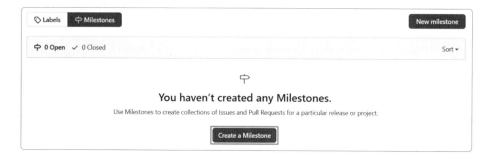

04 주제의 제목과 날짜, 설명을 입력한 후 **Create milestone**을 클릭합니다.

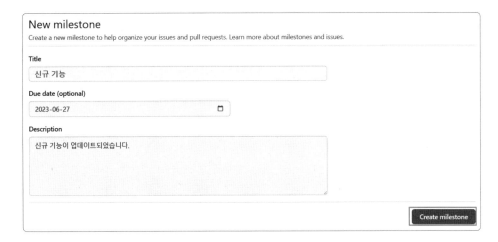

05 Issues 탭으로 돌아와서 오른쪽 위에 있는 **New issue** 버튼을 클릭합니다.

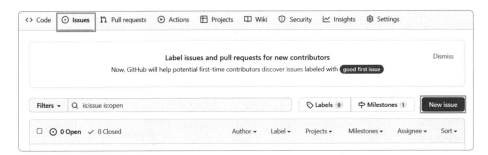

06 제목과 메시지를 입력합니다. **Labels**와 **Milestones**를 클릭해 필요한 항목을 지정할 수 있습니다. **Assignees**를 선택하면 프로젝트에 속한 팀원이 나오는데, **해당 이슈를 누가 처리하면 좋을지 지정할 때 사용**합니다. 이슈를 다 작성했으면 **Submit new issue** 버튼을 클릭합니다.

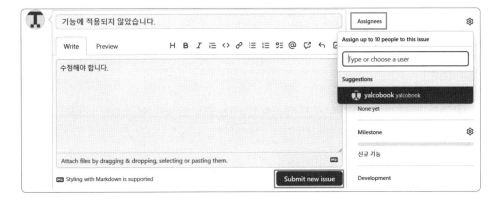

07 작성한 이슈가 **Issues** 탭에 나타납니다.

08 이슈를 처리하는 것도 일반 게시판에서 글을 쓰는 것과 크게 다르지 않습니다. 이슈를 클릭한 후 아래에 입력란에서 코멘트를 달 수 있습니다. 이 문제가 다 해결되면 **Close issue**를 클릭해 종결합니다.

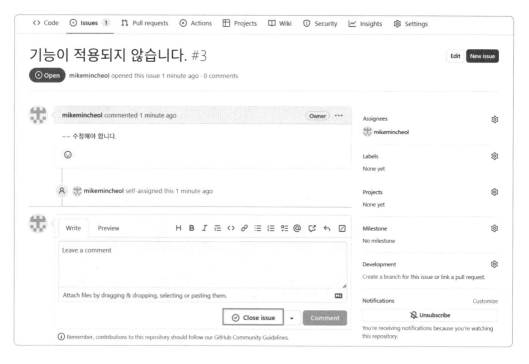

이슈를 생성하면 아래에 번호가 생기는데요. 체계적으로 협업하는 팀에서는 어떤 이슈에 대한 수정 작업을 할 때 커밋 메시지 푸터에 이슈 번호를 같이 표기하기도 합니다.

LESSON 32 | SSH 프로토콜을 이용한 인증하기

학습목표

지금까지는 저장소에 접근하기 위해 저장소 페이지의 Code를 클릭했을 때 나타나는 저장소 주소로 HTTPS 프로토콜을 사용해 왔습니다. 이번에는 SSH 인증 방식으로 접속하는 방법을 알아보겠습니다. SSH 키를 만들어 놓으면 깃허브뿐만 아니라 여러 서비스나 사이트에서 유용하게 사용할 수 있습니다.

깃허브에 처음 들어갔을 때 **개인용 접근 토큰**personal access token을 만들어서 저장소에 접근했던 거 기억하죠? 집이나 아파트에 지문을 등록해 두면 매번 비밀번호를 입력할 필요가 없는 것처럼 **SSH 인증 방식**을 이용하면 사용자 이름username과 토큰을 쓸 필요가 없습니다. SSH 키를 만들면 깃허브뿐 아니라 깃랩, 비트버킷 등 여러 서비스나 사이트에서 함께 사용할 수 있습니다.

SSH 키는 공개 키와 개인 키로 구성되어 있는데, 이 둘은 알고리즘으로 서로 연결되어 있습니다. 여러분의 공개 키를 전달해서 등록한 서비스에서 인증이 필요한 작업을 하려면 자신의 개인 키를 전달합니다. 깃허브에서는 공개 키를 가지고 있으니 내가 보낸 개인 키와 공개 키가 맞는지 확인해서 접속한 컴퓨터를 인증한 다음에 승인하는 방식입니다. 그러므로 프로그래밍을 할 때는 SSH 키를 만들어 두면 편리하게 활용할 수 있습니다.

SSH 키 존재 여부 확인하기

깃허브에서 SSH 키를 사용하는 방법을 알아보겠습니다.

01 먼저 컴퓨터에 SSH 키가 만들어져 있는지 확인해야 합니다. 윈도우를 사용한다면 깃 배시에서 **cd ~/.ssh**를 입력해 .ssh 폴더에 들어갑니다.

```
$ cd ~/.ssh Enter
```

맥을 사용한다면 터미널(혹은 iTerms)에서 해당 실습을 진행합니다.

02 이 폴더에 id_rsa.pub, id_ecdsa.pub, id_ed25519.pub 중 하나가 있는지 확인해야 합니다. 폴더 안에 무슨 파일이 있는지 확인하기 위해 **ls** 명령어를 입력합니다.

```
$ ls  Enter
```

03 해당되는 파일이 없다면 다음 명령을 입력합니다. 마지막에는 자신의 이메일 주소를 입력합니다.

```
$ ssh-keygen -t ed25519 -C "yalco@kakao.com"  Enter
```

id_rsa.pub, id_ecdsa.pub, id_ed25519.pub 중에 한 가지 파일이 있다면 <SSH 키 등록하기>로 바로 넘어 가세요.

04 출력 결과에 **해당 파일이 맞는지** 묻는 메시지가 나오면 Enter 를 누릅니다. 또한 **passpharase라는 암호를 따로 만들겠냐**고 물어보면 암호를 입력해 지정하거나 혹은 Enter 를 두 번 눌러 넘어갑니다.

```
Generating public/private ed25519 key pair.
Enter file in which to save the key (/c/Users/yalco/.ssh/id_ed25519): Enter
Created directory '/c/Users/yalco/.ssh'.
Enter passphrase (empty for no passphrase): Enter
Enter same passphrase again: Enter
Your identification has been saved in /c/Users/yalco/.ssh/id_ed25519
Your public key has been saved in /c/Users/yalco/.ssh/id_ed25519.pub
The key fingerprint is:
...
```

05 파일을 확인하기 위해 다시 **ls** 명령어를 실행합니다. 새로운 파일 두 개 중 .pub는 다른 사람에게 알려주기 위한 공개 키이고, 확장자가 붙어 있지 않은 것이 개인 키입니다.

```
$ ls  Enter
id_ed25519    id_ed25519.pub
```

미로의 참·견

개인 키는 절대 남들에게 보여 주면 안 됩니다. 개인 키가 유출되면 공개 키와 개인 키 모두 폐기해야 합니다.

SSH 키 등록하기

이제 SSH 키를 깃허브에 등록해 보겠습니다.

01 깃 배시 창은 그대로 켜 놓고 깃허브에 접속합니다. 화면 오른쪽 상단에 있는 여러분의 계정을 선택하고 메뉴 중에 **Settings**를 선택합니다.

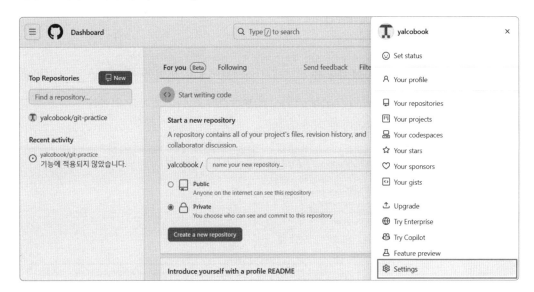

02 설정 화면 왼쪽 메뉴에 있는 **SSH and GPG keys**를 클릭합니다. 여기서 **New SSH key** 버튼을 클릭합니다.

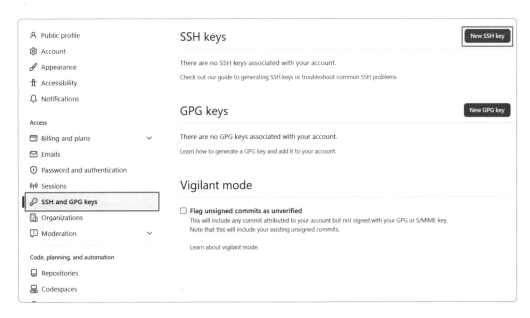

03 깃 배시에서 cat 명령으로 공개 키 .pub 파일의 내용을 보려고 합니다. .pub 파일이 **id_ed25519.pub**라면 다음과 같이 작성합니다.

```
$ cat id_ed25519.pub  Enter
ssh-ed25519 ▒▒▒▒▒▒▒▒▒▒▒▒▒▒▒▒▒▒▒▒▒▒▒▒▒▒▒▒▒▒▒▒▒▒▒▒▒
wZ  yalco@kakao.com
```

파일 이름 끝에 꼭 .pub 확장자를 써야 합니다.

04 출력 결과에 나온 공개 키의 내용을 복사해서 깃허브의 Key 입력란에 붙여 넣습니다. 바로 위 Title 입력란에는 어떤 컴퓨터의 SSH 키인지 입력하거나 자기가 원하는 이름을 써도 무방합니다. **Add SSH key** 버튼을 클릭해 저장합니다.

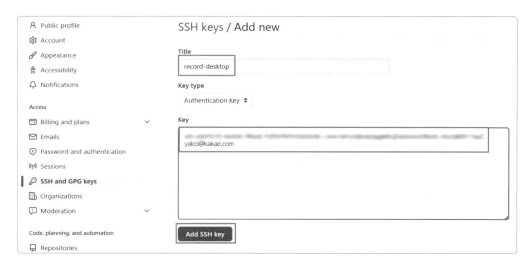

SSH 키 사용해 보기

이제 깃허브 저장소의 주소를 HTTPS 방식이 아닌 SSH 방식으로 전달하기 위해 원격 저장소의 주소를 SSH로 변경해 보겠습니다.

01 VS Code의 터미널에서 **git remote -v** 명령을 실행합니다. 출력 결과를 보면 origin 원격 저장소가 HTTPS 주소로 등록되어 있습니다.

```
$ git remote -v  Enter
origin  https://github.com/yalcobook/git-practice.git (fetch)
origin  https://github.com/yalcobook/git-practice.git (push)
```

02 git remote remove origin 명령을 입력해서 원격 저장소와 로컬의 연결을 끊습니다.

```
$ git remote remove origin  Enter
```

03 깃허브 저장소 메인 페이지에서 **Code** 버튼을 클릭합니다. SSH 탭을 클릭하고 아래 주소에서 **복사**( )아이콘을 클릭합니다.

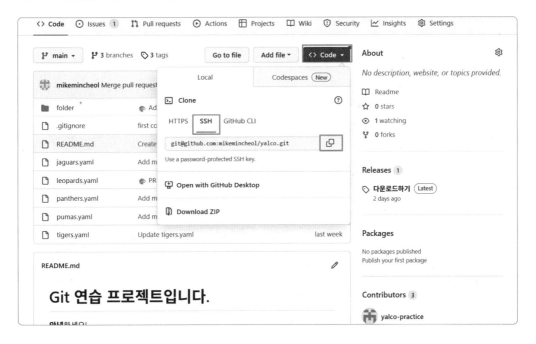

04 VS Code의 터미널에서 **git remote add origin** 명령에 **원격 저장소 주소**를 붙여 넣습니다. 그리고 main 브랜치에 푸시합니다.

```
$ git remote add origin git@github.com:yalcobook/git-practice.git  Enter
$ git push -u origin main  Enter
The authenticity of host 'github.com (20.200.245.247)' can't be established.
ED25519 key fingerprint is
This key is not known by any other names.
Are you sure you want to continue connecting (yes/no/[fingerprint])? yes
Warning: Permanently added 'github.com' (ED25519) to the list of known hosts.
Everything up-to-date
branch 'main' set up to track 'origin/main'.
```

05 로컬과 원격 저장소가 연결되었는지 확인해 보겠습니다. 먼저 leopards.yaml 파일을 임의로 수정하고 커밋과 푸시를 합니다.

```
$ git commit -am 'By SSH'  Enter
[main 897a924] :art: By SSH
 1 file changed, 2 insertions(+), 1 deletion(-)
```

```
$ git push  Enter
Enumerating objects: 5, done.
Counting objects: 100% (5/5), done.
Delta compression using up to 8 threads
Compressing objects: 100% (3/3), done.
Writing objects: 100% (3/3), 292 bytes | 292.00 KiB/s, done.
Total 3 (delta 2), reused 0 (delta 0), pack-reused 0
remote: Resolving deltas: 100% (2/2), completed with 2 local objects.
To github.com:yalcobook/git-practice.git
   759ece5..897a924  main -> main
```

06 깃허브 저장소의 leopards.yaml 파일 푸시도 제대로 이뤄졌습니다.

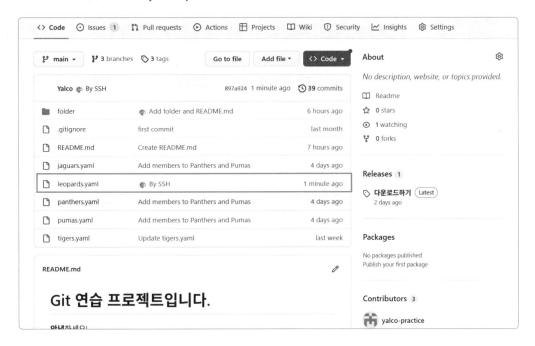

07 VS Code 터미널에서 원격 저장소 주소를 확인해 보겠습니다. 출력 결과를 보면 SSH 주소가 나타납니다.

```
$ git remote -v  Enter
origin  git@github.com:yalcobook/git-practice.git (fetch)
origin  git@github.com:yalcobook/git-practice.git (push)
```

GPG로 커밋에 사인하기

학습 목표 깃허브에서 GPG로 커밋에 사인하는 방법은 개인의 신원을 확인하고 안전한 코드 변경을 보증하는 데 도움을 줍니다. GPG 키를 생성하고 이를 깃 설정에 등록한 다음, 커밋을 작성할 때 GPG로 사인하도록 설정합니다. 이렇게 하면 깃허브에서 커밋에 대한 검증 및 신뢰성을 높일 수 있습니다.

여러분의 프로젝트에서 커밋 내역을 살펴보면 어떤 커밋에는 'Verified'라는 인증 표시가 붙어 있습니다. 인증 표시가 붙은 커밋은 로컬이 아니라 깃허브에서 수정해서 커밋한 작업입니다. 깃허브에서 이 작업은 믿을 만한 출처에서 커밋한 것이라고 확인해 주는 거죠. 사실 프로젝트를 진행하는 데 있어서 깃허브에 커밋 인증이 꼭 있어야 하는 건 아닙니다. 그래도 다른 사람들이 이런 커밋을 봤을 때 신뢰할 수 있는 작성자가 해서 올렸다는 걸 보여 주면 더 좋겠죠.

GPG 키 생성하기

01 먼저 GPG를 설치해야 합니다. 다음 웹사이트에서 자신의 운영체제에 맞는 것을 다운로드 하고 설치합니다. URL https://www.gnupg.org/download

맥의 경우 터미널에서 **brew install gnupg** 명령을 실행하면 더욱 편리하게 GPG를 설치할 수 있습니다.

02 깃 배시에서 **gpg --version**를 입력합니다. 버전 정보가 출력되면 GPG가 제대로 설치된 것입니다.

```
$ gpg --version Enter
gpg (GnuPG) 2.2.29-unknown
libgcrypt 1.9.3-unknown
Copyright (C) 2021 Free Software Foundation, Inc.
License GNU GPL-3.0-or-later <https://gnu.org/licenses/gpl.html>
This is free software: you are free to change and redistribute it.
There is NO WARRANTY, to the extent permitted by law.
...
```

03 GPG 키가 있는지 먼저 다음 명령어로 확인해 보겠습니다. 아직 GPG 키가 없으므로 디렉터리 정보 외에 별다른 내용이 나타나지 않습니다.

```
$ gpg --list-secret-keys --keyid-format=long Enter
gpg: directory '/c/Users/Yeji/.gnupg' created
gpg: keybox '/c/Users/yalco/.gnupg/pubring.kbx' created
gpg: /c/Users/Yeji/.gnupg/trustdb.gpg: trustdb created
```

04 이제 다음 명령어로 GPG 키를 생성하겠습니다.

```
$ gpg --full-generate-key Enter
gpg (GnuPG) 2.2.29-unknown; Copyright (C) 2021 Free Software Foundation, Inc.
This is free software: you are free to change and redistribute it.
There is NO WARRANTY, to the extent permitted by law.
```

05 키의 종류를 묻는 질문에는 Enter를 눌러 넘깁니다. 1024~4096비트 사이에서 **키 크기**를 묻는 질문에는 **4096**을 입력합니다. **만료 기간**은 **0**을 입력해서 무기한으로 지정합니다. **마지막 확인** 질문에는 **y**를 입력합니다. **Real name**과 **Email address**는 깃허브 저장소에 등록한 사용자 이름과 이메일 주소를 입력하고 **Comment**는 마지막은 Okay를 뜻하는 **O**를 입력하고 Enter를 누릅니다.

```
Please select what kind of key you want:
   (1) RSA and RSA (default)
```

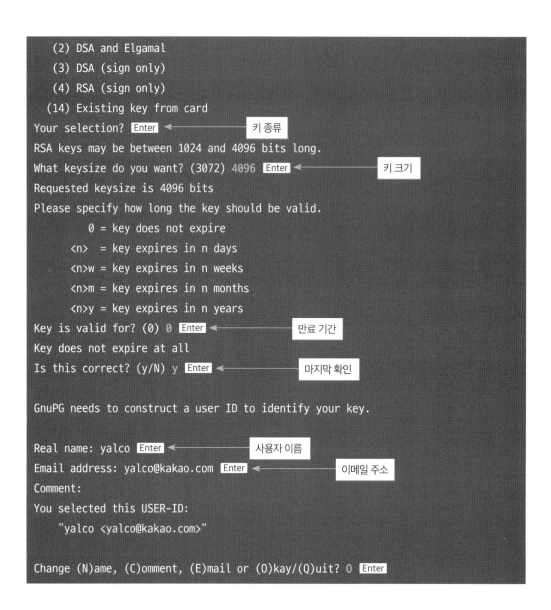

```
   (2) DSA and Elgamal
   (3) DSA (sign only)
   (4) RSA (sign only)
  (14) Existing key from card
Your selection? Enter ◄─────────── 키 종류
RSA keys may be between 1024 and 4096 bits long.
What keysize do you want? (3072) 4096 Enter ◄─────── 키 크기
Requested keysize is 4096 bits
Please specify how long the key should be valid.
        0 = key does not expire
     <n>  = key expires in n days
     <n>w = key expires in n weeks
     <n>m = key expires in n months
     <n>y = key expires in n years
Key is valid for? (0) 0 Enter ◄─────── 만료 기간
Key does not expire at all
Is this correct? (y/N) y Enter ◄─────── 마지막 확인


GnuPG needs to construct a user ID to identify your key.


Real name: yalco Enter ◄─────── 사용자 이름
Email address: yalco@kakao.com Enter ◄─────── 이메일 주소
Comment:
You selected this USER-ID:
    "yalco <yalco@kakao.com>"


Change (N)ame, (C)omment, (E)mail or (O)kay/(Q)uit? O Enter
```

06 윈도우라면 패스프레이즈passphrase라는 암호를 지정하는 대화상자가 나타납니다. 자신만의 암호를 지정하고 **OK** 버튼을 클릭합니다.

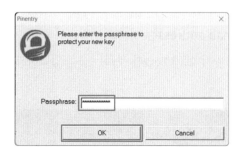

07 깃 배시에서 다음 명령을 입력합니다. GPG 키는 다음 화면에서 sec 중간에 있는 부분입니다. 이 부분을 복사합니다. GPG 키를 메모장에 붙여 둡니다.

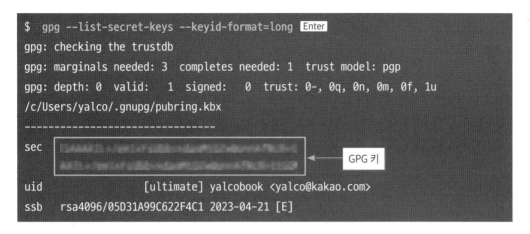

08 다음 명령을 입력하고 마지막에 GPG 키를 붙입니다.

09 출력 결과로 나오는 공개 키 블록 전체를 복사해서 메모장에 붙여 넣습니다.

10 깃허브 화면으로 돌아옵니다. 오른쪽 상단 계정을 클릭한 후 **Settings**를 선택하고 왼쪽 메뉴의 **SSH and GPG keys**를 클릭합니다. **New GPG key** 버튼을 클릭합니다.

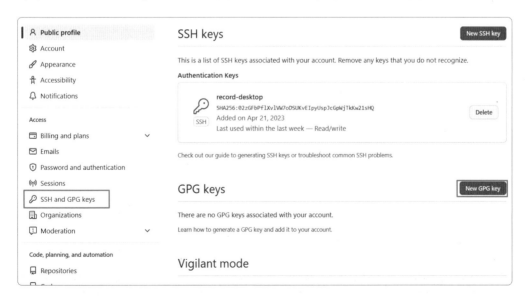

11 Key 입력란에 앞에서 복사해 둔 공개 키 블록을 붙여 넣고 **Add GPG key** 버튼을 클릭합니다.

12 성공적으로 키가 등록되면 GPG keys 항목에 다음과 같은 정보가 표시됩니다.

깃에 GPG 키 등록하기

이제 생성한 GPG 키를 깃에 등록하겠습니다.

01 깃 배시에서 **git config** 명령을 다음과 같이 입력하는데, 아래 예시에서 user.signingkey 옆에는 앞에서 메모장에 복사해 둔 GPG 키를 붙여 넣습니다.

02 다음 코드를 입력해서 GPG 키가 출력되는지 확인합니다. 이렇게 로컬과 깃허브에 GPG 키가 설정되었습니다.

```
$ git config --global user.signingkey Enter
```

03 이제 여러분의 로컬에서 보내는 커밋에 사인을 해 보겠습니다. VS Code로 돌아와 tigers. yaml을 임의로 수정하고 **저장**합니다. **git commit** 명령에 **-S** 옵션을 붙입니다.

```
$ git commit -S -am 'This is signed' Enter
[main 72a5e80] :art: This is signed
 1 file changed, 1 insertion(+)
```

04 윈도우의 경우 패스프레이즈 대화상자가 나타납니다. 앞에서 지정했던 암호를 입력하고 **OK** 버튼을 클릭합니다.

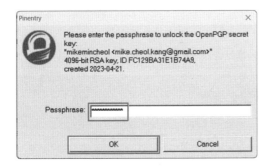

🐾 맥의 경우 터미널에서 패스프레이즈 암호를 물어봅니다.

05 성공적으로 커밋이 되면 **git push** 명령을 실행합니다.

```
$ git push Enter
Enumerating objects: 5, done.
Counting objects: 100% (5/5), done.
Delta compression using up to 8 threads
Compressing objects: 100% (3/3), done.
Writing objects: 100% (3/3), 968 bytes | 968.00 KiB/s, done.
...
```

06 깃허브 원격 저장소의 커밋 목록을 보면 최근 커밋에 'Verified' 표시가 나타납니다. 이 부분을 클릭하면 앞에서 지정했던 GPG 키의 id가 표시됩니다.

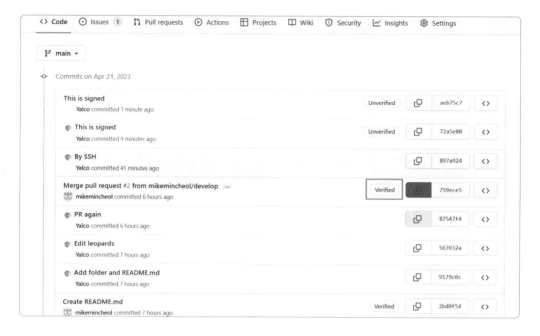

07 태그를 붙일 때는 **git tag** 명령에 소문자로 **-s** 옵션을 붙여서 인증 표시를 할 수 있습니다.

```
$ git tag -s 3.0.0 -m 'Tag sign' Enter
$ git push --tags Enter
Enumerating objects: 1, done.
Counting objects: 100% (1/1), done.
Writing objects: 100% (1/1), 796 bytes | 796.00 KiB/s, done.
Total 1 (delta 0), reused 0 (delta 0), pack-reused 0
To github.com:yalcobook/git-practice.git
 * [new tag]        3.0.0 -> 3.0.0
```

깃허브의 태그 목록에도 'Verified' 표시를 확인할 수 있습니다.